首都圏「難関」私大古文演習

河合塾講師
池田修二・太田善之
藤澤咲良・宮崎昌喜＝共著

河合出版

はじめに

本書は首都圏にある難関私立大学の入試問題を20題選んで収めてある。

選んだ際の基準は、❶**受験生が入学を夢みるだろう大学をもれなくのせる** ❷**本文のジャンルや時代がかたよらない** の二点である。本文や設問の難易ではないことに注意したい。

解答時間の指定

問題は指定された解答時間内で解くこと。解答時間は各大学の実際の国語の問題に与えられた時間から古文の時間を割り出している。つまり本番の解答時間である。したがって指定した解答時間は一律ではない。

入試に即した点数の評価

問題を選んだ際の基準は、本文や設問の難易でないことはすでに述べた。したがって、本書では、どのくらいできればOKなのか、「解説編」の▬評価▬で問題ごとに示してある。

 は合格確実！
 は合格の可能性あり！
 は頑張れ！

たとえ点数が低くても、の圏内なら喜んでいい。勉強は満点を目指してするものだが、結果にパーフェクトを求めてはならない。

本番に即した配点

解き終わったら、自分の実力を知るために、「解説編」の▬解答▬に示してある配点で点数化すること。点数は、自分が満点の何割ほど取れたのかわかりやすいように、どの問題も一律50点満点にしている。ただし、各問の点数は本番の配点の比率を想定して割り出してある。

簡《かん》にして要《よう》を得た出典解説

▬出典▬は、「文学史」的に大切な事がらだけにとどめた。本書に収められた20の問題の本文はどれもが有名出典。着実に覚えて「文学史」力をupしよう！

理解を深める本文解説

「解説編」の**本文解説**は本文のあらすじではない。**本文解釈**を読んだだけではよくわからないことが理解できるように書かれている。20の**本文解説**を読み通すと、それだけでも「古文」の理解が深まるはずである。

読解を深める この「ことば」に注目!

本文の中から古文の読解を深める「ことば」を抜き出して解説してある。古文は文法や単語をマスターしただけでは読めるようにならない。文法や単語以外にも大切なことがいろいろある。これらを身につけていけば、読解力が深まり、内容説明・内容把握・内容合致・主語判定などの設問、つまり難しくて配点が高い設問が解けるようになる。

本文の復習がカンタン 本文&本文解釈

学力向上には復習が欠かせない。問題を解いて、点数をつけて、それでオシマイにしてはいけない。学力を伸ばすために本文そのものと向き合おう！　本書は、そのため、ページを二段に分けて、上段に問題本文をもう一度のせ、下段にその解釈をのせてある。

本文と**本文解釈**につけられた1 2 3 4 5……の数字は、両者の対応を示したものである。気になる「本文」の箇所が「本文解釈」のどこにあるのかスムーズに見つけられるはずだ。

本文は省略されている言葉を（　）で補っている。（　）の中の言葉は昔の人なら誰でも容易に補えた言葉。**本文**の文章にふれることで、古文ではどんな言葉が省略されるのか知らぬまに身につくはずだ。

本文は重要古語を太字にしてのせてある。その語義を確認するため、下段の**本文解釈**でも対応する訳を太字にしてある。太字の言葉をマスターして単語力をupしよう！

本文は本文中のすべての助動詞と主要な助詞は赤字にして示してある。その右横には文法的意味を記した。それらの語を文法的に確認することで文法力をupしよう！

本文は敬語の右横に敬語の種類を記してある。敬語は意味ばかりでなく種類も大切。敬語を正しく理解してマスターしよう！

本文は音便形の右横にもとの形を記してある。「音便」は文法問題の定番の一つ。もとの形がどう変わっているのかチェックしよう！

本音の設問解説

入試問題には受験生が解けるとは思われない難問奇問が出題されることもある。誰も解けない設問はないのと同じ。本書の**設問解説**は、そう割りきって、無理な設問に対しては解けなくていいと明言している。強弁しない本音の解説だからこそ、逆に「重要」とか「覚えよう」とか言われている事項は、ぜひともマスターしなければならない。

本書の効果的な使用法

① 解答時間内で問題を解くこと。解き終えたら「解説編」の**解答**を見て、答え合わせをし、採点をすること。

② 自分の点数が受験生としてどうなのか**評価**でチェックすること。そして**設問解説**を熟読すること。間違った問だけではない。正答した問の解説もしっかりと読むこと。そのことで解法のスキルが磨かれていくのだから。これで「問題」とのつきあいはひとまず終わり。

③ 次に復習！　まず、**出典**に目を通し、**本文解説**を熟読する。そして**本文**&**本文解釈**をもとに古文の文章を文章として丁寧に読み直す。この作業は、一度だけではなく、何度も繰り返しやればやるほど、君の学力を飛躍的に伸ばしていくことになる。その際、古語辞典をこまめに活用すると、より効果的であることを言い添えておく。

では、さあ、さっそく問題を解いてみよう！　どこからでもいい。１からでも、君の志望の大学の問題からでも。

目次

1　枕草子

評価

50〜45点→　合格圏

44〜25点→　まあまあ

24〜0点→　がんばれ

解答

（50点満点）

問一　①　2　②　2　③　5　（各4点）

問二　5　（4点）　問三　3　（5点）

問四　イ　4　ロ　2　（各4点）

問五　ⓐ　8　ⓑ　7　ⓒ　5　（各4点）

問六　3　（5点）　問七　1　（4点）

出典

作品名　『枕草子《まくらのそうし》』　作者　清少納言《せいしょうなごん》

ジャンル　随筆　時代　平安時代中期

本文解説

清少納言は好奇心のかたまり。鋭い感覚をセンサーのように働かせ、キャッチした外の世界によしあしをつける。判断基準は「美意識」。理屈ではない。心がどう反応するかなのだ。

　本文で清少納言は人の言葉づかいに耳を傾ける。言葉づかいの下品な人には幻滅を覚える。言葉一つで上品にも下品にもなるのはどうしてだろう？　言葉そのもののよしあしなどわかりっこない。理屈ではない。「ただ心地にさおぼゆる」のである。

　言葉は「意味」ばかりではない。それを使う「場」というものがある。同じ意味の言葉でも使っていい「場」、使ってはいけない「場」というものがある。下卑《げび》た言葉も「場」をわきまえて意図的に使っているなら、わるくもない。ただし、これは例外。

　言葉は「意味」ばかりではない。それを表す「音」というものがある。助動詞「んず」は「〜んとす」の変化形。意味は同じだけれども、「んず」は音がよくない。話し言葉でもイヤなのに、ましてそれを書き言葉で使うなんて言語道断《ごんごどうだん》！書き言葉は、話し言葉に比べて、格調が大切なのだ。「格調」は「意味」ではない。「格調の高い意味」など存在しない。「格調」は「言葉の調子」。「音」の問題なのだ。「ひとつ」が「ひてつ」、「もとむ」が「みとむ」。清少納言は、この音のなまりをただ紹介するだけだが、もちろん耳障りな音として、眉をひそめたにちがいない。

この「ことば」に注目！

◆「んずる」　「んずる」は助動詞「んず」の連体形。「んず」は「んとす」が変化した言葉である。「んとす」は〈助動詞「ん」＋格助詞「と」＋サ変動詞「す」〉。「と」がなくなると「んす」になる。発音記号で記すと[nsɯ]。日本語は今でもそうだが、ある音の前に[n]（ン）がくるとその音は濁音化する。「んとす」から「と」がなくなると、「んす」ではなく「んず」になるのだ。どうやら清少納言はこの音が嫌いだったらしい。なぜ？　おそらく「ず」がイヤだったのだ。日本語の音の世界で濁音は否定的な音である。文字どおり濁ったよくない音なのである。今でも濁音はあまりいい言葉には使わない。いい言葉はきれいな音、清音で表されるのがふつうだ。たとえば、「さらさら」「ざらざら」。「ころころ」「ごろごろ」。ほらね。

本文

1ふと心おとりとか（ガ）するものは、男も女もことばの文字（ヲ）いやしう使ひたる《存続》（ノ）こそ《強調(係)》（ガ）よろづの事よりまさりてわろけれ《(結)》。2ただ文字一つに、あやしう、あてにもいやしうもなる（ノ）は、いかなる（コト）に《断定》か《疑問(係)》あらむ《推量(結)》。3さるは、かう思ふ人（ガ）、ことにすぐれてもあらじ《打消推量》かし《念押し》。4（私ハ）いづれをよしあしと知るに《断定》かは《反語(係)》。5されど、人をば知らじ《打消意志》、ただ（私ノ）心地にさおぼゆるなり《断定》。6いやしきことも、わろきことも、さと知りながらこと

本文解釈

1急に幻滅とかがするものは、男性でも女性でも会話の言葉づかいを下品に用いているのが（ほかの）すべてのことにもまさってみっともない。2ただ言葉づかい一つで、不思議なことに、上品にも下品にもなるのは、どういうことであろうか。3とはいっても、こう思う私自身が、特別にすぐれてもいないのであろうよ。4（私は）どの言葉づかいをよいわるいとわかっているのであろうか（いやそんなことはわかっていないのであろう）。5けれど、他人のことは知るまい、ただ（私の）気持ちでそう感じられるのだ。6下品な言葉もよくない言葉も、そうと知っていながらわざわざ言っているのは、わるくもない。7自分が身につけているままの言葉を、はばかることもなく言っているのは、あきれた振る舞いだ。8また、そうあるべきでもない（↓そんな言葉を使うべきでもない）

さらに言ひ たる《存続》（ノ）は、あしう《く》もあら ず《打消》。7我もてつけ たる《存続》（言葉）を、つつみ（モ）なく言ひ たる《存続》（ノ）は、あさましき わざ なり《断定》。8また、さもある まじき《打消当然》老い たる《存続》人、男など の《主格》、わざとつくろひひなび たる《存続》（ノ）はにくし。9まさなきこともあやしきことも、大人 なる《断定》（女房）は、まのもなく言ひ たる《存続》（ノ）を、若き人はいみじう《く》かたはらいたきことに、消え入り たる《存続》（ノ）こそ《強調(係)》、さる べき《当然》こと なれ《断定(結)》。

10何事を言ひても、「その事（ハ） させ ん《意志》とす」「言は ん《意志》とす」「何とせ ん《意志》とす」と言ふ「と」文字を失ひて、ただ「言は んずる《意志》」「里へ出で んずる《意志》」など言へば、やがて いと わろし。11まい《し》て文に書い《き》ては、言ふ べき《可能》に《断定》もあら ず《打消》。12物語など こそ《強調(係)》あしう《く》書きなし つれ《完了》ば、言ふかひなく、作り人 さへ《添加》（ガ） いとほしけれ《(結)》。13「ひてつ車に」と言ひ し《過去》人もあり き《過去》。14「もとむ」といふ事を「みとむ」なんどはみな（ガ）言ふ めり《推定》。

年をとっている人、（とくに）男性などが、ことさらとりつくろって田舎び（た言葉づかいをし）ているのは腹立たしい。9よくない言葉でも下品な言葉でも、年配の人である女房は、遠慮なく言っているのを、若い女房はとても見苦しいことに思って、たいそうきまりわるがっているのは、当然のことである。

10どんなことを言っても、「その事させんとす（＝そのことはそうしようと思う）」「言はんとす（＝言おうと思う）」「何とせんとす（＝何々としようと思う）」という「と」の文字をなくして、ただ「言はんずる」「里へ出でんずる」などと口にすると、たちまちとてもみっともない。11まして手紙に書いては、言葉で言い表しようもない（ほどひどい）。12物語などを（ひどい言葉づかいで）ことさらわるく書いてしまうと、言うだけの価値もなく、作った人までもが気の毒である。13「ひてつ車に」と言った人もいた。14「もとむ（＝求める）」ということを「みとむ」などとは皆が言うようである。

設問解説

問一 やや易　いずれも重要単語なので知識に基づいて解答する。文脈から考える設問ではない。①「心おとり」は、予想よりわるく感じられてがっかりすることを表す名詞。反意語に「心まさり」がある。②「あてに」は、ナリ活用形容動詞「あてなり（貴なり）」の連用形で、〈❶高貴だ、❷上品だ〉の意。「いやし（賤し）」（形シク）の反意語。③「まさなき」は、ク活用形容詞「まさなし（正無し）」の連体形で、〈よくない、好ましくない〉の意。

問二 易　「すぐれ」はラ行下二段活用動詞「すぐる（優る）」の連用形。「て」は接続助詞。「も」は係助詞。「あら」はラ行変格活用動詞「あり」の未然形。「じ」は打消推量の助動詞「じ」の終止形。「かし」は念押しの終助詞。

問三 標準　まずは「かたはらいたき」の解釈がポイント。これは、傍らで見られたり見たりして心が痛むことを表すク活用形容詞「かたはらいたし」の連体形で、〈❶（見られて）気まずい、気がひける、きまりがわるい、❷（見ていて）見苦しい、ばかばかしい、気の毒だ、心苦しい〉などと訳す重要単語。ここは、年配の人が遠慮なく下品な言葉づかいをするのを目の当たりにした若い人が「かたはらいたき」と感じる、という文脈なので❷。さらに、本文第二段落の話題として、下品な言葉づかいについて「あさましきわざなり」「にくし」と繰り返し嫌悪を示していることを押さえれば、選択肢は2・3に絞られる。次に、「消え入り」は、ラ行四段活用動詞「消え入る」の連用形で、〈❶（灯火や泡などが）自然に消えてなくなる、❷（心に苦痛を強く感じて）気が遠くなる、❸恥ずかしがる、❹気絶する、死ぬ〉などの意。3「たいそう決まり悪がって」なら❸に該当するが、2「帰って」では語義に合わない。なお、「さるべき」も重要語句で、〈❶それにふさわしい、適当な、❷それが当然の、そうなる運命の、❸立派な〉などの意を表し、ここでは❷。

問四 易　イもロも文末の空欄で、選択肢はいずれも同じク活用形容詞「わろし（悪し）」の活用形（1＝連用形、2＝終止形、3＝連体形、4＝已然形）なので、係り結びの有無を確認する。イは、文中に係助詞「こそ」があるので、文末は已然形。ロは、文中に係り結びをおこす係助詞が見当たらないので、文末は終止形。

問五 易　ⓐは、推量・意志の助動詞「んず」（「むず」と同じ）の連体形。ⓑは、〈❶そのまま、❷すぐに〉などの意の副詞。重要単語。ⓒは、〈❶気の毒だ、かわいそうだ、❷いじらしい、かわいらしい〉などの意のシク活用形容詞「いとほし」の已然形。これも重要単語。

問六 **標準** 本文第三段落では、まず⑩で、「んとす」と言うべきところを「んずる」と言うのはとてもよくないことだとしている。助動詞「んず（むず）」は、「んとす（むとす）」（助動詞「ん（む）」＋格助詞「と」＋サ行変格活用動詞「す」）から転じて新しくできた語だが、それが清少納言には乱れた言葉づかいと感じられたらしい。ここで注意したいのは、次の⑪に「まいて文に書いては」とあることから逆算して、⑩は《話し言葉》の乱れに対する批判として押さえられるということだ。⑪の「文」は「ふみ」で、〈❶文書、書物、❷手紙、❸学問、漢学、❹漢詩〉などの意を表す名詞。ここでは「んずる」という言葉づかいを話題にしているので仮名文で記された❷と考えられるが、いずれにしても《書き言葉》である。⑩で《話し言葉》について述べた批判を、⑪では「まいて……言ふべきにもあらず」といって《書き言葉》に拡張する、という流れである。「まいて」は副詞「まして」のイ音便形。「言ふべきにもあらず」は〈言葉で言い表しようもない〉の意の慣用表現。続く⑫では「物語」が話題にあがるが、これも《書き言葉》の乱れた言葉づかいに対する批判という点で、⑪と同じ主旨。⑬⑭は、乱れた言葉づかいの実例を補足的にあげただけ。要するに、《話し言葉》の乱れもよくないが、まして《書き言葉》の乱れがよくないことは言うまでもない、という、⑩⑪の文の主旨がこの段落の主旨であり、選択肢3がこれを正しく指摘している。1の「それを非難しても仕方がない」、5の「むしろ自然なことで構わない」はいずれも明らかな誤り。2の「いつの時代にも」、4の「原因となる」はどちらも本文に述べられていないことなので根拠がない。

問七 **やや易** 『枕草子』は平安時代中期（西暦一〇〇〇年頃）の成立。選択肢の1『和漢朗詠集《わかんろうえいしゅう》』は、同じく平安時代中期に成立した詩歌集。撰者は藤原公任《ふじわらのきんとう》。2『風姿花《ふうしか》伝《でん》』は、室町時代前期に成立した能楽論書。著者は世阿《ぜあ》弥《み》。3『懐風藻《かいふうそう》』は、奈良時代に成立した漢詩集。編者は未詳。4『宇治拾遺物語《うじしゅういものがたり》』は、鎌倉時代初期に成立した説話集。編者は未詳。5『とはずがたり』は、鎌倉時代後期に成立した日記。作者は後深草院二条《ごふかくさいんにじょう》。

2 無名抄

評価

50〜40点→ 合格圏

39〜25点→ まあまあ

24〜0点→ がんばれ

解答

問一 ①（4点）
問二 1（4点）
問三 3（4点）
問四 5（4点）
問五 1（4点）
問六 ひとひ（4点）
問七 2（4点）
問八 3（4点）
問九 2（4点）
問十 2（5点）
問十一 5（4点）
問十二 3（5点）

（50点満点）

出典

作品名　『無名抄《むみょうしょう》』　作者　鴨長明《かものちょうめい》

ジャンル　歌論　時代　鎌倉時代初期

本文解説

静縁《じょうえん》法師の歌をめぐる話である。「鹿の音《ね》を聞くに我さへ泣かれぬる……」。いい歌なのか、わるい歌なのか。静縁は長明に評価を求めるが、内心は自信満々。ところが、長明は三句目の「泣かれぬる」にケチをつける。浅薄だというのである。静縁にとっては、この言葉こそが自信の源《みなもと》。「鳴かれぬる」を掛けている。静縁は機嫌を損ねて長明のもとを立ち去る。しかし、気になって仕方がない。そこで決着をつけるために同時代のすぐれた歌人俊恵のもとをたずねる。俊恵の答えも長明と同じ。自分の非を知った静縁はお詫びを言うために再び長明のもとを訪れる。長明は、静縁のこの行動を心の清いこととしてほめている。どうして静縁はみずからの非を潔く認めたのか？　それは、静縁にとって、「自分」よりも「和歌」のほうが大切だったからである。和歌は静縁にとって仰ぎ見るもの。長明もそういう静縁の心のありように感心したのである。

さて、「泣かれぬる」のどこがいけないのか？　これは三句目の言葉。古語で歌の三句目を「腰の句」という。そしてヘタな歌を「腰折れ」という（覚えておこう！）。何事も腰が定まらなくては、すくっとしたたたずまいを見せることはできない。三句目は、初句・二句を受け、それを下の句に渡す要《かなめ》の句なのだ。その肝心な句に「泣く」という、心の中の思いをストレートに表す言葉を用いている。これがいけないのだ。心情をストレートに表す言葉を一言《ひとこと》も詠まずに、恋しいんだなあ、悲しいんだなあ、つらいんだなあと読者に思わせる、言い換えれば、叙景歌なのにじつは叙情歌。長明や俊恵はそういう歌を理想としたからだ。

この「ことば」に注目！

◆**「鹿の音《ね》」** 「鹿の音」は「鹿の鳴き声」。ただし牡鹿《おじか》の鳴き声（牝鹿《めじか》は鳴かない）。「ひよ」（ピーヨ）と鳴く。ただの鳴き声ではない。牡鹿が妻となる牝鹿を求めて鳴く声なのだ。「ひよ」。パートナーを探す牡鹿の悲痛な叫び。「ひよ」には深いものがあるのです。さて、鹿は山に住む動物。歌の中の「谷の庵」の「谷」も山の中の谷。そういう人里はなれた所、「野」とか「山」とか「谷」とかに暮らすのは、古文では遁世者。この世の何もかも、いとしい人も恋しい人も捨てて、仏道修行に励む男。しかしこれは建前。建前では心は抑えきれない。「ひよ」。それを聞いて、男の胸には人恋しさがつのる。まさに「谷の庵は住みうかりけり」なのだ。

本文

1 静縁法師（ガ）、自らが歌を語りて言はく、

「鹿の音を聞くに我さへ［添加］泣かれ［自発］ぬる［完了］谷の庵は住
みうかりけり［詠嘆］

とこそ［強調（係）］つかうまつり［謙譲］てはべれ［丁寧（結）］。これ（ハ）いかがはべる［丁寧］」と言ふ。2 予（ガ）言はく、「よろしくはべり［丁寧］。ただし、『泣かれぬる』といふ詞こそ［強調（係）］、あまりこけ過ぎて、いか

本文解釈

1 静縁法師が、自分の歌を語って言うことには、

「鹿の鳴き声を聞くと鹿だけでなく私までも自然と泣けてしまった、この谷の庵は住みにくいものだったのだ。

とお詠みしております。この歌はどうですか」と言う。2 私が言うことには、「わるくなくございます。ただし、『泣かれぬる』という言葉は、あまりにも浅薄すぎて、どんなものだろうかと（不満に）思われます」と言うと、3 静縁が言うことには、「その言葉をこそこの歌の眼目とは（私は）思わせていただいているのに、こ

にぞや聞こえはべれ」と言ふを、3静縁（ガ）言はく、「その詞をこそこの歌の詮とは（私ハ）思う《ひ》たまふるに、この難はことの外に覚えはべり」とて、いみじう《く》わろく難ずと思ひ気にて（静縁ハ）去りぬ。4よしなく、覚ゆるままにものを言ひて、心すべかりけることをと、くやしく思ふほどに、十日ばかりありて、（静縁ガ）また来りて言ふやう、「5一日の（アナタガ私ノ）歌（ヲ）難じたまひし（コト）を、隠れごとなし、（私ハ）心得ず思う《ひ》たまへて、いぶかしく覚えはべりしままに、6さはいへども、大夫公のもとに行きてこそ、わがひがことを思ふか、人のあしく難じたまふか、ことをば切らめと思ひて、（私ハ大夫公ノモトニ）行きて語りはべりしかど、7『なんでふ御坊のかかるこけ歌（ヲ）よまんぞと（思フ）よ。「泣かれぬる」とは何事ぞ。まさなの心根や』となん、（私ハ大夫公ニ）はしたなめられてはべりし。8されば、よく難じたまひけり。9わがあしく心得たりけるぞと、おこたり（ヲ）申しにまうでたるなり」と言ひて（静縁ハ）

の非難は思いがけないことと思われます」と言って、まったくよくなく非難すると思っている様子で（静縁は）立ち去った。4つまらなく、心に感じるままにものを言って、注意すべきであったことなのにと、悔やまれる思いをいだいているときに、十日ほど経って、（静縁が）またやって来て言うことには、「5先日の（あなたが私の）歌を非難なさったことを、正直なところ、（私は）腑《ふ》に落ちないと思わせていただいて、不審に思われましたままに、6そうはいっても、大夫公のもとに行って、自分が間違ったことを思っているのか、あなたが間違って非難なさっているのか、決着をつけようと思って、（私は大夫公のもとに）行って語りましたが、7『どうしてあなたがこのような浅薄な歌を詠むのだろうかと思うよ。「泣かれぬる」とは何事だ。よくない心がけだよ』と、（私は大夫公に）厳しくたしなめられてございました。8だから、（あなたは）正しく非難なさったのだった。9私が間違って理解していたのだったよと、お詫びを申し上げるために参上したのである」と言って（静縁は）帰って行ったのでした。10（静縁の）心の潔さはめったにないすばらしくございます。

帰りはべり（丁寧）に（完了）き（過去）。10（静縁ノ）心の清さこそ（強調（係））ありがたくはべれ（丁寧（結））。

設問解説

問一 標準 ①「はべり」は、ラ行変格活用動詞「はべり〔侍り〕」の終止形。「はべり」には〈❶お仕えする、伺候《しこう》する、❷あります、います、❸〔補助動詞〕～です、～ます、～ございます〉の意があり、❶なら謙譲語、❷❸なら丁寧語。ここは、静縁法師に「これいかがはべる」（＝この歌はどうですか）と問われた筆者が「よろしくはべり」（＝わるくなくございます）と答える文脈なので❸。会話文中の丁寧語は聞き手に対する敬意を表す敬語なので、①の敬意の対象は静縁法師。

②「たまひ」は、ハ行四段活用動詞「たまふ〈賜ふ・給ふ〉」の連用形。四段活用の「たまふ」は尊敬語で、〈❶お与えになる、くださる、❷〔補助動詞〕～なさる〉の意がある。ここは❷で、直前の動詞「難じ」の表す動作に敬意を添える用法である。「難じ」は〈非難する〉の意のサ行変格活用動詞で、これ以前の本文で歌を非難した人物は、静縁法師の歌について「あまりこけ過ぎて、いかにぞや聞こえはべれ」と言った筆者なので、この動作の主体は筆者。尊敬語は動作の主体に対する敬意を表す敬語なので、②の敬意の対象は筆者。

③「たまへ」は、ハ行下二段活用動詞「たまふ」の連用形。直後に連用形接続の接続助詞「て」があり、連用形が「たまへ」の形であることから、下二段活用と判断できる。下二段活用の「たまふ」は、四段活用の「たまふ」とは違って、平安時代以降はもっぱら補助動詞としてのみ用いられ、〈～させていただく〉の意を表す謙譲語である。ただし、謙譲語とはいっても、古文の一般の謙譲語とは異なり、話し手がへりくだることによって聞き手に対する敬意を表す敬語である点に注意が必要である。ここは、筆者のもとに再びやって来た静縁法師が筆者に話した会話文中であり、聞き手は筆者。したがって③の敬意の対象は筆者。

④「申し」は、サ行四段活用動詞「申す《まう》」の連用形。「申す」は謙譲語で、〈❶申し上げる、❷〔補助動詞〕～申し上げる〉の意がある。ここは❶で、筆者のもとを再び訪れた静縁法師が〈（私はあなたに）お詫びを申し上げるために参上したのである〉と来意を述べるところである。

古文一般の謙譲語は動作の相手（受け手）に対する敬意を表す敬語であり、ここで静縁法師がお詫びを申し上げる相手は筆者なので、④の敬意の対象は筆者。

問二 易 ポイントは副助詞「さへ」。古文の「さへ」は〈〜までも〉の意で、すでにある物事に別の物事をつけ加えるはたらきをする重要な助詞。ここでは、傍線部(1)の直前に「鹿の音を聞くに」とあるので、すでに鹿が鳴いているということが前提で、そのうえ私までも泣くということをつけ加える文脈である。「れ」は自発の助動詞「る」の連用形。「ぬる」は完了の助動詞「ぬ」の連体形。

問三 やや易 「いかにぞや」は、〈❶〈疑問〉どんな様子か、どういうわけか、❷〈非難・不満〉どんなものか、感心できない〉などの意の連語。この筆者の発言に対して静縁法師が「この難はことの外に覚えはべり」と言っていることからして、筆者の発言が非難や不満を述べたものであることは明らかなので、この「いかにぞや」は❷の意であり、選択肢は3が正しいと判断できる。

問四 易 「詮」は「せん」で、〈❶結局、❷最も大切な点、眼目、❸効果、❹方法、手段〉の意の名詞。少なくとも❷は覚えておきたい。筆者が非難した「泣かれぬる」という表現を、静縁法師はむしろこの歌の眼目と考えていたということで、だから静縁法師は続けて「この難はことの外に覚えはべり」（＝この非難は思いがけないことと思われます）と言うのだ。

問五 やや易 「くやしく」は、シク活用形容詞「くやし〈悔し〉」の連用形。これは、自分の行為を後悔する気持ちを表す語であり、他人を恨んだり責めたりする気持ちを表すものではない。この時点で、選択肢は1・3に絞られる。しかし3については、まず「仲の悪い」とする根拠を本文中に見出すことができないし、さらに、本文の後半で静縁法師が筆書の批判の適切さを認めているのだから、「不当な批判をした」というのも正しくない。

問六 易 「一日」は、「ついたち」と読めば、現代語の「ついたち」と同じく〈月の第一日目〉の意、「ひとひ」「いちにち」「いちじつ」と読めば、こちらもほぼ現代語と同様に〈❶一日《いちにち》、❷一日中、❸ある日、先日、❹月の第一日目、ついたち〉などの意となる。本文では、「十日ばかりありて」再びやって来た静縁法師が、前回訪れた日のことを話題にしているのだから、この「一日」は〈先日〉の意と考えられ、「ついたち」と読むのは誤り。「ひとひ」「いちにち」「いちじつ」ならいずれも〈先日〉の意となるが、ただし「いちにち」「いちじつ」は「一日」を音読みしたものなので、通常は漢文訓読調の文体や和漢混淆《こんこう》文などに見られる語である。よって、ここでは「ひとひ」と読むのがふさわしい。

問七 易 「いぶかしく」は、シク活用形容詞「いぶかし」の連用形で、〈❶気がかりだ、❷よく知りたい、❸不審だ、疑わしい〉などの意。❸は現代語の「いぶかしい」と同じである。ここは静縁法師が先日の筆者の非難を受けて思ったことを述べているところ。直前に「心得ず」（＝腑《ふ》に落ちないと）ともあるし、もともと静縁法師は「この難はことの外に覚えはべり」[3]と言って筆者の非難に納得していなかったということも考え合わせれば、この「いぶかしく」は❸の意だとわかる。

問八 易 係助詞「こそ」の結び（文末）は已然形、というのは基本中の基本。選択肢の波線部のうち、已然形は3の「め」（意志の助動詞「む」）と4の「しか」（過去の助動詞「き」）。3は波線部の直後に格助詞「と」があり、これは引用文を受けるはたらきの助詞なので、波線部「め」は引用文の文末ということになるが、4の波線部の直後には已然形接続の接続助詞「ど」が続いていて、こちらは文末ではない。したがって結びにふさわしいのは3である。内容的にも、「大夫公のもとに行きてこそ……ことをば切らめ」（＝大夫公のもとに行って……決着をつけよう）というふうに文意がつながることが確認できる。

問九 やや易 「ひがこと」の「ひが（僻）」は、名詞の上に付いて〈事実と違っている、間違っている、道理に外れている、ひねくれている〉などの意を添える接頭語で、特に「ひがこと（僻事）」は重要単語。選択肢のうち、この語義に合うのは1〜3。本文では、筆者の非難に納得できなかった静縁法師が、大夫公のもとに行って「わがひがことを思ふか、人のあしく難じたまふか」（＝自分が「ひがこと」を思っているのか、あなたが間違って非難なさっているのか）決着をつけようと思ったのだと述べている。要するに、どちらの言い分が間違っているのか、当時のすぐれた歌人である大夫公に判定してもらおうと思ったということだ。よって、この「ひがこと」は〈間違ったこと〉の意である。

問十 標準 「まさな」はク活用形容詞「まさなし」（[1]の問一に既出）の語幹。「や」は詠嘆の間投助詞。傍線部は《形容詞・形容動詞の語幹＋の＋体言＋や》の形で詠嘆表現となる基本的な文型であり、〈よくない心がけだよ〉の意。その上で、何がどのようによくないのかを読み取るためには、これに先立つ「なんでふ御坊のかかるこけ歌よまんぞとよ。「泣かれぬる」とは何事ぞ」を正しく解釈する必要がある。「なんでふ」は〈❶〔連体詞〕どんな、

❷〈疑問・反語の副詞〉どうして〉などの意の重要単語。「なでふ」と表記されることもある。ここでは❷。「御坊」は僧の敬称で、静縁法師を指している。「の」は主格の格助詞。「かかる」はラ行変格活用動詞「かかり」の連体形で〈こんな、このような、こういう〉の意。「こけ歌」は注2を参考にすれば〈浅薄な歌〉の意だとわかる。「よま」はマ行四段活用動詞「よむ（詠む）」の未然形。「ん」は推量の助動詞。「ぞ」は係助詞の文末用法で、文全体の内容を強調するはたらきをする（これを終助詞とする説もあるが、機能さえ理解すれば分類なんてどちらでもよい）。「と」は引用の格助詞で、下に「思ふ」などが省略されていると考えればよい。「よ」は詠嘆の間投助詞。「何事ぞ」は現代語の「何事だ！」に当たる表現で、相手をとがめる意で用いる。これらの一語一語を丹念に押さえて解釈すると、〈どうしてあなたがこのような浅薄な歌を詠むのだろうかと思うよ。「泣かれぬる」とは何事だ！〉となり、俊恵（大夫公）の批判が、静縁法師が「泣かれぬる」という表現を用いて歌を詠んだことにむけられていることは明らかである。

問十一 やや易　「おこたり（怠り）」は、〈❶怠慢、❷過失、❸お詫び〉などの意の名詞。選択肢の中でこの語義に当てはまるのは5しかない。文脈だけでは決めがたいので単語の知識が必須である。

問十二 標準　まず本文全体の話題として、静縁法師について述べた文章だということを押さえておかなければならない。冒頭に名前が挙げられ、その後、静縁法師の発言を中心に文章が構成されていることから、静縁法師が話題の中心人物であることは明らかだ。これは非常に大切なことで、どんな文章を読むときも、何について述べている文章なのか、ということを必ず考えてほしい。そして、傍線部⑾は本文の末尾にあり、いわば文章のまとめの位置なのだから、話題の中心にあった静縁法師についてのコメントと考えるのが自然なのだ。選択肢を見ると、1〜3は「静縁の」、4・5は「俊恵の」となっているけれど、今回の本文は俊恵について述べた文章ではないので、選択肢は1〜3に絞られる。その上で、静縁法師の行動と発言を検証すると、はじめに筆者に歌を批判されたときは「ことの外に覚えはべり」と言って不満そうに立ち去ったものの、しばらくして再び訪れると、その後の経緯を説明し、最終的に「わがあしく心得たりけるぞ」（＝私が間違って理解していたのだったよ）と自らの心得違いを認めて筆者に謝罪をしている。この潔さこそが「心の清さ」なのだと理解される。

3 うつほ物語

評価

50〜38点↓  合格圏

37〜20点↓  まあまあ

19〜0点↓  がんばれ

解答

（50点満点）

問一　2　勤　1　かずら　3　ひつじ
　　　4　かず　5　はかま　（各2点）

問二　イ　（3点）　問三　まし　（3点）

問四　A　1　B　2　C　2
　　　E　4　G　2　I　2　（各3点）

問五　4　（4点）　問六　1　（4点）

問七　2　（5点）　問八　3　（3点）

出典

作品名　『うつほ物語』　作者　未詳

ジャンル　作り物語　時代　平安時代中期

本文解説

「忠こそ」（本文では「忠」）は右大臣の子どもであった。五歳で母を亡くしたが、十歳のとき、天皇のそば近くに仕え、格別な寵愛を受けた。ところが、忠こそは、ちょっとしたことで世をはかなみ、出家して鞍馬の山（本文では「暗部《くらぶ》山」）にこもってしまう。忠こそ十四歳のときである。

「あて宮」は左大将源正頼《まさより》の娘。美しく、琴が上手《じょうず》だ。父の正頼は「一世《いっせ》の源氏」。「一世の源氏」とは「天皇の子で臣《しん》籍《せき》にくだった人」のこと。日本の皇族は、「名」はあるけれど「姓」はない（これは今もそう）。だから、子を皇室から出して臣下とするとき、その子に「姓」を与えなければならない。「源」はそういう姓の一つ。正頼の父は天皇だが、母は藤原氏。その藤原氏の氏神である春日《かすが》神社（奈良にある）に、今、正頼は多くの人々を連れて京から赴いている。

一方、忠こそは鞍馬にこもって二十年。そこでの修行を終え、今は諸国巡礼の旅をしている。そして春日詣《もう》で。春日でのお勤めも終わり、次は山岳修行の聖地熊野へ。そう思って春日を立ち去ろうとした忠こその耳に琴の音《ね》が聞こえてくる。あて宮の弾く琴の音である。その音色にひかれ、忠こそは琴の音がするほうへと足を向ける。

本文は、そのあて宮の姿を垣間見《かいまみ》たときの忠こその心の揺

れを描いている。美しいあて宮を見て、忠こそは「昔」を思い出す。「昔」とは天皇から寵愛されていたころのこと。そして「世の中になほあらましかば、今は高き位にもなりなまし」と思う。これは今のわが身を残念に思う気持ちだ。出家の身である忠こそはあて宮に求愛できないのである。それなのにあて宮に恋心をいだいてしまった。忠こそは仏罰を恐れる。しかし、どうしようもない。「憂き世」からのがれるために山に入って二十年。その歳月があて宮を見たことでゼロになってしまった。忠こそは、熊野へ行く気も失せて、鞍馬に帰る。帰ってからも、あて宮のことが忘れられない。理性はなかなか心を抑えきれないものなのです。

本文

[1]夕暮れに、花を誘ふ風（ガ）はげしくて、（周囲ノ）御幕（ヲ）吹き上げたる[存続]（隙間）より見入るれば、君だち九ところ（ガ）、めでたく清らにておはします[尊敬]中に、あて宮（ハ）こよなくまさりて見えたまふ[尊敬]。[2]忠（ハ）、ありがたき御かたちどもの中に、（あて宮ハ）こよなくまさりたまへ[尊敬]る[存続]人なり[断定]など思ふに、[3]年ごろかけて思はざり[打消]つる[完了]昔（ノコトガ）思ひ出でられ[自発]て、「（私ガ）世の中になほあらましか[反実仮想]ば、今は高き位にもなり

この「ことば」に注目！

◆「未の刻《とき》」 昔は時刻を十二支で表した。24÷12。二時間単位で時が推移する。

子《ね》は0時。丑《うし》は2時。寅《とら》が4時というぐあいである。今でも12時のことを正午という。

十二支は子から亥《い》までちゃんと覚えること。時をきかれたら、「子」と「午」の二つをスタート点として指折り数えてみる（そのとき「子」「午」で指を折ってはいけない。次の「丑」「未《ひつじ》」から指を折ること）。折った指の数×2を「0」あるいは「12」に足すと、その十二支の時刻がでる。

本文解釈

[1]夕暮れに、花を散らせる風が激しくて、（周囲の）御幕を吹き上げている隙間から中を見ると、女君たち九人が、すばらしく最高に美しくていらっしゃる中で、あて宮は格別にまさって見えなさる。[2]忠こそは、「（めったにないほど）すばらしい（女君たちの）御容貌の中でも、（あて宮は）格別にまさりなさっている人である」などと思うが、[3]長年まったく考えなかった昔のことが自然に思い出されて、「（私が）もし俗世に依然として（昔のまま）いたならば、きっと今は高い位にもなっただろうに」などと思い、[4]しかしまた、多くの年月、露、霜、草、葛の根を食べ物としながら、あるときには、蛇、蜥蜴に呑《の》みこまれようとした。[5]「仏のお言

な《強意》まし《反実仮想》」など思ひ、4されどまた、ここらの年ごろ、露、霜、草、葛の根を斎にしつつ、ある時には、蛇、蜥蜴に呑まれ《受身》む《意志》とす。5「仏の御ことなら《断定》ぬ《打消》（言葉）をば口に学ばで《打消》、勤め行ひつる《完了》。仏の《主格》思さ《尊敬》む《婉曲》こと（ガ）恐ろしく」など思ひ返せども、6せむ方知らず《打消》覚ゆれば、散り落つる花びらに、爪もとより血をさしあやして、かく書きつく。

7憂き世とて入りぬる《完了》山をありながらいかにせよ
とか《疑問(係)》今もわびしき《(結)》

と書きつけて、君だちの御前の後方の方に押しつけて立ちぬ《完了》。8（忠こそハ）熊野へ（参詣ショウ）と思ひし《過去》心もなくて、「いかでこのわが見し《過去》人（ヲ）見む《意志》」と思ふ心（ガ）深くて、暗部山に帰りて、思ひ嘆くこと（ハ）限りなし。

9かくて、二月二十三日の未の刻ばかりになむ《強調(係)》、春日より帰りたまひ《尊敬》ける《過去(結)》。10殿にて還饗（ガ）いかめしく、舞人に、被け物（トシテ）、白き綾の袿の袙一具、陪従に、ただの細長、袴、童陪従などにも（祝儀ヲ）賜ふ《尊敬》。

葉でない言葉を口にせずに、勤行した。仏が（恋心をいだくのはよくないと）お思いになるようなことが恐ろしく」などと思い直すが、6なすべき手段がわからないと感じられるので、散り落ちる花びらに、爪の先から血を流して、このように書きつける。

7つらい俗世と決別して入った山で修行しているのに、私にどうしろということで今でもこんなにつらい（恋心が生まれてしまう）のか。

と書き付けて、女君たちのおそばの後ろのほうに貼り付けて立ち去った。8（忠こそは）熊野へ（参詣しよう）と思った心も（今は）なくて、「なんとかしてこの私が見た人（＝あて宮）を妻としたい」と思う気持ちが深くて、暗部山に帰って、思い嘆くことはこの上ない。

9こうして、（あて宮たちの父である正頼の一行は）二月二十三日の午後二時ごろに、春日から戻りなさった。10邸で還饗が盛大で、舞人に、祝儀として、白い綾の袿の袙一そろい、陪従には、平織の細長、袴、童陪従などにも（祝儀を）お与えになる。

設問解説

問一 やや易　2は、「ツトめ」で、マ行下二段活用動詞「つとむ」の連用形。現代語の「つとめる」に当たる語なので、文意によって「努」「務」「勉」「勤」などの漢字表記が考えられるが、ここは直前に「仏の御ことならぬをば口に学ばで」（＝仏のお言葉でない言葉を口にせずに）とあり、仏道修行に専念してきたということを述べているところなので、「勤」を用いるのがふさわしい。直後の「行ひ」とあわせて「勤め行ひ」で〈勤行《ごんぎょう》する〉ということである。

1は、蔓《つる》草の総称。したがって、「くず」ではなく「かずら」と読む。歴史的仮名づかいは「かづら」。3は、十二支の一つ。古文の時代には年月日や時刻・方角を表すのに十二支が用いられた（→この「ことば」に注目！）。「未の刻」は午後二時頃。4は、「被け物」で〈褒美として与える品、祝儀〉の意の名詞。カ行下二段活用動詞「かづく」の連用形「かづけ」と名詞「物」が複合してできた語である。動詞の連用形は下接の名詞としばしば複合語を作る。「かづく（被く）」は重要単語で、下二段活用だと〈❶かぶせる、❷（褒美を）与える〉の意だが、他に四段活用もあり、その場合は〈❸かぶる、❹（褒美を）いただく〉の意となる。5は、下半身に着ける衣装。男女ともに用いたが、本文では褒美の品として出てくるので、女性用の袴と考えられる。当時、褒美には女性用の衣装が与えられるのが一般だった。すぐ前の「細長」も女性用の衣装である。

解答に当たっては、特に1・4について、設問の「現代かなづかいで」という指示に注意すること。

問二 易　ア・ウ・エは、いずれも体言に接続しているので、格助詞「に」と判断される。他に断定の助動詞「なり」の連用形「に」も体言に接続する場合があるが、現代語訳をしたとき、特殊な場合を除いて、格助詞「に」は〈に〉のままであり、断定の助動詞の連用形「に」は〈で〉となるので、区別ができる。イは、ナリ活用形容動詞「清らなり」の連用形活用語尾。「清らなり」は重要単語で、〈最高に美しい〉の意。

問三 易　空欄［X］の少し前に「ましかば」（反実仮想の助動詞「まし」の未然形＋接続助詞「ば」）とあることに気づけば、ここは反実仮想の文であり、文末の空欄［X］には助動詞「まし」がふさわしいことがすぐにわかる。設問に「適切な形に活用させて答えよ」とあるが、文中に特に文末の活用形を変化させる条件は見当たらないので、通常の文末に用いられる活用形として、終止形を解答すればよい。

問四 **標準** A「誘ふ」は、ハ行四段活用動詞「誘《さそ》ふ」の連体形で、基本的には現代語の「誘う」と同じ意味と考えてよい。本文の「花を誘ふ風」というのも、風が花びらを誘って連れていくということで、要するに風が吹いて花を散らせることを表している。和歌によく見られる発想である。

B「ありがたき」は、ク活用形容詞「ありがたし」の連体形で、〈❶めったにない、❷生きるのが難しい、❸めったにないほどすぐれている〉などの意の重要単語。現代語の「ありがたい」のように感謝の気持ちを表すのはずっと後世の用法なので、ここでは決して4など選んではいけない。その上で大切なのは、本文の「ありがたき御かたちども中に、こよなくまさりたまへる人なり」の部分が、その前に述べられる「君だち九ところ、めでたく清らにておはします中に、あて宮こよなくまさりて見えたまふ」という状況を、それを見た忠こその感想として繰り返したもので、「ありがたき御かたちども」が「君だち九ところ、めでたく清らにておはします」と対応するということに気づくこと。つまり、九人の女君たちのすばらしく美しい顔立ちを「ありがたき御かたちども」といっているのだ。「かたち」は重要単語で、〈容貌、顔立ち〉の意。よって、この「ありがたき」は先の❸の意と考えるのが妥当で、選択肢の中では2がこれに近い。

C「かけて」は、打消の語と呼応して〈少しも（〜ない）、まったく（〜ない）〉の意を表す陳述の副詞。ここでは「ざり」（打消の助動詞「ず」の連用形）と呼応している。ただし、重要単語とはいえないので知らなくても無理はない。かといって文意だけでは選択肢を選びきれないので、できなくてもやむをえない設問。実際の入試には、こうして通常の受験生の力量を越える知識が求められる場合もあるので、限られた試験時間を無駄にすることがないように、時には取るか捨てるかの見極めも必要となる。

E「斎《とき》」は、僧が午前中の決められた時間に取る食事のこと。これに対し、戒律上は食事をしてはならない午後に取る食事のことを「非時《ひじ》」という。しかし、これらも必須の知識とはいえないし、文意から正解を導くことも容易ではないので、できなくても仕方がない。

G「せむ方」は、「せ（サ行変格活用動詞「す」の未然形）＋む（意志・推量の助動詞「む」連体形）＋方（名詞）」という語構成の名詞で、〈しようとする方法、なすべき手段〉の意。「せん方」とも表記される。最重要単語というわけではないが、知っておいてよいものである。関連して、「せむ方なし（せん方なし）」というク活用形容詞もあり、こちらは〈なすべき方法がない、どうしようもない〉の意。

I「いかめしく」は、シク活用形容詞「いかめし」の連用形で、〈❶おごそかだ、❷盛大だ、❸（雨・

風・波などが）激しい〉など、辺りに威圧感を与える様子を表す重要単語。本文では「還饗《かへりあるじ》」の様子をいっているので❷がよい。

問五 **やや難** 傍線部Dを含む引用文は忠こその心中描写であるが、その内容を理解する前提として、まず忠こそがこのように思うに至る経緯を押さえておく必要がある。そもそものきっかけは、忠こそがあて宮のこの上ない美しさを目撃したこと。それを契機に忠こそは「昔」を思い出すのだが、ここで注意しなければならないのは、そこに「年ごろかけて思はざりつる昔」（＝長年まったく考えなかった昔）とあることだ。これを、すでに出家をしている忠こそは、後文に「仏の御ことならぬをば口に学ばで、勤め行ひつる」とあるように、長年仏道修行に専念してきた、だからその間に「昔」を思い出すことはなかったのだ、と理解することが肝心なところ。こう押さえることで、ここで忠こそが思い出す「昔」とは、出家以前の、忠こそが俗世にいた頃のことなのだと考えることができる。あて宮の美しさに心を奪われた忠こそは、出家以前に体験した恋の感覚をふと思い出すのである。その上で傍線部Dに理解を進めるとき、どうしても「なほ」に注目しないわけにはいかない。「なほ」は、動作や状態・判断などが変化せずに継続することを表す副詞で、〈❶依然として、相変わらず、❷やはり、❸さらに〉などと訳す重要単語。忠こそが自身の出家以前の「昔」を思い出しているということをふまえれば、この「なほ」は❶の意で、傍線部Dは〈俗世に依然として昔のままいたならば〉と解釈できて、正解を選べる。

問六 **やや易** 大切なのは、本文全体、とりわけ第一段落の話題として、忠こそがあて宮に恋をした、ということを読み取っておくこと。それができれば迷わず正解を選ぶことができる。そもそも、男が垣間見した美女に一目惚れをする、というのは古文によくあるパターンだし、[8]の「熊野へと思ひし心もなくて、『いかでこのわが見し人見む』と思ふ心深くて」の部分に、忠こそのあて宮への恋心がきわめて端的に示されている。「熊野」は山岳修行の聖地。「わが見し人」は忠こそが垣間見したあて宮のこと。忠こそは、修行に赴こうという心も失い、あて宮に逢いたい思いを募らせたのだということだ。仏道修行に専念すべき出家者でありながら、仏道への思いよりもあて宮への恋心の方が強くなってしまったのだ。そんな自分を仏がとがめるにちがいないと思うから、「仏の思さむこと」が恐ろしく感じられるわけである。

問七 **やや易** まず傍線部Hが忠こその和歌だということを、前提として押さえておく。それは、選択肢すべてに「修行している」とあることからも誤解の余地がないし、忠こその恋の苦悩を述べることに終始する本文第一段落の文脈に照らしても明らかである。だとすると、この和歌には、まさにその忠こその恋の苦悩が詠まれているはずで、そこから末尾の「わびしき」に込められた心情を具体的に理解することができる。「わびしき」は、シク活用形容詞「わびし」の連体形で、〈❶つらい、せつない、❷困ったことだ、❸興ざめだ、❹貧しい、みすぼらしい〉などの意の重要単語。ここではむろん❶で、問六で見たような、出家者でありながら恋心をいだいてしまった忠こその、苦悩する心情の表現となっている。選択肢の中で、恋の苦悩を説明しているのは2だけ。なお、「憂き世」とは〈つらい俗世〉のことなので、選択肢の3・4は、修行の場である「山」を「憂き世」としている点で、そもそも論外。

問八 やや易　『うつほ物語』以前か以後かと考えると難しく感じるかもしれないが、要するに、選択肢の中で最も成立の古い作品を選べばよい。1『枕草子』は、平安時代中期（西暦一〇〇〇年頃）の成立。2『源氏物語』は、平安時代中期（十一世紀初頭）の成立。3『古今和歌集』は、平安時代前期（十世紀前半）の成立。4『和泉式部日記』は、平安時代中期（十一世紀初頭）の成立。5『新古今和歌集』は、鎌倉時代初期（十三世紀初頭）の成立。

4 平家物語

評価

50～31点→ 合格圏

30～18点→ まあまあ

17～0点→ がんばれ

解答

（50点満点）

問一 Ⅰ 羅綺之爲ル二重衣一 妬ム二無キコトヲレ情於機婦ニ一 （4点）

Ⅱ ニ （4点） Ⅲ 漢の軍兵 （5点）

問二 ニ （5点） 問三 a ロ b ハ （各4点）

問四 酒 （5点） 問五 ロ （5点）

問六 ホ （5点） 問七 ニ （5点）

問八 v （4点）

出典

作品名 『平家《へいけ》物語』 作者 未詳

ジャンル 軍記物語 時代 鎌倉時代前期

本文解説

源平《げんぺい》の合戦。源氏と平氏の国を二分した壮絶なバトル。勝者はもちろん源氏。平氏の武将たちは都落ちし、西国《さいごく》でそれぞれ悲壮な最期《さいご》を遂げる。男たちばかりではない。平氏ゆかりの女たちの中にも、都落ちし、みずから命を絶つ者もいる。ところが、三位中将平重衡《しげひら》は無残にも生き延びてしまった。

重衡は清盛の五男。平家の公達《きんだち》の中でももっとも武勇にすぐれた男。連戦連勝の大将軍である。しかし、重衡の武人《ぶじん》としてのキャリアには一つだけ汚点があった。アンチ平家の拠点であった奈良の東大寺・興福寺を攻めたとき、誤ってこの寺を焼いてしまったのである。焼けたのは寺ばかりではない。難を避けてこれらの寺に身を寄せた罪なき人々もまた…。仏罰がくだるにちがいない。誰しもがそう思った。だが、重衡に仏罰はくだらなかった。この事件の後も重衡は次々と戦功をあげ、武名を高めていく。だが、そんな重衡にとうとう仏罰がくだるときがきた。なんと源氏に生け捕られてしまったのである。平家ナンバーワンの武将重衡にとってこれほどの屈辱があるだろうか。投降したのではない。味方の兵が敗走し、一人残った腹心の部下と馬に乗って西へと海沿いに落ち延びているとき、源氏の武士が一か八かで放った矢が重衡の乗った馬に命中してしまったのだ。部下はおかまいなしに主を見捨てて逃げて行く。裏切りである。敵は近づく、馬は弱る。もはやここまでと、乗っていた馬とともに海に身を沈めようとしたとき、なんとよりによって海は遠浅《とおあさ》！　ならば馬からおりて腹を切るまで。そして腹を切ろうとしたまさにそのとき、重衡は源氏の武士に生け捕られてしまったのである。重衡は源頼朝《よりとも》の求めによって京から鎌倉へ護送される。そして頼朝と対面。頼朝は奈良の一件を重衡に尋ねる。寺を焼いたのは、父清盛の指図だったのか、それとも重衡自身の処置だったのかと。重衡は事実をありのままに伝える。臆することもなく、わるびれることもなく。敵将ながらあっぱれ大将軍！　その場にいた源氏の武士たちはみな感動の涙を流す。尋問のあと頼朝は重衡の身を伊豆国の住人狩野介宗茂《かののすけむねもち》に預ける。十分心を配って丁重に重衡をもてなすようにと命じて。

本文は、そう命じられた狩野介が重衡をもてなす場面である。どうやら重衡という武将は、敵も味方も関係なく、人から好かれ、敬われた男のようだ。頼朝も個人的には重衡を殺す気はない。だが重衡を憎む人びともこの世にはいる。奈良の僧たちである。頼朝は、僧たちの度重なる要請に根負けしたのか、とうとう重衡の身柄を引き渡してしまう。もちろん僧たちが重衡を許すわけはない。重衡はついに首を切られ、その首は般若寺《はんにゃじ》の大鳥居の前にさらされてしまう。あの誤って寺を焼いた日、重衡はこの寺の門前で号令していたのである。

最後に「千手《せんじゅ》の前」についてひと言。千手の前は手越《てごし》（現静岡市）の長者の娘。年は二十《はたち》ばかり。色が白く、美人で、気立てもよい。重衡をして「あら、思はずや、あづまにもこれほど優なる人のありけるよ」㉓といわせるほどの優美な女性。一方、重衡もただの武人ではない。朗詠も見事、琵琶も見事。重衡は優美な人でもあったのだ。千手の前は重衡とすごしたこの一夜のことが忘れられなかったようだ。重衡が斬られたといううわさを伝え聞くと、その場で出家し、重衡の死後の冥福を祈って仏道修行に励んだという。重衡は罪な人でもある。

この「ことば」に注目！

◆「今様」「いまよう」と読む。平安時代におこった流行歌。平安の終わりごろに、この歌を集めて本にしたのが『梁塵秘抄《りょうじんひしょう》』。作ったのは後白河院。文学史の問題できかれることがある。

本文

[1]その夕べ雨（ガ）すこしふつ《り》て、よろづ物さびしかりける（トキ）に、千手の前（ハ）、琵琶・琴（ヲ）持たせて参りたり。[2]狩野介（ガ）酒を勧め奉る。[3]（狩野介ハ）わが身も、家の子・郎等十余人（ヲ）ひき具して参り、御前ちかう《く》候ひけり。[4]千手の前(ガ)酌をとる。[5]三位中将（ハ）すこし受けて、いと興なげにておはしけるを、狩野介（ガ）申しける（コト）は、「[6]かつきこしめされてもや候ふらん。[7]鎌倉殿の『あひかまへてよくよく慰め参らせよ。懈怠にて頼朝（ヲ）うらむな』と仰せられ候。[8]宗茂はもと伊豆国の者にて候ふ間、鎌倉では旅に候へども、心の及び候はんほどは奉公（ヲ）仕り候べし。[9]何事でも申して（酒ヲ）勧め参らさせ給へ」と申しければ、[10]千手（ハ）酌をさしおい《き》て、「羅綺の重衣たる、情無きことを機婦に妬む」といふ朗詠を一両返したりければ、[11]三位中将（ガ）のたまひける（コト）は、「この朗詠（ヲ）せん人をば、北野の天神（ガ）、一日に三度かけつ《り》て守らん

本文解釈

[1]その日の夕方雨が少し降って、万事にどこか寂しい様子だったときに、千手の前は、琵琶と琴を（召使いに）持たせて（三位中将のおそばに）参上した。[2]狩野介が（三位中将に）酒を勧め申し上げる。[3]（狩野介は）自身も、家臣たち十数人を引き連れて参上し、（三位中将の）おそば近くに伺候《しこう》した。[4]千手の前が酌《しゃく》をする。[5]三位中将は（杯《さかずき》に酒を）少し受けて、とても興に乗れない様子でいらっしゃったので、狩野介が申し上げたことは、「[6]すでにお聞きになられてもいるでしょうか。[7]鎌倉殿（＝源頼朝）が『心を配ってしっかりお慰め申し上げよ。怠けて（とがめられたからといって）私頼朝を恨むな』とおっしゃるのです。[8]私宗茂はもともと伊豆国の者ですので、鎌倉では旅先ですけれども、気がつきますような限りは奉公をいたすつもりです。[9]何でもいいからお歌い申し上げて（三位中将に酒を）お勧め申し上げなさってください」と申し上げたので、[10]千手の前は酌をやめて、「羅綺の重衣たる、情無きことを機婦に妬む（＝薄くて軽いはずの羅綺の衣すら重く感じられ、こんなに重い衣を織った機織り女の思いやりのなさを恨みに思う）」という朗詠を一、二回したところ、[11]三位中将がおっしゃったことは、「この朗詠をするような人を、北野の天神（＝菅原道真）が、一日に三度空高く飛来して守護しようと誓いなさっているそうだ。[12]けれども私重衡は、この世では（神にも）見放されてしまった。[13]唱和をしたところで何になろうか（何にもならない）。[14]成仏の障害となる罪が必ず軽くなるにちがいないことであれば唱和

と誓はせ給ふなり。12されども重衡は、この生にては捨てられ給ひぬ。13助音（ヲ）してもなにかせん。14罪障（ガ）かろみぬべきことならば従ふべし」とのたまひければ、15千手の前（ハ）やがて、「十悪といふとも猶ほ引摂す」といふ朗詠をして、16「極楽（ヲ）ねがはん人はみな、弥陀の名号（ヲ）となふべし」といふ今様を四五返うたひすましたりければ、17その時（三位中将ハ）杯をかたぶけらる。18千手の前（ハ杯ヲ）給はつ《り》て狩野介に（酒ヲ）さす。19宗茂が飲む時に、（千手の前ハ）琴をぞ弾きすましたる。20三位中将（ガ）のたまひける（コト）は、「この楽をば普通には五常楽といへども、重衡がためには後生楽とこそ観ずべけれ。21やがて往生の急をひかん」とたはぶれて、琵琶をとり、転手をねぢて、皇麞の急をぞ弾かれける。22夜（ハ）やうやう更けて、よろづ心の澄むままに、（三位中将ガ）「23あら、思はずや、あづまにもこれほど優なる人のありけるよ。24何事にても今ひと声」とのたまひければ、25千手の前（ガ）ま

しよう」とおっしゃったので、15千手の前はすぐに、「十悪といふとも猶ほ引摂す（＝たとえ仏の禁ずる十悪を犯した罪深い悪人であっても阿弥陀仏は極楽浄土に導いてくれる）」という朗詠をして、16「極楽ねがはん人はみな、弥陀の名号をとなふべし（＝極楽浄土を願うような人は皆、阿弥陀仏の名号を唱えるがよい）」という今様を四、五回澄んだ声で歌ったところ、17そのとき（三位中将は）杯の酒を飲み干しなさる。18千手の前は（その杯を）いただいて狩野介に（酒を）勧める。19宗茂（＝狩野介）が（その酒を）飲むときに、（千手の前は）琴を澄んだ音色で弾いていた。20三位中将がおっしゃったことは、「この楽曲を普通には五常楽というけれども、私重衡にとっては後生楽と考えるべきだ。21すぐに（皇麞の急ならぬ）往生の急を弾こう（そして極楽往生を急ごう）」と戯れて、琵琶を手に取り、転手をねじって（調音して）、皇麞の急をお弾きになった。22夜はしだいに更けて、万事に心が澄むにつれて、（三位中将が）「23ああ、思いがけないことだよ、東国にもこれほど優雅な人がいたんだなあ。24何でもいいからもう一曲（歌ってほしい）」とおっしゃったので、25千手の前がまた「一樹の陰にやどりあひ、同じ流れをむすぶも、みなこれ先世の契り（＝同じ木陰に身を寄せ合ったり、同じ川の水を掬《すく》って飲んだりするのも、すべて前世の因縁によるのだ）」という白拍子を、本当に趣深く澄んだ声で歌ったところ、26三位中将も「灯暗うして数行虞氏の涙（＝灯火は暗くかげり虞氏の目には幾筋もの涙が流れる）」という朗詠をなさった。27詳しく言うとこの朗詠の意味は、昔中国で、漢の高祖と楚の項羽とが皇帝の位を争って、合戦をすること七十二度、

た「一樹の陰にやどりあひ、同じ流れをむすぶ（ノ）も、みなこれ先世の契り」といふ白拍子を、まことに面白くかぞへすましたりければ、[26]中将も「灯暗う《く》して数行虞氏の涙」といふ朗詠をぞせられける。[27]たとへばこの朗詠の心は、昔もろこしに、漢の高祖と楚の項羽と（ガ）位をあらそひて、合戦（ヲ）すること七十二度、たたかひごとに項羽（ガ）勝ちにけり。[28]されどもつひには項羽（ガ）たたかひ負けて滅びける時、騅といふ馬の、一日に千里を飛ぶ（馬）に乗つ《り》て、虞氏といふ后とともに逃げさらんとしけるに、馬（ハ）いかが思ひけん、足をととのへてはたらかず。[29]項羽（ハ）涙をながい《し》て、「わが威勢（ハ）すでにすたれたり。[30]今はのがるべきかた（ガ）なし。[31]敵のおそふ（コト）は事のかずならず、この后に別れなんことの悲しさよ」とて、夜もすがら嘆き悲しみ給ひけり。[32]灯（ガ）くらう《く》なりければ、心ぼそう《く》て虞氏（ハ）涙をながす。[33]夜（ガ）ふくるままに軍兵（ガ）四面にときをつくる。[34]この心を橘相公の賦に作れる（ノ）を、三位中

戦うたびに項羽が勝った。[28]けれどもとうとう項羽が戦って負けて滅んだとき、騅《すい》という馬で、一日に千里を走る馬に乗って、虞氏という后と一緒に逃げ去ろうとしたところ、馬はどう思ったのだろうか、足を揃えて動かない。[29]項羽は涙を流して、「私の威勢はすでに衰えた。[30]もはや逃れられるすべがない。[31]敵が襲って来ることはたいしたことではない、この后と別れるようなことが悲しいことだよ」といって、一晩中嘆き悲しみなさった。[32]灯火が暗くなったので、心細くて虞氏は涙を流す。[33]夜が更けるにつれて（項羽を取り囲んだ敵の）軍兵が四方で鬨《とき》の声を上げる。[34]この心を橘相公が賦に作っていたのを、三位中将は思い出しなさったのだろうか、[35]とても優雅なことと思われた。

将（ハ）思ひ出でられ《尊敬》たり《完了》し《過去》に《断定》や《疑問（係）》、35いとやさしう《く》ぞ《強意（係）》聞えける《過去（結）》。

設問解説

問一 I やや難 前半は「A之《の》為《たル》レB」という構文で、〈A is B〉の意。ここではBの部分が二文字なので「A之為二B一」となる。後半は「A《（ス）》二B《ヲ》於C《ニ》一」という構文で、Aが動詞、「於」は置き字。「問《フ》二政《ヲ》於孔子《ニ》一」（『論語』顔淵）などと同じ構文である。

II やや易 ②の漢文の読解などする必要はない。空欄乙の少し前で三位中将が「罪障」（＝往生・成仏の妨げとなる悪行）ということを口にし、さらに空欄乙の後には「極楽」（＝極楽浄土）・「弥陀」（＝阿弥陀仏）という言葉が見えることから、この前後の話題は仏教なのだということを押さえればよい。「罪障」は知らなくても仕方がないが、「極楽」「弥陀」はわかってほしい。

III 標準 ③の「四面楚歌聲」を本文33の「軍兵四面にときをつくる」と結びつけて考えればよい。「とき（鬨）」は、戦場で士気を高めるために全軍が一斉に上げる声のこと。漢の高祖との戦いに敗れ、逃げるすべを失った項羽を、漢の軍兵が取り囲んで鬨《とき》の声を上げるのである。これと③を重ね合わせれば、鬨の声と歌声との違いはあるものの、四面を取り囲んだのは漢の軍兵に違いないので、「楚歌」は漢の軍兵が歌っているものと押さえられる。どうして漢の軍兵が楚の歌を歌うんだ？と納得がいかない人は、国語辞典で「四面楚歌」という四字熟語を調べてみるとよい。

問二 やや難 三位中将がどんな心境でいるのかを慎重に考えなくてはならない。「いと興なげ」である三位中将は、傍線部Aのすぐ前にあるように、千手の前が酒を勧めても「すこし」しか飲まない。ところが、しばらくすると心境に変化が生じて興に乗り始めたらしく、杯の酒を飲み干している⑰。この変化のきっかけは、千手の前が問一②の朗詠をして「極楽ねがはん人はみな、弥陀の名号となふべし」という今様を歌ったことである。この朗詠と今様の内容をまとめると《どんな悪人でも阿弥陀仏の名前を唱えれば極楽往生できる》ということになるだろう。これを聞いて興に乗り始めたということは、もともと三位中将は《自分は悪人なので極楽往生できない》と考えて沈んでいたのではないか、と考えられる。極楽往生できるかどうかということは、仏道にかかわる問題にほかならない。

問三 標準　aは、「懈怠」が〈怠けること〉の意の名詞なので、選択肢はロかホに絞られる。「懈怠」は見慣れない言葉かもしれないが、「怠」の字に注目すれば意味の推測は十分できるはずだ。そして、傍線部aを含む発言をした「鎌倉殿」とは源頼朝のことである。だから「頼朝」は発言者自身の一人称。貴族も武士も、男性たちは自分の名前を一人称で用いることがあるということは覚えておこう。すると、ホの「頼朝よ」は明らかにおかしい。仮に、「鎌倉殿」は源頼朝だということを知らなかったとしても、「鎌倉殿」と「頼朝」を別人と考えると、そもそも「頼朝」がどういう立場で本文の話にかかわるのか、まったくわからなくなってしまうので、やはりホは選べない。

bは少し難しい。「罪障」が〈往生・成仏の妨げとなる悪行〉の意だと知っていれば一発で正解を選べるが、しかしこれは受験生に必須の知識とはいえない。ほかに、文法的な観点でいくつかの選択肢の誤りを見つけることもできる。「ならば」は「未然形＋ば」で仮定条件なので、これを確定条件で訳しているロは誤りだとわかるし、「ぬ」が完了・強意の助動詞だと押さえられれば、これを打消で訳しているイの誤りにも気づく。ところが、ニの「はずがない」という表現は、ここだけを見るとイと同様に「ぬ」を誤解しているようにも見えるが、「あるはずがない」は「軽くなるはずだ」を意訳したものかもしれない、などと考えてしまうと、もう判断がつかない。選択肢の表現を、文意を十分に考慮せずに機械的に小間切れにしていくことは危険な場合があるのだ。そこで、どうしても文脈理解が必要になる。大切なのは、この傍線部bに答えるようにして、千手の前が問一②の朗詠をし今様を歌う、というつながりである。千手の前の朗詠と今様が《どんな悪人でも阿弥陀仏の名前を唱えれば極楽往生できる》という内容だということは問二で確認した。これが脈絡のない唐突な内容ではないとすれば、三位中将の発言がそもそも悪人の極楽往生を話題にしていて、だから千手の前もそれに応じた、と考えるのが自然だ。これも問二で確認したように、三位中将は《自分は悪人なので極楽往生できない》と思って沈んでいたのだから、自らを罪深い悪人としてその極楽往生を話題にしたとして、何ら不思議はない。選択肢の中で、悪人の極楽往生を話題にしているのはハ。迷わず極楽往生することを「成仏」ということがある。

問四 標準　傍線部Bは、狩野介が千手の前にむかって述べた言葉である。それは、この言葉を受けて反応するのが、「千手酌をさしおいて…」と、千手の前であることから押さえられる。ただ、狩野介の発言は最初は三位中将にむけられていたので、油断していると混乱しかねない。「奉公仕り候べし」⑧までは内容的に三位中将にむけられた言葉だが、傍線部Bは一転して千手の前にむけられるのだ。そして、傍線部Bで狩野介は、千手の前に《申す》ことと《勧める》こととを要求している。これを受けて、千手の前が空欄甲の朗詠をするのだから、まず《申す》は朗詠のことだろう。その上で、何を《勧める》のか、である。人物関係からして、《勧める》相手は三位中将以外には考えられない。この時、三位中将は興に乗らない様子で、酒も少ししか飲まない。そんな三位中将に《勧める》ものといえば「酒」しかない。何か朗詠でもして興趣を盛り上げて、三位中将に気分よく酒を飲んでもらえ、ということである。

問五 標準　「たはぶれ」は、ラ行下二段活用動詞「たはぶる（戯る）」の連用形。現代語の「たわむれる」と同じ語。三位中将はここで冗談めかした発言をしたのだ。一つは、「五常楽」という楽曲名をもじって「後生楽《ごしやうらく》」としたこと。「後生」とは〈来世〉のことなので、「後生楽」は〈来世の安楽〉を意味する。もう一つ、「往生《わうじやう》の急をひかん」と言って琵琶で「皇麞《わうじやう》の急」を弾くのだから、これも冗談である。本来、「皇麞」は楽曲名、「急」は「序・破・急」の「急」で雅楽の終章を指す語なのだが、三位中将は、それを「往生の急」ともじって、〈極楽往生を急ぐ〉という意味に変えた。この二つの冗談が同じモチーフによるものであることは明らかで、来世が安楽であるように極楽往生を急ぐ、ということになる。では、誰の極楽往生なのかというと、「重衡がためには」とある。問三aで触れたように、男性は自分の名前を一人称で用いたのだから、「重衡」とは三位中将自身のことである。つまり、三位中将はここで自らの極楽往生のことを考えているということであり、それは問二や問三bで考えてきたこととも整合する。そして、言うまでもないが、極楽往生するということは、死ぬということである。

問六 標準　「袖振り合うも他生《たしょう》の縁」という言葉を知っているだろうか。たとえば道を歩いていて、すれ違う見知らぬ人と袖が少し触れ合う。そんなちょっとした人と人との関係も、みんな前世からの因縁によるものだ、という意味の言葉である。「袖すり合うも他生の縁」とか「袖触れ合うも他生の縁」なんていう場合もある。そこで傍線部Dだが、「一樹の陰にやどりあひ」は、見知らぬ他人同士がたまたま同じ一本の木の下で雨宿りをすること。「同じ流れをむすぶ」は、見知らぬ旅人同士がたまたま同じ川の水を汲み合うこと。「むすぶ（掬ぶ）」はバ行四段活用動詞で〈手で水をすくう〉の意。どちらも人と人とのちょっとした関係を象徴する表現。それがみな「先世の契り」なのだという。「先世」は〈前世〉のこと。「契り」は重要単語で、〈❶約束、❷前世からの因縁、宿縁、❸夫婦の縁、❹夫婦の交わり〉などの意の名詞。したがって、選択肢の中から、ちょっとした人間関係も前世からの因縁によるのだ、という主旨のものを選べばよい。ただし、ニの「夫婦であった」は行きすぎなので選んではいけない。ちなみに、この傍線部の発想と表現はわりと定番のもので、「一樹の陰、一河の流れも他生の縁」という成句もある。

問七 やや易　「やさしう」は、シク活用形容詞「やさし」の連用形「やさしく」のウ音便形で、〈❶控えめだ、❷優美だ、優雅だ、上品だ、❸けなげだ、殊勝だ〉などの意の重要単語。❷が基本で、傍線部Eも〈とても優雅なことと思われた〉の意。これを直前の「この心を橘相公の賦に作れるを、三位中将思ひ出でられたりしにや」と結びつければ、三位中将が橘相公の作った賦を思い出したことを、優雅なことと評価しているということが、容易に押さえられるはずだ。「賦」は、対句を多用した漢文の韻文体の一つ。そして、27の「たとへばこの朗詠の心は」以下に述べられる項羽の物語が、空欄丙の三位中将の朗詠についての解説であるということを確認すれば、「橘相公の賦」が具体的には三位中将が空欄丙で朗詠した問一③の一節を指しているということがわかる。つまり、橘相公が項羽のことを詠んだ古典の一節を三位中将が臨機に思い出して朗詠したことを、優雅だといっているのだ。選択肢のイのように「声」を讃《たた》えているわけではないので注意。

問八 やや易　傍線部v～zは、いずれもハ行四段活用動詞「さぶらふ（候ふ）」が活用したものである（厳密には「さうらふ」と仮名書きすべきものも含まれているが、「さうらふ」は「さぶらふ」が変化したもので、意味も同じなので、受験生はすべて「さぶらふ」と考えて何の問題もない）。「さぶらふ」には、〈❶お仕えする、伺候《しこう》する、❷うかがう、❸あります、います、❹〔補助動詞〕～です、～ます、～ございます〉の意があり、❶❷なら謙譲語、❸❹なら丁寧語。vは、狩野介が三位中将という貴人の御前近くに「候ひけり」という文脈なので、謙譲語の❶もしくは❷と考えるのがふさわしいが、w～zはすべて❹の丁寧の補助動詞である。最終的には、一つ一つ文意を考慮して訳して確認をするべきだが、vだけが地の文で、w～zはすべて会話文中にあるということからも、手っ取り早く見当をつけることができるだろう。

5 十訓抄

評価

50～40点→ 合格圏

39～28点→ まあまあ

27～0点→ がんばれ

解答

（50点満点）

問一　かげゆ　（3点）　　問二　本意　（3点）

問三　②　（4点）　　問四　①　（4点）

問五　⑤　（7点）

問六　2　楽塩　3　落縁　（3点×2＝6点）

問七　顕宗はどうしてあんなにもあわてたのか、笑いたくなる。（6点）

＊「何によりて」の訳…2点。「さしも」…1点。「ぞ」…1点。「をかし」…2点。

問八　②　（7点）　　問九　②　（7点）

問十　④　（3点）

出典

作品名　『十訓抄《じっきんしょう》』　作者　未詳

ジャンル　説話　時代　鎌倉時代中期

本文解説

本文に出てくる人物は、「堀川院」「顕宗」「女房」「秦舞陽」「始皇帝」「博雅」の六人。中で主要な人物は堀川院と顕宗。この話を堀川院にひきつけて読めば、顕宗の失態をとがめることなく「ほいならじ」として本来の顕宗を知ろうとした堀川院の名君ぶりがうかがわれる。一方、顕宗にひきつけて読めば、ささいなことにも心の臆してしまう気弱な男の滑稽な姿が浮かんでくる。ふつう、サッと顔が青ざめ、わなわなと身震いがおこるのは、始皇帝に対した秦舞陽のように「逆心」を持つ者が主にまみえたときだろう。ところが、顕宗は、「逆心」もないのに、天皇のそばにいるということだけで、心も臆して身も震え、あわてふためき、果ては縁側から落ちてしまう始末である。しかし、本文の語り手は、そういう顕宗を笑いながらも突き放してはいない。博雅三位、平安時代中期に活躍した源博雅の不名誉なエピソードも紹介して、ささいなことで気が動転し、顔が青ざめ、からだも声も震えてしまうことは、立派な人にとってもどうすることもできないことなのだと、顕宗に救いの手を差し伸べている。

この「ことば」に注目！

[1]「堀川院の御時」 「院」とは「上皇」のこと。「上皇」とは天皇の位を譲った人、つまり元《もと》天皇。出家すると「法皇」と呼ばれる。「御時」とは「天皇として世を治めていた時」という意味。だから、「堀川院の御時」とは「堀川院がまだ譲位せず天皇として世を治めていた時」ということで、本文は堀川院の天皇時代の話を語っているのである。古文の登場人物は、その人が周囲の人から最終的に呼ばれていた名称で呼ばれることがふつうなので要注意。

[2]「相知れりける女房」 「相知る」とは「互いによく知っている」こと。ではこの女房と親しくしていたのは誰か？つい天皇と思うかもしれないが、ここは顕宗。「相知れりける」と尊敬表現されていないことに注意する。

[3]「天徳の歌合」 「天徳」は元号。ここで押さえたいのは「歌合」。「歌合」とは歌人たちを「左」と「右」の二チームに分けて、それぞれのチームの歌人が詠んだ歌を一首ずつ番《つが》わせて優劣を競う遊び。判定は、「衆議判」といって参加歌人のディベート（討論）によるものもあるが、ふつう権威ある歌人が「判者」となって勝敗を決めた。その際、歌人によって詠まれた歌を読み上げて披露する役を「講師《こうじ》」という。

本文

1堀川院の御時、勘解由次官顕宗とて、いみじき笛ふき（ガ）ありけり〔過去〕。2ゆゆしき心おくれの人なり〔断定〕。3院（ガ）、笛（ヲ）きこしめし〔尊敬〕さ れ〔尊敬〕ん〔意志〕とて（顕宗ヲ）めし〔尊敬〕たる〔完了〕時、（顕宗ハ）帝の御前と思ふに臆して、わななきて（笛ヲ）えふか ざり〔打消〕けり〔過去〕。4（院ハ）ほい なら〔断定〕じ〔打消推量〕とて、（顕宗ト）相知れ り〔存続〕ける〔過去〕女房に仰せ〔尊敬〕られ〔尊敬〕て、「私に、（オマエノ）つぼのほとりに（顕宗ヲ）よびて（笛ヲ）ふか

本文解釈

1堀川院のご治世の時、勘解由次官顕宗といって、とてもすぐれた笛の奏者がいた。2たいへんな物怖じする人である。3院が、笛をお聴きになろうと思って（顕宗を）お呼び出しになったとき、（顕宗は）天皇の御前と思うと怖気づいて、からだがぶるぶる震えて（笛を）吹くことができなかった。4（院は）本来の姿ではないだろうと思って、（顕宗と）親しくしていた女房にお命じになって、「個人的に、（おまえの）部屋のあたりに（顕宗を）呼んで（笛を）吹かせよ。自分は立ち聞きをしよう」とお言葉があったので、（女房は）月の夜（顕宗を）言いくるめて約束を交わして（笛を）吹かせた。

せよ《使役》。われ（ハ）立ち聞かむ《意志》」と仰せ（ガ）ありけれ《過去》ば、（女房ハ）月のよ（顕宗ヲ）かたらひて契りて（笛ヲ）ふかせ《使役》けり《過去》。[5]（顕宗ハ）女房の《主格》聞くと思ふ（分）には、はばかるかた（モ）なくて、思ふさまにふきける《過去》。[6]世にたぐひなくめでたかりけり《過去》。[7]みかど（ハ）感に堪へさせ《尊敬》おはします《尊敬》。[8]「日ごろ（顕宗ハ笛ノ）上手とはきこしめし《尊敬(自敬)》つれ《完了》ども、かくほどまではおぼしめさ《尊敬(自敬)》ず《打消》。いとこそ《強調(係)》めでたけれ《(結)》」と仰せ《尊敬》出だされ《尊敬》たる《完了》に、[9]（顕宗ハ）さは御門の《主格》きこしめし《尊敬》ける《詠嘆》よと、たちまちに臆してさわぎける《過去》ほどに、縁より落ちに《完了》けり《過去》。[10]さて安楽塩といふ異名はつきに《完了》けり《過去》。[11]昔、秦舞陽が始皇帝を見奉り《謙譲》て、色（ガ）変じ身（ガ）ふるひたり《存続》ける《過去》（ノ）は、逆心をつつみえざり《打消》ける《過去》ゆゑなり《断定》。[12]顕宗（ハ）何によりてさしもあわてける《過去》ぞ《強調(文末)》、をかし。

[13]天徳の歌合に、博雅三位（ガ）講師（ヲ）つとむる（トキ）に、ある歌をよみあやまりて、色（ガ）変じ声（ガ）ふるひける《過去》よし（ガ）、かの時の記に見えたり《存続》。[14]かやうの事（ハ）、上古のよき人も力及ばぬ《打消》事なり《断定》。

[5]（顕宗は）女房が聴くと思う分には、気がねすることもなくて、思う存分吹いたことだ。[6]世の中にたぐいがないほどすばらしかった。[7]天皇は深く感動していらっしゃる。[8]「日ごろから（顕宗は笛の）名手だとは聞いていたけれど、これほどまでとは思わなかった。じつにすばらしい」と口になさったので、[9]（顕宗は）それでは天皇がお聴きになっていたのだったよと、たちまち怖気づいてあわてふためいたときに、縁側から落ちてしまった。[10]それで安楽塩というあだ名がついたのだった。[11]昔、秦舞陽が始皇帝をお目にして、顔が青ざめからだが震えていたのは、主君にそむく心を隠すことができなかったからである。[12]顕宗はどうしてあんなにもあわてたのか、笑いたくなる。

[13]天徳の歌合で、博雅三位が歌を披露する役を務めたときに、ある歌を読み間違って、顔が青ざめて声が震えたということが、その時の記録に載っている。[14]このような事は、昔の立派な人も自分ではどうすることもできない事なのだ。

設問解説

問一 やや難 「勘解由」は「勘解由使《かげゆし》」のことで、平安時代、国司が交代する時に引き継ぎの文書を審査する職。受験生に必須の知識ではないので、できなくても仕方がない。

問二 易 「ほい」の漢字は「本意」。逆に「本意」の読みをきくときもある。「ほい」と読もう。意味も大切。〈❶本来の望み、本来の目的、❷本来のあり方〉を表す。

問三 やや難 空欄の設けられた文の後の「帝の御前と思ふに臆して、わななきてえふかざりけり」[3]、「さは御門のきこしめしけるよと、たちまちに臆してさわぎけるほどに、縁より落ちにけり」[9]に注目すると、顕宗は気が弱くすぐ心の落ち着きを失う人だったことは容易にわかる。ただ、選択肢がやっかいである。平常心を失うことを現代語で「あがる」という。そこからつい①を選んでしまう。ところが「心あがり」は〈思いあがり、うぬぼれ〉の意味である。②「心おくれ」が〈心が臆すること、気後れ〉の意味である。③「心きき」は〈気が利くこと〉、④「心ぶと」は〈気が強いこと〉、⑤「心まさり」は〈予想よりすぐれていること〉という意味。

問四 易 ポイントは「私に」。「私」は「わたくし」と読む。「おほやけ」〈公的なこと〉の反意語で〈個人的なこと、私的なこと〉をいう。現代語の「公私を混同する」「公私ともに忙しい」などの「公私」の「私」の意味である。「私に」で〈個人的に、私的に〉ということ。これだけで正解は出るが、「つぼ」もチェックしてみよう。「つぼ(坪・壺)」は〈(まわりを建物や垣根で囲まれた)中庭〉の意味。そこからそういう庭に面した〈宮中の部屋〉もいい表す。「つぼ」をそう訳しているのは①と②と③。それぞれ傍線部(イ)に代入してみる。文脈上②と③は論外なことがわかる。

問五 標準 傍線部(ロ)は《自敬表現》。「自分で自分を敬う表現」である。自分のことを尊敬表現したり、相手の自分に対する行動を謙譲表現したりすることである。院とか天皇とかきわめて身分の高い人の会話の中に現れる。そういう人の会話の中に尊敬語とか謙譲語があったら、まず自敬表現を疑おう！　とりわけ「最高敬語(二重尊敬)」は要注意！　(ロ)の主語は会話主である堀川院。院は、自身の「聞く」ことを「きこしめし」(「聞く」の最高敬語「きこしめす」の連用形)といっている。自分で自分を敬っているのである。なお、この一文の終わりにある「おぼしめさず」も自敬表現。

問六 標準 傍線部(ハ)の「さて」に注目。「さて」は〈それで〉ということ。つまり顕宗に「安楽塩」という異名〈あだ名〉が付いた事情を説明している。「さて」は指示語。指示内容は直前の「縁より落ちにけり」。「縁から落ちる」を漢語的に言い換えると「落縁する」。「落縁」から「安楽塩」を連想したのである。「安楽塩」は「雅楽の楽曲の一つの名」。顕宗が「いみじき笛ふき」（1）であったことから、連想がスッと働いたのだろう。

問七 やや易　口語訳する上で注意したいのは「何によりて」「さしも」「ぞ」「をかし」。「何によりて」は「何に基づいて」「何が原因で」ということ。〈どうして、なんで、なぜ〉などと訳す。「さしも」は〈❶そのように、あのように、❷そんなに・あんなに〉の意味の副詞。❷で訳すのが適切だが、❶でも許容。「ぞ」は係助詞。文末用法である。下の読点（、）にだまされてはいけない。〈のか〉と訳す。〈のだろうか〉は誤り。「をかし」は多義語だが、ここは〈笑いたくなる、滑稽だ〉の意味。現代語と同義である。「をかし」＝〈趣がある、風情がある〉で済ましている受験生が大勢いることから、入試では現代語と同義の「をかし」もきいてくる。要注意！

問八 標準　それぞれの選択肢を訳すと、

①「いろいろなことを心の中で耐え忍ぶことは、すばらしい長所にちがいないこと」

②「心構えや態度がどっしりとしていない者にも情けをかけるべきであること」

③「高い身分賤しい身分にかかわらず、賢い振る舞いは得るものが多く、愚かな振る舞いは失うものが多いこと」

④「思いあがりがもとで、思慮が少ないことから起ったこと」

⑤「人をばかにすることはいろいろだけれど、必ずあること」

顕宗が②の「心操振舞の定まらざる（者）」、堀川院の振る舞いが「恵みを施す」に対応する。⑤がヤッカイ。本文に二度「色変じ」とある（11・13）ところから、「色かはれども」にまどわされて、これを選んでしまうかもしれない。しかし、「人をばかにすることは顔が青ざめるけれど、必ずあること」では文意が通らない。

問九 標準　傍線部㈡の「をかし」を正しく読めていれば正解は容易に決まる。①は「顕宗の逆心を描いた」が誤り。③は「女房の優美な心遣い」が誤り。女房は、堀川院の命令のもと顕宗をだまして笛を吹かせたのである。「笛一つに生きる人間の純な姿」も誤り。顕宗は勘解由次官である。④は論外。⑤は「芸道一筋に打ち込む人間の臆する心を風雅の極みとしてほめ伝える」が誤り。傍線部㈡の「をかし」と本文の最後の一文「かやうの事、上古のよき人も力及ばぬ事なり」の誤読である。なお、正解②の「こうした人間は昔からいたのだとする構成になっている」は、本文の第二段落のこと。

問十 やや易　①は平安時代の説話集。②は鎌倉時代の説話集。③は鎌倉時代の説話集。鴨 長明《かものちょうめい》の作。④は『拾遺《しゅうい》和歌集』のこと。第三番目の勅撰和歌集である。⑤は鎌倉時代の説話集。橘 成季《たちばなのなりすえ》が編集。

6 藤簍冊子

評価

50～35点→ 合格圏

34～20点→ まあまあ

19～0点→ がんばれ

解答

（50点満点）

問一 a （5点）　問二 a （5点）

問三 b （5点）　問四 d （5点）

問五 a （5点）　問六 c （5点）

問七 a （5点）　問八 a （5点）

問九 d （5点）　問十 1 A　2 B　3 B　4 B　5 B （各1点）

出典

作品名　『藤簍冊子《つづらぶみ》』　作者　上田秋成《うえだあきなり》

ジャンル　歌文集　時代　江戸時代後期

本文解説

「十雨言《じゅううげん》」一・二の、二の文章である。題名からもわかるが、テーマは「雨」。一では、四季折々のさまざまな雨の様子が語られている。したがって、この本文も「雨」の話である。冒頭、老残の身が語られているが、これも、冬にしろ、夜にしろ、雨の中読書もせず、無為《むい》に時をおくる老人の姿を目に浮かべたい。雨に降りこめられて楽しいのは金持ちだけ。家の中でのんびりと気晴らしができる。貧乏人はそうはいかない。雨だからといって家にいるわけにはいかないのだ。賀茂神社の祭礼も、参勤交代の旅も、上《うえ》の人はともかく、仕える者にしてみれば、雨は最悪。一の文でも、雨を恨む人の姿は語られているが、ごくわずか。雨がもたらす季節の情趣が基調。二になって、いきなり秋成は雨をわるく言う。

　どうして秋成は二の文で雨をわるく言うのか？　解くカギは題名にありそうだ。「十雨」とは、十日に一度雨が降ること。季節が順調に推移し、人の暮らしも穏やかに営まれ、天下は太平である。そういう言葉を題にとりながら、秋成は雨をわるく言う。秋成の心のなかになにか鬱々《うつうつ》としたものがあったのだろう。

　この文章は唯心尼《ゆいしんに》という女性の求めに応じて口述されたものである。秋成の口述を唯心尼が筆記する。唯心尼は河内の日下《くさか》村に住む秋成の歌の弟子である（ちなみに秋成の住まいは京都）。だからだろう、「十雨言」一の文章は和歌の情感あふれる文章。ところが、口述しているうちに、秋成は何かに取りつかれてしまったようである。というより、心の中で栓が抜け飛び、封じていた思いがあふれ出てしまったようである。

この文章がものになる少し前に秋成は妻を失っている。三十八年間連れ添った最愛の妻である。傷心の秋成。そしてそのころ秋成の目はほとんど光を失っている。京都に住む秋成が唯心尼のもとへはるばる赴いたのも、じつはその地で眼病を癒《いや》そうと思ったからである。「冬は年の余り、夜は日の余り、雨は陰の余りなり。文読む人は、この三つの余りもてなると言ふ」（[1]・[2]）。秋成も昔はそうだったのだ。しかし、今の秋成は本を読みたくても読めない。

本文

[1]冬は年の余り、夜は日の余り、雨は陰の余りなり《断定》。[2]文（ヲ）読む人は、この三つの余り（ヲ）もてなると言ふ。[3]語り言には言へど、老が類の愚か者は、ただいたづらに、埋み火に炭（ヲ）焚き継ぎ、春の木の芽を煎つつ、飽かず啜ろひをる。[4]おのれは何をして齢（ヲ）たもつらん《推量》とは思ふものから《逆接》、眼（モ）暗く、歯（モ）落ち尽きて、何をか《反語(係)》読み、何をか《反語(係)》語らん《推量(結)》。

この「ことば」に注目！

◆「立つる煙絶え絶えに」　この「煙」は「炊煙」。炊事のときにかまどから出る煙。もう少しすると食事にありつける。

ただし、古文にはほかにも大切な「煙」がある。一つは「藻塩《もしお》の煙」。塩を作るときに出る煙。「藻」は海藻のことだから、海辺に漂う煙である。京には海がない。そういう所から海のある所へ旅をする。「藻塩の煙」が漂っている。旅人の目には詩情あふれる景色と映る。もう一つは「火葬の煙」。亡骸《なきがら》が焼かれて空に煙が立ち昇ってゆく。その煙を見て故人を追慕する、悲しい煙である。

本文解釈

[1]冬は一年の余り、夜は一日の余り、雨は陰の余りである。[2]書物を読む人は、この三つの余り（の時間）をあてて可能となるという。[3]世間での言い習わしでは（こう）いうが、この老人（＝私）のような愚か者は、ただむなしく、（炉の）埋み火に炭を継ぎ足し、春の木の芽（＝茶）を煎じては、飽きもせずにすすり飲んでいる。[4]自分は何をして生きていくのだろうとは思うけれど、眼も弱り、歯もすべて抜けて、（今は）何を読み、何を語れようか（読書もできないし、文章も書けない）。[5]雨を好ましいものと感じるのは、家が豊かで、使用人を多く使っ

[5]雨をなつかしきものにする（ノ）は、家（ガ）富み、人（ヲ）多く持たりて、賑はしきあたりにも、友垣の《主格》訪ひ来る道を絶え、家の業なども障へられ《受身》て、宿にのみこもりをり、文を読みては古を偲び、鳥の跡（ヲ）はかなう《く》書きすさび、或はいつき娘に琴（ヲ）かき鳴らさせ《使役》、酒（ヲ）あたため、よきもの（ヲ）とり並めて、日ねもす、夜すがらなら《断定》む《仮定》、いと楽しき。

[6]朝より起き出て、夕暮れ（ヲ）過ぐるまでも立ち走りても、立つる煙（ガ）絶え絶えに、人の情をだに《類推》受くるよし（ガ）なき者らは、ただうち呻き、つら杖（ヲ）つきて、つれなしや《詠嘆》この雨（ハ）とながめたら《存続》ん《仮定》、いと はかなし。[7]宿り（ガ）なき者らは、ここかしこの軒、木陰などにくぐまりをり、むさき髪（ヲ）掻き撫で、ふたつの乳（ヲ）、ふたりの子にふふめて、難波菅笠（ガ）破れたる《存続》（ノ）をうちかづき、空（ヲ）さし仰ぎては、今日をいかにせん《意志》とわびしがるさま（ハ）、いとかなしき。

[8]高き御あたりのありさまは思ひかけね《打消》ば、おぼし

ていて、繁盛しているあたりでも、（雨が降ると）友達がたずねてくる道が途絶え、家の仕事なども妨げられて、家にばかりこもっていて、書物を読んでは昔に思いをはせ、文字を何ということもなく気の向くままに書いたり、または大切な娘に琴をかき鳴らさせ、酒を温めて、よいつまみを並べて、終日、終夜（のんびりと過ごすの）であるなら、とても楽しいことだ。

[6]朝（早く）から起き出して、夕暮れを過ぎるまでも走り回って（働いて）も、（かまどに）立てる煙が途絶えがち（＝食べるものもろくにない状態）で、他人の情けさえ受ける手立てがない者たちが、（雨が降ると）ただ嘆息し、頰杖をついて、「無情だなあこの雨は」と眺めているのなら、とても心細い。[7]宿がない者たちは、あちこちの軒、木陰などにうずくまっていて、きたない髪をかきなで、二つの乳房を、二人の子に吸わせて、難波菅笠が破れているのをかぶり、空を仰いでは、「今日をどう暮らそう」と途方に暮れる様子は、とても悲しい。

[8]身分の高いお方の様子は想像もしないので、お考えを知ることはできないが、（雨の降る）葵祭の日、馬も御牛車も、みな雨具を（装束に）かぶせて引き出して来ている様子は、今日の御正使をはじめ申し上げて、雅楽寮の人々、御随身、小舎人、童、仕丁などに至るまで、大笠や日塞笠に（身が）隠れ切れないで、びっしょり濡れながら、すね（の袴）を高くまくり上げて、歩くのに難渋しているが、[9]これを見物するということで出かける人も今日はとても少なく、もの寂しい感じであって、（行列の人々が）列を連ねて出かけなさるようなのを、見た目が苦しそうで耐えられなく

(ヲ)知られ《可能》ぬ《打消》を、祭の日、馬も御車も、なべて雨衣(ヲ)うちかづけ引き出たる《存続》(様子ハ)、今日の御使ざねをはじめ奉《謙譲》り、歌づかさ、御随身、小舎人、童、仕丁なんどにいたるまで、大笠目塞笠に隠れかねて、しとどに濡れつつ、脛(ヲ)高くからげて、歩みなづめる《存続》を、9これ(ヲ)見るとて出たつ人も今日はいと少なく、寂々しげにて、かい《き》つらね出給《尊敬》はん《婉曲》(ノ)を、見る目の《主格》苦しげに敢え難う《く》も見奉《謙譲》らぬ《打消》(ノハ)、いと心ありや《詠嘆》。10東路なる《存在》渡り瀬の《主格》、高波をあげ、岸を越えては、国の守の《主格》参《謙譲》りま《謙譲》かれる《存続》(行列)も、わりなく遮へられ《受身》ては、武士の猛き心も、手弱女に倦み疲れ、千里(ヲ)行く駒も、鼠のごとく《比況》繋がれ《受身》ゐたる《存続》(様子ハ)、何も無徳にこそ《強調(係)》見ゆれ《(結)》。

て拝見しないのは、まったく思いやりがあることだよ。10東国にある川の渡し場が、(雨が降ると)高波をあげ、(その高波が)岸を越えて来て、大名が参勤したり下国したりしている行列(＝参勤交代の行列)も、やむを得ずとめられては、武士の勇猛な心も、か弱い女性のようにいやになって疲れ、(一日に)千里を進む(すばらしい)馬も、鼠のように繋がれてじっとしている様子は、何もかもぶざまに見えることだ。

設問解説

問一 やや易 「余り」は、前の文をふまえて考えると〈余りの時間〉のこと。特に「夜は日の余り」(＝夜は一日の余り)から考えるとわかりやすいだろう。直前の「文読む人」は〈書物を読む人〉。読書をする人は余った時間を読書に当てるはずだと理解することは難しくない。

問二 やや難 文脈上、傍線部2の主語が「老が類の愚か者」だということはすぐにわかる。すると選択肢はcがよさそうに思うだろうが、しかし「老が類の愚か者」を直訳すると〈老人のような愚か者〉であり、これは老人を「愚か者」の典型としている点で、c「年をとって愚かになった人」とは少し異なっている。「老が類の愚か者」という表現では、《老人は愚か者だ》ということが前提になっているのだ。ところが、老人一般を「愚か者」と見なすような前提は、明らかに穏やかではない。そこで考えられるのは、この「老」は筆者が自身を卑下して用いた自称なのではないかということだ。〈私のような愚か者〉と解するということである。なお、そんな難しいことを考えなくても傍線部2の直後に「おのれは」とあることに注目すれば一発でaを選べるじゃないかと考えたとしたら、それは短絡的だ。「おのれは」は〈自分は、本人は〉と解することができるので、傍線部2の主語が誰であっても齟齬《そご》は生じないのだ。だから「おのれは」は根拠にならない。

問三 やや易　傍線部3を訳すと〈友達がたずねてくる道が途絶え、家の仕事なども妨げられて、家にばかりこもっていて〉となる。これだけ見ると何かよくない状態のようだが、しかし段落冒頭の「雨をなつかしきものにするは」を押さえると、これは雨によってもたらされた好ましい状態なのである。「なつかしき」は、シク活用形容詞「なつかし」の連用形で、〈心ひかれる、好ましい〉の意の重要単語。雨が降ると、友達も来ないし仕事もできない。その結果、時間にゆとりが生じて、「文を読みては古を偲び」以下に述べられるような「楽しき」ことを終日終夜していられる、ということだ。こう理解すれば、選択肢のaとdは見当外れだとわかるし、cは「自分で作った」が誤り。雨が原因でゆとりが生じるわけで、自分で時間を作るわけではない。

問四 やや易　問三と深くかかわる。雨によって生じた時間のゆとりを「楽しき」ことに当てるのは、「家富み、人多く持たりて、賑はしきあたり」（＝家が豊かで、使用人を多く使っていて、繁盛しているあたり）の話である。こうした豊かな人が、雨の日には仕事も休んで、本を読んだり娘に琴を弾かせたりご馳走を食べたり、いつもと違うことを楽しむというのだ。雨の時だけなので、選択肢cは「常に」が誤り。

問五 やや易　古文の「煙」については、「この「ことば」に注目！」を参照のこと。この第三段落は、冒頭に「朝より起き出て、夕暮れ過ぐるまでも立ち走りて」とあり、これは前の段落からは一転して、生活のために朝から晩まで奔走する貧しい人々の話である。貧しいから食事の用意も十分にはできず、炊事の煙も絶え絶えになる。

問六 難　「心あり」は、〈❶思いやりがある、❷情趣や道理がわかる、❸情趣がある、❹下心がある〉などの意の重要語句。「や」は、疑問の係助詞の文末用法（一説には終助詞）の可能性と、詠嘆の間投助詞の可能性とがあるが、選択肢を見るとここは前者らしい。次に、手順として、傍線部6の直前部分「かいつらね……見奉らぬ」をきちんと解釈してみるべきだが、ここが非常にわかりにくい。そこで外堀から埋めていってみよう。まず、この段落の話題になるのは「祭の日」である。そして、「御使ざね」をはじめ「歌づかさ、御随身、小舎人、童、仕丁なんど」と様々な人々が列挙され、さらに「これを見るとて出たつ人」までが話題にあがることからすると、これは多くの見物人が集まる賀茂神社の葵祭の折の勅使（＝天皇が神を祭るために派遣する使者）の行列の話なのではないかと考えることができる。「御使ざね」がその勅使で行列の中心人物。「歌づかさ」以下はみな行列につき従う人々である。ところが、そこに雨が降っていて、行列の人々はみな「しとどに濡れつつ……歩みなづめる」という状況である。「しとどに」は〈びっしょり、ぐっしょり〉の意の副詞。「なづめ」はマ行四段活用動詞「なづむ」の已然形で、〈❶難渋する、うまく進めなくて困る、❷悩み煩う、❸こだわる〉の意。ここは❶。雨にぐっしょり濡れて歩きにくそうにしているその様子は、「見る目の苦しげ」（＝見た目が苦しそう）なのだという。こうした段落の内容をふまえると、選択肢のaは見当外れだということがわかるし、bもこの段落の内容には合っていないことがわかる。また、祭の日はあらかじめ決められているので、運動会やピクニックのように雨だからといって延期や中止にするわけにはいかない、ということを考えると、dも適切ではない。結局、祭の日に雨が降っても、使者を派遣する「身分の高い人」は雨に濡れることはないが、使者として派遣される「身分の低い人々」は雨に濡れる苦労を余儀なくされる。「身分の低い人々」をそんな目にあわせるなんて、「身分の高い人」には思いやりの心があるのか？ということなのである。

　ただし、ここには別の解釈の可能性がある。少し前に、雨が降ると行列を見物する人が非常に少ないということが述べられている。それと結びつけて、人々が見物に行かない理由を「見る目の苦しげに敢え難うも見奉らぬ」と、筆者が揶揄《やゆ》しているのだと理解すれば、一転して傍線部6「いと心ありや」は、〈まったく思いやりのあることだよ〉という、見物に行かない人々へのちょっとした皮肉となる。実は、こうした解釈の方が文脈的には自然だ。しかし、これに該当する選択肢はないので、与えられた選択肢の中から正解を導くならば、先に述べたように考えるしかない。そうした事情も含めて、正解を導くことが困難な設問なので、できなくても一向にかまわない。

問七 やや易 傍線部7の「参り」は、ラ行四段活用動詞「参《まゐ》る」の連用形で、〈❶参上する、参詣する、❷差し上げる、❸して差し上げる、❹召し上がる〉などの意の重要単語。❶〜❸なら謙譲語だが、❹は尊敬語。普通は❶が圧倒的に多い。「まかれ」は、ラ行四段活用動詞「まかる（罷る）」の已然形で、〈❶退出する、❷地方へ下る、❸行きます、参ります〉などの意の重要単語。謙譲語だが、❸はへりくだることで聞き手に対する敬意を表す敬語（2問一③の下二段活用の「たまふ」と同じ）である。こうして見ると、「参る」と「まかる」は反意語であり、大まかにいって、「参りまかれる」で〈行き来する〉ことを表していると押さえられる。問題は、どこへ行き来するのか、である。まず、今回の本文は江戸時代の文章であるということを忘れてはいけない。本文の筆者である上田秋成は有名人なので必ず覚えておくこと。だとすると、段落冒頭の「東路」は江戸に向かう道のことであり、「参りまかれる」は江戸と地方を行き来することだと考えすすめることができる。選択肢のうち、それに該当するのはaの「参勤交代」。なお、「国の守」は、平安時代なら朝廷が任命する国司の長官のことだが、江戸時代には大名を指す場合がある。

問八 やや難 第一段落の「老が類の愚か者」以外に、筆者自身のことを述べるところは本文中に見当たらないので、解答の根拠は第一段落に求められる（だから問二ができていなければ考える手立てはない）。第一段落によれば、読書をする人は余った時間を読書に当てるはずなのに（問一参照）、筆者は「ただいたづらに、埋み火に炭焚き継ぎ、春の木の芽を煎つつ、飽かず啜ろひをる」という。「いたづらに」は、ナリ活用形容動詞「いたづらなり（徒らなり）」の連用形で、〈❶無駄だ、無益だ、❷空いている、使われていない、❸退屈だ、手持ち無沙汰だ〉などの意の重要単語。「春の木の芽」は、注にお茶のこととある。つまり、読書もせずに無駄にお茶を飲むばかりだというのである。無駄に過ごしているというのだから、選択肢のb「楽しんでいる」、c「努めている」は誤り。dは第二段落の内容なので論外。

問九 標準 aは、第二段落の内容と食い違うので誤り。第二段落によれば、裕福な人にとっては雨が「いと楽しき」ものになる（問四参照）。bは、「身分の高い人は雨を喜ぶ」が誤り。「身分の高い人」が話題になるのは第四段落だが、そこに「雨を喜ぶ」ということは述べられていない。cは、「雨は人間を鍛える機会となる」が誤り。こういうことは本文中どこにも述べられていない。dの「生活にゆとりのある人」は第二段落で話題にあがる裕福な人。このタイプの人にとっては雨が「いと楽しき」ものになるが、その他の段落で話題にあがる人々は誰も雨を楽しんでいない。よってdだけは本文の内容と齟齬《そご》しない。

問十　**標準**　一つ一つ確認してみよう。1は、第三段落の内容に合致するので本文の主旨と矛盾しない。2は、第五段落の「武士の猛き心も、手弱女に倦み疲れ」の解釈を間違えている。この「手弱女に」は〈手弱女のように〉の意であり、「手弱女」が疲れるといっているのではない。3は、第五段落の「鼠のごとく」を誤解している。本文末尾に「何も何も無徳にこそ見ゆれ」とあるのだから、馬が「鼠のごとく繋がれゐたる」姿もぶざまなのだ。決して「平然と」繋がれているのではない。鼠のように意気地なくおびえて、鼠のように弱々しい様子なのだと考えればよい。4は、第二段落の内容と食い違う。「富裕な家」は雨を「いと楽しき」ものにするのだ。5は、第四段落の内容と食い違う。筆者は「高き御あたり」（＝身分の高いお方）について、「おぼし知られぬ」（＝お考えを知ることはできない）と言っている。

7 蜻蛉日記

評価

50～31点→ 合格圏

30～18点→ まあまあ

17～0点→ がんばれ

解答

（50点満点）

問一 ホ （3点）　問二 チ （4点）

問三 ワ （4点）

問四 4 タ　6 ウ　7 ク （各4点）

問五 フ （4点）　問六 キ （4点）

問七 ヒ （4点）　問八 13 （3点）

問九 ハ （4点）　問十 ヘ （4点）

問十一 このわたり （4点）

出典

作品名 『蜻蛉日記《かげろうにっき》』　作者 藤原道綱母《ふじわらのみちつなのはは》

ジャンル 日記　時代 平安時代中期

本文解説

『蜻蛉日記』の作者藤原道綱母は美人である。昔の立派な本に「わが国三美人のうちの一人」と記されている（ちなみにこの中に小野小町は入っていない）。その上、頭がよく、歌もうまく、字も上手《じょうず》だ。そればかりか、家政の才にも並々ならないものがある。それなのに夫は作者を正妻として本宅に迎えてくれない。気がむいたとき作者の家に通ってくるだけ。夫とは藤原兼家《ふじわらのかねいえ》のこと。この時代を代表する政治家の一人だ。兼家がこれほどの女性を一番に扱えなかったのは、おそらく子どもの問題だろう。作者の子どもは道綱一人。女の子も一人いるが、これは最近迎えたばかりの養女。それに比べて、時姫（兼家の妻の一人）には子どもがたくさんいる。摂関政治というこの時代の政治システムの中で勝ち抜いていくためには、子どもの数はとても大切なのだ。特に女の子。そしてその数。時姫には超子・詮子という女の子だけでなく、道隆・道兼・道長という男の子もいる。頭では作者もわかっていたにちがいない。でも、心は別なのだ。

本文はそういう心の葛藤も薄らいできたころの話である。一人息子の道綱も十八歳。作者も四十近い年齢である。三十も半《なか》ばすぎたころから、作者はあちこちの寺や神社に足を運ぶようになるが、その日も人に誘われて京郊外の清水寺にお参りしていた。お参りを終え、同行した人の家で一休み。外で火事だという声が聞こえる。ここからは遠い所のようだが、方角が心配。すると火元は「督の殿」だという。隣家だ。作者はあわてて帰宅する。幸い自宅は焼けてはいない。隣家の人びともこちらに来ている。道綱が適切に処置したおかげで、たとえば火事場泥棒などという、ひどい目にもあわずにすんでいる。立派に成長した息子の姿を見、その活躍を聞くにつけて母として胸が熱くなる。火事の見舞いに次から次へと人が訪れる。ところが、肝心な人がやって来ない。これにはいくらなんでもあきれてしまう。と思っている折《おり》も折、兼家が顔を出す。作者はホッとして、身も心も疲れていたのだろう、朝寝坊してしまう。見舞い客が続々と訪れる。作者は起きて応対する。ますます騒がしくなるだろうということで、兼家は急いで帰ってしまう。そして、しばらくして兼家から男物の衣服がたくさん届く。隣家の人への取り急ぎの見舞いである。しかし、作者はひどいと思う。なに？この色。見る気もしない。

兼家から届いた男物の衣服の色は「檜《ひ》皮《はだ》の濃き色」。赤紫の黒みがかった色。上品な色ではなかったらしい。少なくとも作者の美意識とは相《あい》容《い》れない色だ。服飾の才もある作者は兼家の大切な服はみずから仕立てている。この下品な服は自分の仕立てではない。こんな服を私のほうから先方に贈るの？「いとあやしければ見ざりき」(23)。仕立てた女への嫉妬ではない。無神経な兼家への不満！作者のプライドである。

この「ことば」に注目！

◆**「この乾の方に」** 北極・南極を通って地球を一周する線を「子《し》午《ご》線《せん》」という（「経線」とも）。「子」は「北」、「午」は「南」のこと。「子」「午」は十二支のことば。すると、「卯」が「東」、「酉」が「西」ということになる。ただし、古文では「東西南北」はそのまま「東」「西」「南」「北」というのがふつう。十二支でいわれるのはその中間の方角。「北東（東北）」が「丑寅《うしとら》」、「南東（東南）」が「辰巳《たつみ》」、「南西（西南）」が「未申《ひつじさる》」、「北西（西北）」が「戌《いぬ》亥《い》」。ところが、「うしとら」は「艮」、「たつみ」は「巽」、「ひつじさる」は「坤」、「いぬい」は「乾」の漢字が当てられるから、要注意。

本文

1 十八日に、（私ハ）清水へ**詣**《謙譲》づる人（ノ一行）に、又しのびてまじり**たり**《完了》。

本文解釈

1 十八日に、（私は）清水寺へ参詣する人（の一行）に、また人目を避けて同行した。

[2]初夜（ガ）はてて、（清水寺ヲ）まかづれ《謙譲》ば、時は子許 なり《断定》。[3]もろともなる人のところにかへりて、ものなど（ヲ）ものする ほどに、（外ニ）あるものども（ガ）、この乾の方に、火（ガ）なん《強調(係)》 見ゆるを、いでて見よなどいふなれ《推定》 ば、（一方デハ）もろこし ぞ《強調(文末)》 などいふ なり《推定》。[4]うちにはなほ苦しきわたりなどおもふほどに、人々（ガ）、（火元ハ）督の殿 なり《断定》 けり《詠嘆》 といふに、いと あさましう《く》 いみじ。[5]わが家もついひぢ許（ヲ）へだて たれ《存続》 ば、さわがしう《く》、若き人をもまどはし や《疑問(係)》 しつ《強意》 らん《現在推量(結)》。[6]いかで（我ガ家ニ）渡ら ん《意志》 とまどふ（トキ）にしも《強調》、車の簾はかけ られ《可能》 ける《過去》 ものかは《反語》。[7]からうじて（牛車ニ）のりて（我ガ家ニ）こ し《過去》 ほどに、（火事ハ）皆はて に《完了》 けり《過去》。[8]わがかたは残り、あなたの人もこなたにつどひ たり《存続》。[9]ここには大夫（ガ）あり けれ《過去》 ば、いかに、土に や《疑問(係)》 走ら す《使役》 らん《現在推量(結)》 と思ひつる《完了》 人も、車にのせ、門（ヲ）つよう《く》などものし たり《存続》 けれ《過去》 ば、らうがはしきこともなかり けり《過去》。[10]あはれ、（道綱ハ）をのことて、よう《く》行ひ たり《存続》 ける《詠嘆》 よと見聞くもか

[2]戌の刻（＝午後八時ごろ）に行う勤行《ごんぎょう》が終わって、（清水寺を）退出すると、時刻は子の刻（＝午前零時ごろ）ぐらいである。[3]同行した人の家に戻って、夜食などを食べているうちに、（外に）いる者たちが、「ここから西北の方角に、火事が見えるから、出て見ろ」などと言うのが聞こえてくると、（一方では）「（火元は）中国だ（→とんでもない遠くだよ）」などと言うのも聞こえてくる。[4]内心では「やはり心配なあたりだ」などと思っているうちに、人々が、（口々に）「（火元は）衛門《えもん》の督《かみ》のお屋敷だったのだ」と言うので、たいそう驚き呆《あき》れたことでたまらなく心配だ。「[5]わが家も（そのお屋敷と）土塀《どべい》だけを隔てているので、騒動になって、（道綱や養女といった）幼い人をあわてさせたりしているだろうか。[6]なんとかして（わが家に）帰ろう」とあわてているときに、牛車の簾を掛けることができたか（いや、掛けられなかった）。[7]やっとのことで（牛車に）乗って（わが家に）帰って来たころには、（火事は）すっかり収まっていた。[8]わが家は（火災を免れて）残り、あちら（＝衛門の督のお屋敷）の人々もこちら（＝わが家）に（避難して）集まっていた。[9]この家には（息子の）大夫道綱がいてくれたので、どうだろう、（はだしのまま）地面を走らせているだろうかと案じた人（＝養女）も、車に乗せ、門をしっかりと閉ざしたりなどしていたので、（混乱に乗じた）不作法な狼藉《ろうぜき》もなかった。[10]「なんとまあ、（道綱は）男の子として、立派に振る舞っていたんだよ」と見たり聞いたりするにつけても（成長した息子が）いとおしい。

[11]（わが家に）逃げて来ている人々は、ただ「命からがらだった」

なし。

11（我ガ家ニ）渡り たる《存続》 人々は、ただ命のみわづかなりとなげくまに、火（ガ）しめりはてて、しばしあれど、とふ べき《当然》 人はおとづれもせ ず《打消》。12さ しも《強調》 ある まじき《不適当》 ところどころよりもとひつくして、（カツテハ、火事ハ）このわたり ならん《断定 推量》 や《疑問(文末)》 のうかがひにて、（兼家ガ）いそぎみえ し《過去》 世々もあり しものを《過去 逆接》、ましても（薄情ニ）なりはて にける《完了 過去》 あさましさ かな《詠嘆》。13さ なん《強調(係)》 と（兼家ニ）語る べき《当然》 人は、さすがに雑色や侍やと聞きおよび ける《過去》 かぎりは（兼家ニ）語り つ《完了》と聞き つる《完了》を、あさまし あさましと、（私ガ）思ふほどに ぞ《強調(係)》、（誰カガ）門（ヲ）たたく《(結)》。

14人（ガ）見て、（兼家ガ）おはします《尊敬》といふ（トキ）に ぞ《強調(係)》、（私ハ）すこし心（ガ）おちゐておぼゆる《(結)》。15さて、ここ（＝作者の家）にあり つる《完了》 をのこども の《主格》 来て告げ つる《完了》（コト）に なん《強調(係)》、（私ハ）おどろき つる《完了(結)》。16あさましう来《く》 ざり《打消》 ける《過去》（コト）がいとほしきことなどあるほどに、と許になり ぬれ《完了》ば、鶏も鳴き ぬ《完了》と聞く聞

と嘆いているうちに、火事がすっかり収まって、しばらく経つけれど、**見舞いに来るはずの人**（＝夫の兼家）は連絡もよこさない。12そうしなくてもよさそうな方々からもことごとく**見舞い**が来て、（かつては）「（火事は）このあたりであろうか」という様子見（↓かり（薄情に）なってしまった驚きよ。13「それぞれ（↓隣家が火事だ）」と（兼家に）報告するはずの人は、そうはいっても（兼家の）雑色とか侍とかと聞き及んだ者はすべて「（兼家に）報告した」と聞いたが、「（連絡があったのに来ないとは）あきれたあきれた」と、（私が）思っているころに、（誰かがわが家の）門をたたく。

14人が見て、「（兼家が）いらっしゃる」と言うときに、（私は）すこし心が落ち着いて感じられる。15そうして、（兼家が）「ここ（＝作者の家）にいた召使いたちが来て報告したことで、（私は）びっくりした。16あきれたことに（すぐに）やって来なかったことが気の毒なことよ」などと言ううちに、しばらく時間が経ってしまうと、「鶏も鳴いた」と聞きながら床についたので、まるで気分がよいかのように、朝寝坊になってしまった。

17（起きた）今も、**見舞いに来る人**が多く騒がしくするので、（私は落ち着かないまま応対していた。18「ますます騒々しくなるだろう」と言って（兼家に）急いで帰られてしまった。

19しばらく経って、男性が着るべき物などが、（兼家のもとから）数多く届く。20「入手できた分に応じて（↓あり合わせの物だけで）。21衛門の督にまず（差し上げて下さい）」と（添え書きが）あった。22「こうして集まっている人たちに差し上げてくれ」ということ

く寝に《完了》けれ《過去》ば、こと しも《強調》 心ちよげなら ん《婉曲》 やうに《比況》、朝寝になり に《完了》けり《過去》。[17]（起キタ）今も、訪ふ人（ガ）あまた ののしれば、（私ハ）しづ心なく ものし たり《存続》。[18]さわがしう《く》 ぞ《強調(係)》 なりまさら ん《推量(結)》 とて（兼家ニ）いそが れ《受身》ぬ《完了》。[19]しばしありて、をとこ の《主格》 きる べき《当然》 ものどもなど（ガ）、（兼家ノモトカラ）かずあまたあり。[20]とりあへ たる《完了》（分）にしたがひて なん《強調(係)》。[21]督にまづと ぞ《強調(係)》（添エ書キガ）あり ける《過去(結)》。[22]かくあつまり たる《存続》 人にものせよとて（兼家ガ）いそぎ ける《過去》（着物）は、いとにはかにひはだのこきいろにてし たり《存続》。[23]いと あやしければ（私ハ）見 ざり《打消》 き《過去》。

設問解説

問一 易 [2]の文に「時は子許なり」とあるのに注目。平安時代には、一日を十二区分し、それを十二支（子《ね》丑《うし》寅《とら》卯《う》辰《たつ》巳《み》午《うま》未《ひつじ》申《さる》酉《とり》戌《いぬ》亥《い》）に割り当てて時間を把握していた。夜半（午前零時頃）を子《ね》とし、以下、二時間ごとに十二支を割り当てていく。

で（兼家が）用意した着物は、とても急ごしらえで檜皮の濃い色で染めてある。[23]とても粗末なので（私は）見なかった。

問二 標準 「うち（内）」は重要単語で、一般には〈❶宮中、内裏、❷天皇〉が大切な意味であるが、しかしほかに〈❸内側、内部、❹内面、内心〉などの意で用いられることももちろんある。ここでは少し文脈を整理してみたほうがよいだろう。まず、傍線部2の少し後の「おもふ」について、本文は日記であり、容易に他人の心中は描写されないはずなので（他人の心中なんて作者にはわからないからだ〉、この主語は作者と考えられる。すると、少なくともその前の「苦しきわたり」は作者の心中描写である。「乾」（＝北西）の方角に火事が見えると聞いた作者が、〈心配なあたり〉と思うのだ。それは、後文5に「わが家もついひぢ許へだてたれば」とあることによってはっきりするが、その方角に作者の家があるからである。しかし、この時点ではまだ方角が同じというだけであって、作者の家に危険が及ぶかどうかはまったく定かではないので、大騒ぎするような段階ではない。だから作者は心の中で秘かに〈心配なあたり〉と思うわけだ。こう理解すると、この「うち」は、先にあげた中の❹がふさわしい。

問三 やや易　「あさましう」は、シク活用形容詞「あさまし」の連用形「あさましく」のウ音便形。〈❶意外だ、驚きあきれるほどだ、❷情けない、嘆かわしい〉などの意の重要単語である。通常は❶と考えるのが基本。作者は「督の殿なりけり」と聞いて驚いたのだ。話題は「火」なのだから、「督の殿」が火事だということである。そして、傍線部3の直後に「わが家もついひぢ許へだてたれば」（＝わが家も土塀だけを隔てているので）とあるということは、作者の家は「督の殿」の隣であり、当然類焼の危険がある。しかも続いて「若き人をもまどはしやしつらん」（＝幼い人をあわてさせたりしているだろうか）とあり、作者は子どもたちを家に残してきている。わが家と子どもたちに危険が及ぶ可能性が高い、だから作者はびっくり仰天したのだ。

問四 やや難　4だけは少し易しい。「ものかは」は反語文を作る終助詞。よって、傍線部を直訳すると〈牛車の簾を掛けることができたか、いや、掛けられなかった〉となる。家にいる子どもたちのことが心配であわてて帰宅しようとする作者には、簾を掛ける余裕もなかったのだ。

6の「わづかなり」はナリ活用形容動詞の終止形。現代語の「わずかだ」にあたり、数量や程度が少なく、やっとそれに及ぶ様子を表す。そこで、傍線部を直訳すると〈命だけやっとのことだ〉となる。これは「渡りたる人々」の嘆きの言葉なのだが、この「渡りたる人々」が少しわかりにくかったかもしれない。これは、8の文に「あなたの人もこなたにつどひたり」（＝あちらの人々もこちらに集まっていた）とある人々、つまり、焼け出されて作者の家に避難してきた「督の殿」の人々のことなのだ。それがわかれば、〈命だけやっとのことだ〉というのは、あわてて逃げ出して命だけはどうにか助かった、ということなのだと理解できる。

7「うかがひ」は、ハ行四段活用動詞「うかがふ（窺ふ）」の連用形が名詞化した語で、〈様子を見ること〉の意。しかし、これだけでは正解は選べない。この前後、少し文脈がたどりにくいが、肝心なところなので、慎重に考えよう。まず、少し前の⑫に「さしもあるまじきところどころよりもとひつくして」（＝そうしなくてもよさそうな方々からもことごとく見舞いが来て）とあるのは、特にどうしても見舞いに来なければならないような関係ではない疎遠な人までみんな見舞いに来てくれたということ。「とひ」は、ハ行四段活用動詞「とふ（問ふ・訪ふ）」の連用形で、〈❶尋ねる、質問する、❷訪問する、❸見舞う、❹弔う〉などの意の重要単語。ここは❸。かつては、近隣で火事があると人々が火事見舞いに訪れたのだ。ところが、その前には「とふべき人はおとづれもせず」（＝見舞いに来るはずの人は連絡もよこさない）とあって、誰か肝心な人が見舞いに来ていないのだと言う。「とふべき人」とは、作者と極めて近い関係にある人のはずなので、ここで作者の夫である藤原兼家のことを思い出さなくてはならない（『蜻蛉日記』を読む際はいつも兼家のことを忘れないこと！）。この前後で作者は、見舞いにも来ない兼家の薄情さを話題にしている（『蜻蛉日記』が兼家の薄情さを話題にするのは定番中の定番！　作者と兼家は通い婚の夫婦なので同居はしていない、というのも常識！）。すると、傍線部を含む「このわたりならんやのうかがひにて、いそぎみえし世々もありしものを」（＝このあたりであろうかという様子見で、急いで現れた折々もあったのに）の部分も、兼家のことを言っていると考えられる。どうやら、以前（「し」に注目！）も作者の家の近所で火事があったものらしい。ただし、〈このあたりであろうか〉と言うのだから、今回のような切迫した状況ではなかったようだ。それでも兼家はすぐに見舞いに駆けつけてくれたのに、ということである。「うかがひ」という単語に〈見舞い〉という意味があるわけではないが、以上のような文脈をふまえれば、このかつての兼家による「うかがひ」は火事の見舞いにほかならない。

問五 標準　「かなし」を誤解していると、正しく考えることがまったくできない。これは、シク活用形容詞「かなし（悲し・愛し）」の終止形で、〈❶悲しい、❷いとおしい、❸感動的だ、心を打たれる〉などの意の重要単語。❶なら現代語の「かなしい」と同じだが、いつもそうとは限らないということをわきまえておく必要がある。

　作者が帰宅してみると、「ここには大夫ありければ……らうがはしきこともなかりけり」⑨という状況だった。「らうがはしき」は、シク活用形容詞「らうがはし（乱がはし）」の連体形で、〈❶乱雑だ、❷騒がしい、❸不作法だ〉などの意の重要単語。道綱が適切な対処をしたおかげで、たとえば火事場泥棒のような、不作法な狼藉も一切なかったということだ。だから作者は、傍線部5で「あはれ、をのことて、よう行ひたりけるよ」（＝

なんとまあ、男の子として、立派に振る舞っていたんだよ）と道綱に感心する。この直後に「と見聞く」とあるけれど、人が感心するのを作者が聞いたということではないので注意。それでは「見」の説明がつかないし、内容的にもやはりここは母のわが子に対する感慨と見るのがふさわしい。感心すべき道綱の働きぶりを作者は見聞きしたのだ、と理解すればよい。だとすると、「かなし」は先の❷❸のいずれかだ（結果として、正解の選択肢は❷で解しているが、❸と考えても差し支えない）。以上の理解をふまえて選択肢を見ると、ケの「気の毒な男の子よ」「複雑な気持ちになった」、コの「先行き不安な子供の姿にがっかりした」、エの「ほめてくれる人々の話」、テの「人々にお世辞を言われる」「将来が案じられて切ない」が、いずれも明らかな誤りだとわかり、正解が決まる。

問六 やや難 「なり」は、ラ行四段活用動詞「なる（成る）」の連用形。現代語の「なる」と同じく、ある状態から別の状態に変化することを表す。「はて」は、タ行下二段活用動詞「はつ（果つ）」の連用形で、〈❶終わる、❷死ぬ、❸すっかり～する〉の意の重要単語。❸は補助動詞として用いる用法で、ここは❸。「に」は完了の助動詞「ぬ」の連用形。「ける」は過去の助動詞「けり」の連体形。したがって、傍線部8は〈すっかり変わってしまった〉の意となる。問四の7で詳しく見たように、傍線部8の前の部分には、以前はすぐに見舞いに駆けつけてくれた兼家が、今回はまだ姿を見せない、ということが述べられていた。ということは、以前と今とでは、兼家の作者に対する愛情が〈すっかり変わってしまった〉のだと考えられる。

問七 やや難 「あさましう」は問三に既出。「いとほしき」は、シク活用形容詞「いとほし」の連用形で、〈❶気の毒だ、❷いとおしい、いじらしい、❸つらい、いやだ〉などの意の重要単語。基本は❶なので、ひとまず傍線部9を直訳すると〈あきれたことにやって来なかったことが気の毒なことよ〉となる。その上で、まず注意しなければならないのは、直後の「などある」である。古文の副助詞「など」には、現代語の「など」と同じ例示・婉曲といったはたらきのほかに、引用を示すはたらきもある。一方、「ある」はむろんラ行変格活用動詞「あり」の連体形だが、「あり」は「と」「など」といった引用を示す助詞の下で〈言う、書いてある〉の意を表すことがある。すると傍線部9は誰かの発言を引用した部分と考えられるのだ。そこで問題は、誰の発言なのか、である。段落冒頭「人見て、おはしますといふにぞ…」（人が見て、いらっしゃると言うときに…）は、兼家が来たことを言っている。むろん「おはします」の主語は明示されていないが、前の段落の話題とのつながりを考えれば、兼家が来たと考えるのが順当なのだ。遅ればせながら兼家がやって来たのだとすれば、〈あきれたことにやって来なかったことが気の毒なことよ〉という発言は、兼家によるものと考えるのが自然だ。すぐに見舞いに来られなかったので作者のことが気の毒だ、ということであり、兼家が遅くなったことを弁解しているのである。

問八 易 10は完了の助動詞「ぬ」の已然形「ぬれ」の一部。11は完了の助動詞「ぬ」の終止形。12は完了の助動詞「ぬ」の連用形。13は格助詞「に」。14は完了の助動詞「ぬ」の終止形。13の直前の「朝寝」は〈朝遅くまで寝ていること〉の意の体言なので、体言に接続している点で、これだけが異質であることは明らかである。

問九 難 まず前提として押さえておかなければならないのは、前の段落の「いそがれぬ」で、兼家は帰った、ということである（ここからして難しい）。夜が明けた後も見舞客が多くあるので、「さわがしうぞなりまさらん」（＝ますます騒々しくなるだろう）と言って、兼家は急いで帰って行ったのである。それからしばらく経った後のこととして、「をとこのきるべきものどもなど、かずあまたあり」（＝男性が着るべき物などが、数多くある）と述べられる。女性の作者の手もとに男物の衣類がもともと数多くあるわけがないので、これは新たに届いたものと考えるべきだ。その後に「督にまづ」「かくあつまりたる人にものせよ」とあることからすると、これは焼け出された隣家「督の殿」の人々のために届けられたものらしい。男物の衣類ばかりなのは、女物の衣類なら作者の家にもともとあるからだ。傍線部の「いそぎ」は、ガ行四段活用動詞「いそぐ（急ぐ）」の連用形で、〈❶急ぐ、❷準備する、用意する〉の意の重要単語。「督の殿」の人々のために〈用意した〉の意と理解できる。さて、そこで誰が用意して届けてきたのか、ということだが、兼家が帰宅してしばらくして届いたというつながりをふまえると、帰宅した兼家が急遽《きゅうきょ》用意して届けてきた、と考えるのが順当だ。選択肢の中で兼家を指すのはハの「とふべき人」である（問四7参照）。

問十 やや難 傍線部16の直前に「いとにはかにひはだのこきいろにてしたり」とあるのは、兼家が用意した衣類の様子である。「ひはだのこきいろ」がどのような印象を与える色なのか、受験生にはわからなくて当然だが、問九で見たように、兼家は帰宅して間もなく衣類を用意して届けてきたのだから、それらは当座のもので、さほど立派なものではなかっただろうと推察される。傍線部16の「あやしけれ」は、シク活用形容詞「あやし」の已然形で、〈❶不思議だ、❷不審だ、❸不都合だ、❹みすぼらしい、粗末だ、❺身分が低い〉などの意の重要単語だが、そうした事情をふまえれば、ここは❹で、だから作者は見向きもしなかった（「見ざりき」）のだと理解できる。なんともお粗末な衣類が「不満」だったのだ。

問十一 標準 回想部分を見つける場合は、過去の助動詞に注目するのが基本。とはいえ、過去の助動詞があればすべて回想というわけではないので、十分に文意を考慮しなければならない。「督の殿」の火事の日及びその翌日が今回の話の《現在》なので、それ以前のことを過去の助動詞を使って述べている部分を見つける。問四7参照。

8 玉勝間

評価

50〜40点→ 合格圏

39〜28点→ まあまあ

27〜0点→ がんばれ

解答

（50点満点）

問一　C　（9点）　　問二　説　（9点）

問三　A　（9点）　　問四　得意になって　（9点）

問五　C・D　（各7点）

出典

作品名　『玉勝間《たまかつま》』　　作者　本居宣長《もとおりのりなが》

ジャンル　随筆　　時代　江戸時代中期

本文解説

本居宣長は江戸時代の国学者。「国学」とは、日本の古典の研究を通して、儒教とか仏教などが渡来する以前の日本固有の文化や精神を解明しようとする学問。宣長はその学問の研究者。しかし、それでご飯を食べていたわけではない。本業は医者。故郷の松阪（現三重県松阪市）で病気の人を診《み》て生計を立てていたのだ。

本文で、宣長は新説をとなえることを否定していない。ただそのあり方に苦言を呈しているのだ。まだ十分研究が尽くされていないのに、競争心から「まへしりへをもよく考へ合さず、思ひ寄れるままに」新説をとなえる。その「かろがろし」さを戒《いまし》めているのである。新説をとなえるためには、再考に再考を重ね、確実な証拠を握り、それが例外のないことを確かめることが不可欠。しかし、そこまでしても、新説は後で検討してみると完全ではないと気づくことが多い。宣長はそう言っている。

本居宣長の学風は実証主義。問題を頭の中でこねまわすのではなく、事実によって証明する。この学風は宣長が医者であったことによるのだろう。医者は症例から診断を下す。たしかに、思いつきや思いこみから診断を下されたのでは、患者はたまったものではないだろう。その日の医業を終えて、宣長が机を前に本と向き合うとき、診るのは言うまでもなく「日本の古典」である。

この「ことば」に注目！

◆「近き世、学問の道開けて」　日本史の教科書を開いて江戸時代の文化のところを見ると、いろいろな学問が生まれ、発展したことがわかる。教育を通して多くの人が読み書きできるようになったこと、そのためさまざまな種類の本が大量に出版されるようになったこと。裏を返せば、それまで、字を読んだり書いたりできる人はごく少数の人だけだった。したがって本も「写本」。本を借りてきてそれを写して新しく一冊の本を作る。「近き世、学問の道」が「開け」たのは、江戸時代に出版ジャーナリズムが誕生したことが大きい。

本文

[1]近き世、学問の道（ガ）開けて、大方よろづのとりまかなひ（ガ）、さとくかしこくなりぬる《完了》から、とりどりに新たなる説を出だす人（ガ）多く、その説（ガ）よろしければ、世にもてはやさるる《受身》（コト）によりて、[2]なべての学者（ガ）、いまだよくも、（説ガ）ととのはぬ《打消》ほどより、我（モ）、劣らじ《打消意志》と（思ッテ）、世に異なる、めづらしき説を出だして、人の耳を驚かすこと（ハ）、今の世のならひなり《断定》。[3]その中には、随分によろしきことも、まれには出で来めれ《推定》ど、大方、いまだしき学者の《主格》、心（ガ）はやりて言ひ出づることは、ただ、人にまさらむ《意志》、勝たむ《意志》の心に《断定》て、かろがろしく、まへしりへ（ノツナガリ）をもよく考へ合さず《打消》、思ひ寄れ

本文解釈

[1]近ごろ、学問の道が進歩して、おおむねすべての（研究の）やり方が、要領よく上手《じょうず》になったので、さまざまに新たな説を出す人が多く、その説がまあまあだと、世の中でもてはやされることによって、[2]並の学者が、まだ十分にも、（説が）完成しないときから、「自分も、劣るまい」と（思って）、非常に変わった、目新しい説を出して、人々の関心をひくことは、今の世によくあることである。[3]それらの（説の）中には、ずいぶんとよくできた説も、たまには出て来るようだが、おおむね、未熟な学者が、気がせいて言い出す説は、ただ、「他人にまさろう、勝とう」という気持ちであって、軽率で、前後（のつながり）も十分に検討せず、思いついたままに発表するために、（新説の）多くは、中途半端な、とんでもない誤りである。[4]総じて新たな説を出すことは、とても困難なことである。[5]何度も、繰り返し考えて、十分にしっかりした根拠をとらえ、どこまでも（論理が）通って、矛盾したところがなく、（自説が）ゆらぐはずもな

る《完了》ままにうち出づる故に、（新説ノ）多くは、なかなかなる、いみじきひがごとなり《断定》。[4]すべて新たなる説を出だす（コト）は、いと大事なり。[5]いくたびも、かへさひ思ひて、よくたしかなるより所をとらへ、いづくまでも（論理ガ）ゆき通りて、たがふ所（ガ）なく、（自説ガ）動くまじき《打消当然》（状態）に《断定》あらず《打消》は、たやすくは出だすまじき《打消当然》わざなり《断定》。[6]その時には、うけばりてよしと思ふも、ほど（ガ）経て後に、今一たびよく思へば、なほわろかりけり《詠嘆》と、我ながらだに《類推》思ひならるる《自発》事の《主格》多きぞ《強調（文末）》かし《念押し》。

い状態でないなら、安易には発表すべきでないことである。[6]その時には、得意になって「よい」と思っても、時間が経過して後に、もう一回よく考えると、「やはりよくはなかったのだなあ」と、自分でさえ自然と思うようになることが多いのだよ。

設問解説

問一 易 「よろしけれ」は、シク活用形容詞「よろし（宜し）」の已然形で、〈❶好ましい、❷まあまあよい、わるくない、❸普通だ〉などの意の重要単語。この語義に合う選択肢はCのみ。類義語のク活用形容詞「よし（良し）」と比べて、さほど高い評価を表す語ではないので注意。

問二 やや易 主語はいつも人間とは限らない。「なべての学者」（＝並の学者）が「ととのはぬ」（＝完成しない）うちから「めづらしき説」（＝目新しい説）を公表する、という文意なのだから、完成しないのは「説」である。設問文に「語」で答えよという指示があるので、一単語で解答する。

問三 易 「なかなかなる」は、ナリ活用形容動詞「なかなかなり」の連体形で、〈❶中途半端だ、❷かえってしないほうがましだ〉の意の重要単語。この語義に合う選択肢はAのみ。

問四 **難** 「うけばり」は、ラ行四段活用動詞「うけばる（受け張る）」の連用形で、〈❶遠慮なく振る舞う、❷得意になる、わが物顔で振る舞う〉の意の語。ただし、重要単語ではないので知らなくて当然。しかも選択肢から選ぶ設問ではないので、文脈から推測するといっても限度がある。できなくてもやむをえない設問。

問五 **標準** Aは、本文中に述べられていないことなので誤り。ただし、4の「すべて新たなる説を出だすは、いと大事なり」を〈総じて新たな説を出すことは、とても大切なことだ〉のように誤解すると、学者が新しい説を出すこと自体は奨励されているのだ、と考えて、Aを正しいと思ってしまうかもしれない。しかし、ナリ活用形容動詞「大事なり」には、〈❶重大だ、❷重病だ、❸困難だ、❹大切だ〉などいくつかの意味がある。次の文に「たやすくは出だすまじきわざなり」（＝安易には発表すべきでないことである）とあることからすれば、ここは❸の意と考えるべきで、決して新しい説を作り出すことを奨励しているわけではないのだ。もちろん、新しい説が出なければ学問は進展しないわけだから、新しい説を出すことは大切なことにちがいない。しかし、いくら一般論としてはそういえても、本文中に述べられていないことは正解にはならない。Bは、「世の中の進歩に貢献する」が本文中に述べられていないことなので誤り。Cは、本文の最後の一文の内容に合致する。〈その時には、得意になってよいと思っても、時間が経過して後に、もう一回よく考えると、やはりよくはなかったのだなあと、自分でさえ自然と思うようになることが多いのだよ〉というのだから、これは新しい学説を作り出したときには思いも寄らない「落とし穴」にほかならない。Dは、5の「よくたしかなるより所をとらへ、いづくまでもゆき通りて、たがふ所なく」の部分に合致する。「たしかなるより所」が「しっかりした根拠」であり、「いづくまでもゆき通りて、たがふ所なく」が「首尾一貫した論理」である。残りのEとFは、どちらも本文中に述べられていないことなので誤り。

9 発心集

評価

50～40点→ 合格圏
39～22点→ まあまあ
21～0点→ がんばれ

解答

（50点満点）

問一　ア　あや　イ　うと　（各3点）
問二　a　5　b　3　c　1　d　4　e　2　（各3点）
問三　A　4　B　1　（各4点）
問四　C　ゆゆし　E　面影　（各4点）
問五　ど（ども）　（3点）　問六　1・4　（各5点）

出典

作品名　『発心集《ほっしんしゅう》』　作者　鴨長明《かものちょうめい》
ジャンル　説話　時代　鎌倉時代初期

本文解説

この世は「仮《かり》の世」である。いつまでもいられるわけではない。いずれ死んであの世に旅立つ。この世はちょうど旅の途中に降り立った駅のようなものだ。いずれ死という名の列車に乗って、次の駅に向かわなくてはならない。「次の駅」（これを「来世」という）はさまざまだ。誰もが行きたいのは「安養世界」（極楽浄土）。そこには、もはや「苦」はなく、快く楽しいことしかない。旅の終わりだ。やっと「仏」になったのだ（これを古語で「成仏」という）。しかし、死ねば誰もがそこに行けるわけではない。「世執」とか「希望」とかを捨てて、剃髪《ていはつ》し、仏道修行に励む必要がある。

本文は、「この世」に対するこうした考え（「無常観」という）をベースに記されている。「この世」という「仮の宿」（「仮の世」と同じ）に身をおき、その「宿」のなかに立派な家を構えたところで、結局はむなしいだけ。自分が使うのはそのうちのわずかな場所。その家にいつまでも住めるわけでもなく、その家がいつまでも新しいままであるはずもない。だいいち火事で焼けてしまえば一巻の終わり。その点この話に出てくる男はかしこい。家の設計図を紙にかくことだけで事足りている。しかし、長明は、そういうバーチャルな世界で一生を送るのではなく、安養世界に行くこと（これをふつう「極楽往生」という）を望めという。そこは実在する永遠の世界。いわれてみれば、この世で、立派な家を構えることも空想の家に遊ぶことも、どちらもはかない営みなのだ。しょせん、この世はバーチャルなのだから。

この「ことば」に注目！

◆**「天上の楽しみ、なほ終りあり」**　「天上」とは「天上界」のこと。神々が住む。といっても仏教では「六道《ろくどう》」の一つ。「六道」とは、「地獄」「餓鬼」「畜生」「阿修羅」「人間」「天上」の六つの世界のこと。輪廻転生の世界である。仏教ではなんと「神」にも寿命があるのだ。寿命がないのは「仏」だけ。仏は永遠。仏は死なない！　「神」は死ぬ。神は死ねば、また神として生まれる。だから、「浄土」へは行けない。「浄土」へ行けるのは「人間」だけ。なぜ？　人間は「あやまち」をするから。え！　それでなぜ行けるの？　人はあやまちをすると悔い改めるから。この気持ち・態度が人間の心を浄化していき、完全にピュアーになったとき、魂の長い長い旅が終わるのです。

本文

[1]近き世の事に《断定》や《疑問(係)》、年はたかくて、貧しき男（ガ）ありけり《過去》。[2]司など（ガ）ある者なり《断定》けれ《過去》ど、出で仕ふるたづきもなし。[3]さすがに古めかしき心に《断定》て、奇しきふるまひなどは思ひよらず《打消》。[4]世執（ガ）なきに《断定》もあらね《打消》ば、又かしらおろさむ《意志》と思ふ心もなかりけり《過去》。[5]常には居所もなくて、古き堂の《同格》破れたる《存続》（所）にぞ《強調(係)》宿りたり《存続》ける《過去(結)》。[6]つくづくと年月（ヲ）送る間に、朝夕するわざとては、人に紙反故など（ヲ）乞ひ集め、いくらも差図を書きて、家（ヲ）作るべき《意志》あらましをす。[7]寝殿はしか

本文解釈

[1]近ごろのことであろうか、年齢は高くて、貧しい男がいた。[2](かつては)官職などがある者であったが、(今は)出仕する頼りもない。[3]そうは言ってもやはり古風な心であって、変な振る舞いなどは考えもつかない。[4]世俗のことへの執着がないわけでもないので、また「出家しよう」と思う気持ちもなかった。[5]ふだんは住む所もなくて、古い堂で壊れている所に泊まっていた。[6]寂しく年月を過ごすうちに、いつもすることとしては、人に書き損じの紙などをもらい求めて集め、たくさん家屋の設計図面を書いて、家を作るつもりの空想をする。[7]「寝殿はそのように、門はどんなものを（作ろう）か」などと、この事をいろいろと考え続けながら、終わることのない空想で心を慰めて過ごしたので、(男のことを) 見たり聞いたりする人は、とてもあきれる事の例として口にした。

しか、門は何か〔疑問(係)〕など、これを思ひはからひつつ、尽きせぬ〔打消〕あらましに心を慰めて過ぎけれ〔過去〕ば、（男ノコトヲ）見聞く人は、いみじき事の例になむ〔強調(係)〕云ひける〔過去(結)〕。[8]誠に、あるまじき〔打消当然〕事をたくみたる〔存続〕（ノ）ははかなけれど、よくよく思へば、此の世の楽しみには、心を慰むる（ノ）にしかず〔打消〕。[9]一二町を作り満てたる〔存続〕家とても、これをいしと思ひならはせる〔存続〕人目こそ〔強調(係)〕あれ〔(結・逆接)〕、誠には、我が身の〔主格〕起き伏す所は一二間に過ぎず〔打消〕。[10]その外は、皆親しき疎き人の居所のため、もしは野山に住むべき〔当然〕牛馬の料をさへ〔添加〕作りおくに〔断定〕はあらず〔打消〕や〔反語(文末)〕。[11]かくよしなき事に身を煩はし、心を苦しめて、百千年あらむ〔婉曲〕ために材木を選び、檜皮・瓦を玉・鏡と磨きたてて、何の詮かは〔反語(係)〕ある〔(結)〕。[12]ぬしの命（ハ）あだなれば、（ソノ家ニ）住む事（ハ）久しからず〔打消〕。[13]或いは他人の栖となり、或いは風に破れ、雨に朽ちぬ〔完了〕。[14]いはむや一度火事（ガ）出で来ぬる〔完了〕時、年月の営み（モ）、片時の間に雲烟となりぬる〔完了〕をや〔詠嘆〕。[15]しかあるをかの男があらましの家は、（材料ヲ）走り求め、（家ヲ）作り磨

[8]本当に、実現するはずのない事を計画しているのはむなしいが、よくよく考えてみると、現世での楽しみとしては、（この男のように）心を慰めるのにこしたことはない。[9]一二町をいっぱいにして作ってある家といっても、この家を「見事だ」と思うことを習慣づけている世間の目はあるけれど、実際には、自身が寝起きする所は一二間に過ぎない。[10]そのほかは、すべて親しい人や親しくない人の住居のため、あるいは野山に暮らすはずの牛や馬のための分までもを作っておくのではないか。[11]このように無益な事に肉体を疲れさせ、心を悩ませて、百年千年もつようなために材木を選び、檜皮や瓦（といった屋根の材料）を玉や鏡のように磨きあげて、何の甲斐があるか（いやない）。[12]家主の命ははかないので、（その家に）住む事は長くない。[13]ある場合には他人の住みかとなり、ある場合には風で壊れ、雨で腐り崩れてしまう。[14]まして一度火事がおこったとき、長い年月をかけた家の造営も、わずかな間に雲や烟となってしまうことは言うまでもない。[15]そうであるのにその男の空想の家は、（材料を）走り回って探したり、（家を）作って磨き上げる苦労もない。[16]雨や風でも壊れず、火災の心配もない。[17]（この男が）作るものはわずかに一枚の紙であるが、心を宿す（→その中に身を置くことを空想する）ためには不足はない。[18]こういうわけで（家を）目の前に（実際に）作り整える人は、はた目には「ああすばらしい」と見えるが、（自身の）心中ではやはり満足しない事が多いのであろう。[19]あの空想の住居は何かにつけて、長所が多いに違いない。[20]ただし、この事（＝この男の

く煩ひもなし。16雨風にも破れず《打消》、火災の恐れもなし。17（コノ男ガ）なす所はわづかに一紙なれ《断定》ど、心を宿す（タメ）に不足（ハ）なし。18かかれば（家ヲ）目の前に作り営む人は、よそ目こそ《強調(係)》あなゆゆしと見ゆれど、（自身ノ）心にはなほ足らぬ《打消》事（ガ）多からむ《推量》。19かの面影の栖はことにふれて、徳（ガ）多かるべし《推量》。20但し、此の事（ハ）世間の営みに並ぶる時は、賢げなれど、よく思ひとく（トキ）には、天上の楽しみ（モ）、なほ終り（ガ）あり。21よしなくあらましに空しく一期を尽さむ《婉曲》（コト）よりも、願はば必ず得つ《強意》べき《当然》安養世界の快楽、不退なる宮殿・楼閣を望めかし《念押し》。22（空想ノ家ハ）はかなかりける《過去》希望なる《断定》べし《推量》。

振る舞い）は世間一般（の人々）の営みと比べるときは、賢明そうなのであるが、よく考えてみるときには、（無上の楽しみが得られるという）天上界の楽しみも、やはり終りがある。21無駄に空想でむなしく一生を終わらせるようなことよりも、願えば間違いなく得られるはずの極楽浄土の快楽や、（極楽にある）永遠の宮殿・楼閣を望めよ。22（空想の家は）むなしかった希望であるにちがいない。

設問解説

問一 易　アは、「奇しき」で、シク活用形容詞「あやし」の連体形。「あやし」は7の問十に既出。漢字で表記されることはあまりない語だが、「奇」の字義を考えれば察しがつくはず。イは、「疎き」で、ク活用形容詞「うとし」の連体形。現代語の「うとい」にあたる語で、現代語でも同じ漢字を用いるので難しくない。

問二 標準　まず選択肢を確認すると、1「いはむや」は、〈まして〉の意の副詞で重要単語。文末の「をや」と呼応して用いられる場合が多い。2「かかれば」は、〈こういうわけで〉の意の接続詞。3「かく」は、〈このように〉の意の副詞で重要単語。4「しかあるを」は、副詞「しか（然）」にラ行変格活用動詞「あり」の連体形「ある」と接続助詞「を」がついたもので、〈そうであるのに、それなのに〉の意。5「もしは」は、〈あるいは〉の意の接続詞。

aは、どんなに立派な家を作っても寝起きに必要なのはせいぜい一二間なのだから、それ以外は他人や牛馬のためではないか、という文脈で、「親しき疎き人の居所のため」と「野山に住むべき牛馬の料」が並立の関係にあるので、5がよい。

bは、直後の「よしなき事」に注目。「よしなき」は、ク活用形容詞「よしなし」の連体形で、〈❶理由がない、❷方法がない、❸無関係だ、❹つまらない、❺無益だ〉などの意の重要単語。ここは❹または❺で、前段落で、立派な家を作ることを不審としたことを受けて、それを〈つまらないこと、無益なこと〉と言っているのだという前後の関係を押さえれば、3がふさわしい。

cは、文末に「をや」とあることに気づけば、容易に1と決まる。

dは、空欄の前で、苦労して磨き立てた立派な家も風雨に傷み火事で焼失すると述べるのに対し、空欄の後では、設計図面上で空想した家は作り磨く苦労もないし風雨や火災の心配もないと述べているので、対比的な関係を示す4がよい。

eは、ここまでくれば自動的に2を入れることになるが、最後の段落の冒頭であることを考えれば、結論を導く言葉として2がふさわしいと確認できる。

問三 標準 A「たづき」は、〈方法、手段、頼り〉の意の名詞で、重要単語。文脈だけでは決まらないので、単語の知識が必要。

Bは、「いみじき」が、シク活用形容詞「いみじ」の連体形で、〈❶程度がはなはだしい、❷ひどくつらい、ひどく悲しい、❸とてもすばらしい〉などの意の重要単語。よくもわるくも程度がはなはだしいことを表す語であり、何がどうはなはだしいのかを考えて、❷❸に限らず文脈に応じてさまざまな言葉を補って解釈する必要がある。本文では、実際に建てるわけでもない家の作りをあれこれ想像し、その設計図面を書き続けている男のことを述べている。次段落冒頭に「あるまじき事をたくみたるははかなけれど」（＝実現するはずのない事を計画しているのはむなしいが）とあることからもわかるように、これは普通に考えて特に好意的に評価されるようなことでもないので、ひとまず選択肢は1か5に絞ってよい。しかし、1と5はどちらも文意と矛盾しないように感じられるので、この選択が悩ましい。大切なのは、「いみじき事の例」としたのは「見聞く人」であるということだ。「見聞く人」というのは不特定の世間の人々であるから、要は、世間の人がこの男の所行《しょぎょう》を「いみじき事」として語りぐさにしたということである。そこで、世間の人がこの男の所行をうわさするとき、「あきれる話があってさ」と始めたのか、「無駄な話があってさ」と始めたのか、と考えればわかりやすくなるだろう。もちろん、無駄なことをしているからあきれるのだけれど、世間の語りぐさとするのにふさわしく総括するなら、これはやはり「あきれる事」なのだ。選択肢を度外視すれば「ばかげた事」「愚かな事」などでもよい。しかし、微妙な判断であることは間違いないので、5を選んだとしてもさほど悔やむ必要はない。

問四 標準　Cの「いし」については、本文の後の注に〈見事だ〉の意だとあり、文脈上は「一二町を作り満てたる」広大で立派な家を「人目」がほめ称《たた》える言葉である。同様に人が立派な家をほめ称える表現を本文中に探すと、第五段落冒頭の「目の前に作り営む」が、実際に立派な家を作り営むことなので、それについて「よそ目こそあなゆゆしと見ゆれど」と言われているのがそれに当たる。「よそ目」は〈はた目、人目〉の意。「ゆゆし」は、シク活用形容詞「ゆゆし」の語幹で、〈❶不吉だ、❷恐ろしい、気味がわるい、❸程度がはなはだしい、❹すばらしい、立派だ〉などの意の重要単語。ここでは❹の意で用いられていると考えれば、人が立派な家をほめ称える表現として抜き出すことができる。

Eの「あらまし」は、〈予定、計画、予想〉などの意の名詞で、重要単語。現代語の「あらまし」は〈概略、あらすじ〉の意だが、これは主に江戸時代以降の用法である。本文では、この傍線部Eに限らず、第二段落以降、繰り返しこの語が用いられているが、すべて、実際には建てるわけでもない家を空想することを指している。同様に架空の家の想像を意味する表現を本文中に探すと、第五段落冒頭で、「目の前に作り営む人」と対比される「かの面影の栖」が空想の家のことなので、ここから「面影」を抜き出すことができる。「面影《おもかげ》」は、〈❶幻影、❷顔つき、姿〉などと訳す名詞だが、大切なことは、実際には眼前に存在しないものが実在するかのようにありありと見えることを表す場合に用いられるということ。本文では、実際には実現しない図面上の家がありありと想像されていることを表している。

問五 易　「こそ」は強調の係助詞で、「あれ」（ラ行変格活用動詞「あり」已然形）がその結び。通常、結びの活用形は文末に現れるが、結びの已然形で文が終わらない場合は、下の内容に逆接的につながっていく。「人目こそあれ」で〈世間の目はあるけれど〉の意。ここに助詞を補うなら已然形に接続する逆接の接続助詞。「ど」

と「ども」は、意味・用法が同じなので、どちらでもかまわない。

問六 標準 1は、⑧の「あるまじき事をたくみたるは……此の世の楽しみには、心を慰むるにしかず」、⑰の「心を宿すに不足なし」に合致する。2は、「見果てぬ夢の実現に向けて、忍耐の年月を送っていた」が誤り。男は「尽きせぬあらましに心を慰めて」⑦いたのであって、実現を目指していたわけでもないし、忍耐していたのでもない。3は、筆者が「徳多かるべし」⑲とした男の所行を人は「いみじき事」⑦としたとか、筆者が「よしなき事」⑪とした立派な家を人は「いし」⑨「ゆゆし」⑱としたとかということから、人の評価は「一面的」で「本質を見極めていない」と導いたものだが、しかし、本文の話題としては人の世の無常を説くことが主眼であり（本文解説参照）、人の評価の適否を問題にしているわけではないので、3は本文の内容に合致しているとはいえない。4は、⑱の「目の前に作り営む人は……心にはなほ足らぬ事多からむ」、⑫・⑬の「ぬしの命あだなれば……雲烟となりぬるをや」に合致する。なお、この選択肢の「永住」は、〈死ぬまで住むこと〉ではなく（それだと本文の内容と厳密には一致しない）、〈長く住むこと〉くらいの意味である。5は、「それに心を奪われるばかりではなく、極楽往生にも一縷の望みを託せ」が誤り。「一縷」は、〈かすか、わずか〉ということなので、これだと、ほかの楽しみもあっていいから同時に極楽往生も少しだけ願えということになるが、㉑に「よしなくあらましに空しく一期を尽さむよりも、願はば必ず得つべき安養世界の快楽、不退なる宮殿・楼閣を望めかし」とあるのは、《AよりもBを望めよ》という構文で、これはAを否定してBだけを推奨するものだ。たとえば「お菓子よりもご飯を食べろ」と言ったとき、お菓子を食べてもいいからご飯も少しだけ食べろ、という意味ではないということは明らかだろう。

10 大鏡

評価

50～40点→ 合格圏

39～25点→ まあまあ

24～0点→ がんばれ

解答 （50点満点）

問一　ウ　（6点）

問二　2　イ　9　オ　（各6点）

問三　ア　（6点）　問四　オ　（6点）

問五　イ　（6点）　問六　ア　（6点）

問七　自分はなかなか天皇の位につけそうにないということ。（25字）　（8点）

出典

作品名　『大鏡《おおかがみ》』　作者　未詳

ジャンル　歴史物語　時代　平安時代後期

本文解説

まず、次の系図を見てもらいたい。

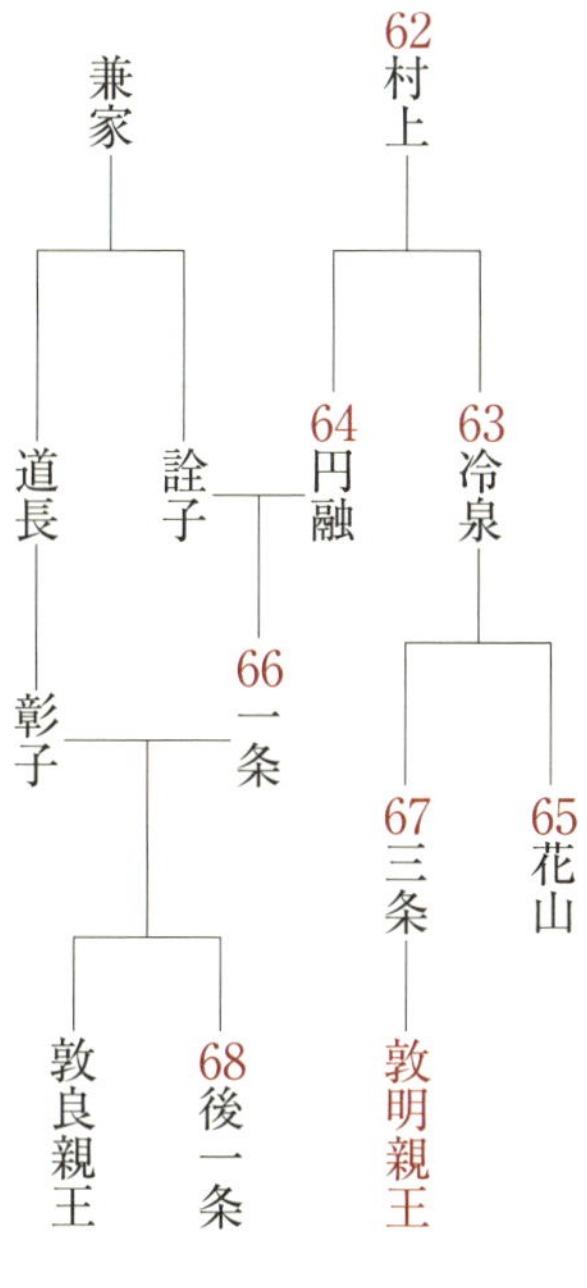

62・63・64……というのは、神武天皇から数えて何番目の天皇かということ。本文の段階では、「68後一条」が天皇である。そして本文が語るのは敦明《あつあきら》親王のこと。東宮（皇太子）である。

次に「63冷泉」「64円融」に注目してもらいたい。兄弟である。この兄弟を軸に後の天皇を見ていくと、「65花山」は「冷泉」

の子ども、「66一条」は「円融」の子ども、「67三条」は「冷泉」の子ども、「68後一条」は「円融」の孫と、「冷泉」の血を引くものと「円融」の血を引くものとが交互に天皇の位についていることがわかる。ならば、次の天皇、すなわち69番目の天皇には、「冷泉」の血を引き、今東宮の位についている敦明親王がなるのが自然である。

さて、「68後一条」から系図の線を上にたどると、父は「66一条」、母は「彰子」となっている。そして彰子の父が「道長」である。つまり、道長は「68後一条」天皇の祖父にあたる。そして、今、道長は今上《きんじょう》天皇の母方の祖父として思いのままの政治を行っている。しかし、次の天皇に敦明親王がなるとそうはいかない。道長は敦明親王の祖父ではないからだ。今上天皇の母方の祖父として思いのままの政治を行う、これを「摂関政治」という。平安時代中期の政治システム。天皇を「摂政」や「関白」の立場で政治的に補佐する。「補佐」とはことばだけ。実権は「摂関」が握る。天皇は操《あやつ》り人形でしかない。当然敦明親王はこのことをわきまえている。自分が69代天皇になってもあまりいいことはない。道長の権勢は絶大だからだ。天皇になったら露骨《ろこつ》にプレッシャーをかけてくるにちがいない。現に今もいろいろなうわさが聞こえてくる。「道長殿は孫の敦良《あつなが》親王のことを心配している。なんとか東宮にできないものかと」「道長殿は娘の御匣殿《みくしげどの》を東宮に差し上げたいと考えている」。うわさといっても、そういう形をとった道長サイドの明らかな揺さぶり。よし、それならば……。

本文は、敦明親王が東宮位をおりることを決意し、それを道長に伝える場面である。仲介に立ったのは、道長の息子能《よし》信《のぶ》。能信のもとに突然蔵人《くろうど》がやって来て言う。東宮御所にお出向き願いたいと。なんだろう？　退位のことか？いや、それはあるまい。では、御匣殿のことか？　東宮が退位を表明せず、御匣殿との結婚だけを望んだらどうする？　とても自分ひとりでは決められない。能信は、御所に出向く前に父道長のもとに行き、相談する。道長の思いも能信と同じ。御匣殿のことならば断れない。娘が東宮に入内したならば、御所を今のように荒れたままにはしておけない。そうすると、東宮は位をおりようという気にはならないだろう。なにはともあれ御所に出向いて東宮の話を聞くしかない。

御所に出向いた能信が聞いたのは、東宮の退位表明であった。ただし、条件が二つある。一つは「院号」がほしい。「院」とは上皇のこと。上皇とは天皇を譲位した人。つまり元《もと》天皇。天皇にならないかわりに元天皇にしてくれ。「前東宮《さきのとうぐう》」などとは呼ばれたくない。敦明親王のプライドである。そしてもう一つは経済上の保障をしてほしい。どちらも思いがけない要求である。能信からこのことを伝え聞いた道長は異例のことながらこの要求をのむ。やがて東宮位には道長の思惑《おもわく》どおり孫の敦良《あつなが》親王がついた。後の69代後朱雀天皇である。

さて、東宮位をおりた敦明親王は敗者なのだろうか？　いちがいにそうは言えないだろう。名を捨てるかわりに法外な実《じつ》を取ったのだから。なかなかしたたかな親王だったと思われる。

この「ことば」に注目!

◆**「中宮権大夫殿のおはします四条坊門と西洞院とは宮近きぞかし」**

『大鏡』の文体は「語り体」。つまり「おしゃべり文体」である。「おしゃべり」は今でもそうだが、ときどき、話の本筋からそれて、突然補足的な説明がなされることがある。その場にいれば、それほど唐突《とうとつ》な思いもいだかずに聞けるのだが、活字で読むと、なんでいきなり話が飛ぶの?と戸惑ってしまう。古文の文体は、『大鏡』に限らず、多かれ少なかれ「おしゃべり文体」。話が飛んだと思ったら、補足説明が始まったのだと発想しよう。もちろんいずれ話は本筋に戻る。この「中宮権大夫殿の……」という文は、敦明親王がなぜ能信の所に蔵人を差し向けたのか、そのわけを補足的に説明している言葉である。

本文

1 （東宮ハ）皇后宮にもかくとも申《謙譲》したま《尊敬》は ず《打消》、ただ御心のままに、殿に御消息（ヲ）聞《謙譲》こえ む《意志》 と思《尊敬》し召すに、むつましう《く》さる べき《適当》 人ものしたま《尊敬》は ね《打消》 ば、2 中宮権大夫殿 の《主格》 おはします《尊敬》四条坊門と西洞院と（ノ邸）は宮（ガ）近き ぞ《強調(文末)》 かし《念押し》、3 それほかりを、こと人よりは（好都合ダロウ）と や《疑問(係)》 思《尊敬》し召しより けむ《過去推量(結)》、蔵人なにがしを御使にて、「あからさまに まゐ《謙譲》ら せ《尊敬》 たま《尊敬》へ」とあるを、4（能信ニトッテハ）思《尊敬》しもかけ ぬ《打消》 こと なれ《断定》 ば、おどろきたま《尊敬》ひて、「なにしに（東宮ハ私ヲ）召《尊敬》す ぞ《強調(文末)》」と問ひたま《尊敬》へば、（使ガ）「（東宮ハアナタニ）

本文解釈

1（東宮は）皇后宮（＝東宮の母宮）にもこうだとも申し上げなさらず、ただお気持ちのままに、殿（＝藤原道長）にご事情を申し上げようとお考えになるが、親しくて（道長に取り次ぎをするのに）適当な人もいらっしゃらないので、2 中宮権大夫殿（＝道長の息子能信）がいらっしゃる四条坊門と西洞院と（の交差する場所の邸）は宮が近いのだよ、3 それだけを、「ほかの人よりは（好都合だろう）」と思い当たりなさったのだろうか、蔵人なにがしを御使として、「ちょっと参上して下さい」と伝えると、4（能信にとっては）予想もなさらないことであるので、びっくりなさって、「どうして（東宮は私を）お呼びになるのか」と尋ねなさると、（使が）「（東宮はあなたに）申し上げなさりたいことがありますのでしょう」と申し上げるので、5（能信は）「近頃のうわさになっている事々であろうか」、と思いなさるが、「（東宮を）退位なさることは、

申《謙譲》させ《尊敬》たまふ《尊敬》べき《意志》ことの《主格》さぶらふ《丁寧》に《断定》こそ《強調(係)》」と申す《謙譲》を、[5]（能信ハ）この聞こゆることどもに《断定》や《疑問(係)》、と思《尊敬》せど、（東宮ヲ）退かせ《尊敬》たまふ《尊敬》ことは、さりともよにあらじ《打消推量》、御匣殿の御ことなら《断定》む《推量》、と思す《尊敬》。[6]いかにもわが心ひとつには、思ふべき《可能》ことなら《断定》ね《打消》ば、「おどろきながらまゐり《謙譲》さぶらふ《丁寧》べき《当然》を、大臣に案内（ヲ）申《謙譲》してなむ《強調(係)》さぶらふ《謙譲》べき《意志(結)》」と申し《謙譲》たまひ《尊敬》て、まづ、殿にまゐり《謙譲》たまへ《尊敬》り《完了》。[7]（能信ガ）「東宮より、しかじかなむ《強調(係)》仰せ《尊敬》られ《尊敬》たる《存続(結)》」と申し《謙譲》たまへ《尊敬》ば、殿もおどろきた《尊敬》まひて、「何事なら《断定》む《推量》」と仰せ《尊敬》られ《尊敬》ながら、大夫殿と同じやうに《様子》ぞ《強調(係)》思し《尊敬》よらせ《尊敬》たまひ《尊敬》ける《過去(結)》。[8]（東宮ガ）まことに御匣殿の御こと（ヲ）のたまはせ《尊敬》む《仮定》を、いなびまう《謙譲》さむ《婉曲》（コト）も便なし。[9]（御匣殿ガ東宮ノモトへ）まゐり《謙譲》たまひ《尊敬》な《完了》ば、また、（東宮ヲ）さやうにあやしくてはあらせ《使役》たてまつる《謙譲》べき《可能》なら《断定》ず《打消》。[10]また、さては世の人の《主格》申す《謙譲》なる《伝聞》やうに《比況》、東宮（ヲ）退かせ《尊敬》たま《尊敬》はむ《意志》の御思ひ（ガ）あるべき《当然》なら《断定》ず《打消》かし《念押し》、とは（道長ハ）思《尊敬》せど、[11]「しかわざと召《尊敬》さむ《仮定》には、いかで

いくらなんでも決してないだろう、御匣殿（＝道長の娘寛子）の事であろう」、とお思いになる。[6]どうみても自分の気持ち一つでは、判断できることでないので、「（突然のお召しに）驚きあわてて参上するべきですが、大臣（である父道長）に次第を申し上げてから参上しましょう」と申し上げなさって、まず、（道長の）邸に参上なさった。[7]（能信が）「東宮から、これこれとおっしゃってきている」と申し上げなさると、道長殿もびっくりなさって、「どういうことだろう」とおっしゃりながらも、大夫殿と同じように思い当たりなさった。「[8]（東宮が）本当に御匣殿のことをおっしゃるのならそれを、お断り申し上げるようなことも都合がわるい。[9]（御匣殿が東宮のもとへ）参上なさったら（→入内なさったら）、また、（東宮を）あのように見苦しい状態では過ごさせ申し上げることはできない。[10]また、そうなると世間の人が申し上げているとかいうように、東宮を退位なさろうとのお気持ちがあるはずのことではないよ」、とは（道長は）お思いになるが、[11]「そのようにわざわざお呼びになるならば、どうして参上しないではいられようか（いやいられないだろう）。[12]いずれにしても、（東宮が）おっしゃるようなことを聞くべきである」と（道長が）申し上げなさるので、[13]（能信が東宮のもとへ）参上なさるころ、日も暮れてしまった。

[14]（東宮は）「ずっと近く、こちらへ」とおっしゃって、「（ふだんは）来訪なさることもないのに、（あなたを）招くことも遠慮することが多いけれど、大臣（＝道長）に申し上げたいことがあるのに、伝言してくれるのにふさわしい人がいないが、（住まいが）ご

かまゐらではあらむ。12いかにも、（東宮ガ）のたまはせむことを聞くべきなり」と（道長ガ）申させたまへば、13（能信ガ東宮ノモトへ）まゐらせたまふほど、日も暮れぬ。

14（東宮ハ）「いと近く、こち」と仰せられて、「（普段ハ）ものせらるることもなきに、案内する（コト）もはばかり（ガ）多かれど、大臣に聞こゆべきことのあるを、伝へものすべき人のなきに、（住マイガ）間近きほどなれば、（ソレヲ）たよりにも（サセテモラオウ）と思ひて消息し聞こえつる。15その旨は、かくて侍る（コト）こそは本意あることと思ひ、故院のしおかせたまへることをたがへたてまつらむ（コト）も、かたがたにはばかり（ヲ）思はぬにあらねど、かくてある（コト）なむ、思ひつづくるに、罪深くもおぼゆる。16内の御行く末はいと遥かにものせさせたまふ。17（私ガ帝ノ位ニツクコトハ）いつともなくて、はかなき世に（私ノ）命も知りがたし。18この有様（ヲ）退きて、心にまかせておこなひもし、物詣でをもし、やすらかにてなむあ

く近い距離なので、『（それを）便宜にも（させてもらおう）』と思って連絡し申し上げた。15その趣旨は、『こうしていますこと（↓東宮の位にあること）は本望であること』と思い、亡き院（＝父三条院）が定めておきなさったことに背き申し上げるようなことも、あちらこちらに対して遠慮を感じないのでもないが、こうしていること（↓東宮の位にあること）は、あれこれ考え続けると、罪深くも思われる。16帝のご将来はとても末長くていらっしゃる。17（だから、私が帝の位につくことは）いつという当てもなくて、無常なこの世で（私の）寿命も（いつまであるのか）はかりがたい。18（そこで）この（東宮という）境遇を退いて、思いどおりに仏道修行もし、寺社へのお参りをもして、気ままに過ごしたいが、まったく前東宮として過ごすようなことは、見苦しいにちがいないと（思うのだ）。19院号（↓上皇としての扱い）をくださって、年ごとに収入などがある状態でいたいが、どうあるべきことであろうかと、（道長に）お伝え申し上げてください」とおっしゃったので、（能信は）謹んで受けて、（東宮のもとを）退出なさった。

らまほしき《願望》を、むげに前東宮にてあらむ《婉曲》（コト）は、
見ぐるしかるべく《推量》なむ《強調(係)》。
19院号（ヲ）たまひ《尊敬》て、年に受領など（ガ）ありてあら
まほしき《願望》を、いかなるべき《当然》ことに《断定》か《疑問(係)》と、（道長ニ）
伝へ聞こえ《謙譲》られよ《尊敬》」と仰せ《尊敬》られ《尊敬》けれ《過去》ば、（能信ハ）か
しこまりて、まかで《謙譲》させ《尊敬》たまひ《尊敬》ぬ《完了》。

設問解説

問一 やや易 「さるべき」は1の問三に既出の重要語句。ここは、〈❶それにふさわしい、適当な〉の意で、道長に連絡を取ろう（「殿に御消息聞こえむ」）と考えた東宮が、適当な人もいないので、中宮権大夫能信《よしのぶ》に思い当たるという文脈。よって、「さるべき人」とは、具体的には〈道長に取り次ぎをするのに適当な人〉のこと。

問二 易 2「あからさまに」は、ナリ活用形容動詞「あからさまなり」の連用形。「あからさまに」の形で用いられることが多く、〈ちょっと、一時的に、かりそめに〉などと訳す重要単語。文脈からは決まらないので、単語の知識が必要。

9「おこなひ」は、〈❶行為、行動、❷仏道修行、勤行〉などの意の名詞で、これも重要単語。もちろん大切なのは❷。ここも、すぐ後に「物詣で」（＝寺社へのお参り）とあることから、❷の意と判断できる。

問三 標準 敬意の方向を問う設問は、2の問一にもあった。まずは敬語の動詞や助動詞に関する知識をもつことが前提である。「申さ」はサ行四段活用動詞「申す」の未然形で、「申す」は2の問一に既出の謙譲語。「せたまふ」は、尊敬の助動詞「す」の連用形にハ行四段活用動詞「たまふ」の終止形がついた形。四段活用の「たまふ」も2の問一に既出で、これは尊敬語。「せたまふ」で二重尊敬（最高敬語）となる。次に、この設問では、誰から誰への敬意か、ということが問われているが、《誰から》

は、常に、その敬語を用いた人から、である。傍線部3は会話文中にあるので、ここでの《誰から》は、この会話文を発言した人から、ということになる。そこで、文脈を確認すると、東宮からの呼び出しを受けた能信が、驚いて使者の蔵人に「なにしに召すぞ」（＝どうしてお呼びになるのか）と尋ねたのに対して、蔵人が答えたのがこの会話文である。したがって、「申さ」も「せたまふ」も蔵人が用いた敬語であり、《誰から》はいずれも「蔵人から」となる。この時点で、選択肢はアとイに絞られる。その上で、《誰への》である。この会話文は、なぜ東宮が能信を呼んでいるのかという質問に対する答えなのだから、人物関係を補って解釈すると〈東宮はあなた能信に申し上げなさりたいことがありますのでしょう〉となる。「申さ」は謙譲語で、古文一般の謙譲語は動作の相手（受け手）に対する敬意を表すのだから、これは能信への敬意を表し、一方、「せたまふ」は尊敬語で、尊敬語は動作の主体に対する敬意を表すのだから、これは東宮への敬意を表すものと押さえられる。

問四 **標準** まずは「案内」に注目。これは〈❶事情、様子、❷事情を尋ねること、事情を知らせること、❸取り次ぎ、取り次ぎの依頼〉などの意の名詞。読みは「あんない」だが「あない」と表記されることが多い。現代語で用いる〈連れていくこと、道案内〉の意は後世の用法なので、少なくとも平安時代・鎌倉時代の例には当てはまらない。したがって、選択肢のイ・ウは誤り。次に、傍線部4は「申して」であって「申しに」ではないので、アは誤り。その上で、「さぶらふべき」をどう解するか、である。「さぶらふ」は、［4］の問八に既出の敬語動詞。再掲すると、〈❶お仕えする、伺候する、❷うかがう、❸あります、います、❹（補助動詞）〜です、〜ます、ございます〉の意があり、❶❷なら謙譲語、❸❹なら丁寧語である。「べき」は、推量・当然・適当・命令・意志・可能の助動詞「べし」の連体形。選択肢のエが、「さぶらふ」を❹、「べき」を当然の意で解しているのに対し、オは、「さぶらふ」を❷、「べき」を意志の意で解している。ここだけ見るとどちらとも取れそうだが、しかし、東宮が「まゐらせたまへ」と言ってきたのに対する返答として見れば、エでは嚙《か》み合わないので、オを正解とするべきである。なお、この発言の後、能信は「殿」（＝道長）のもとへ参上するのだから、「大臣」とは道長のことである。

問五 **標準** 東宮から呼び出しがあったことを能信が道長に伝えると、道長も能信と同じように思いついたのだという（［7］）。その道長の心中描写が［8］の「まことに御匣殿の……」から始まり、傍線部5の直後の「かし」まで続く（「とは思せど」が目印）。したがって、道長がここでどのようなことを考えているのかをたどってみなければならない。まず「御匣殿の御こと」は、注5によれば、御匣殿を東宮に入内させる〈結婚させる〉ことなので、すると、次の「まゐりたまひなば」は〈御匣殿が東宮のもとへ（結婚して）参上なさったら〉の意である。もしそうなれば東宮は道長の娘の夫になるのだから、「さやうにあやしくてはあらせたてまつるべきならず」ということになる。この「あやしくて」は注にあるとおり、道長のせいで東宮の邸が荒れている状態。道長としても娘の夫の邸を荒れさせておくわけにはいかない、つまりは道長が東宮の繁栄を支援しないわけにはいかないということだ。そうして道長と東宮の関係が親密になれば、リード文に述べられた、東宮が「藤原道長の圧力によって退位を決意」するような状況は変化するわけで、道長は「東宮退かせたまはむの御思ひあるべきならずかし」（＝東宮を退位なさろうとのお気持ちがあるはずのことではないよ）と考えるに至る。このようにたどれば、傍線部5に述べられることの理由は、御匣殿と東宮の結婚によって道長と東宮の関係が良好になることだと押さえることができる。

問六 標準 「かくて」は、〈こうして〉の意の副詞。傍線部6も7も、東宮が能信に対して、「大臣に聞こゆべきことのある」（＝大臣道長に申し上げたいことがある）とした上で、「その旨は」といってその趣旨を述べる中に出てくる。まず「かくて侍るこそは……はばかり思はぬにあらねど」の部分について見ると、「故院のしおかせたまへること」（＝亡き院が定めておきなさったこと）は、「故院」の注によって、故院の意向で東宮に即位したことだとわかるので、すると、それを「たがへ」ることとは、東宮を退位することだと考えることができる（リード文に「退位を決意した」とあるのだから、ここで東宮がみずからの退位を話題にすることには何の不思議もない）。そして「はばかり思はぬにあらねど」（＝遠慮を感じないのでもないが）と、退位の決意と逆行する思いがあることが述べられるのだが、その時、「たがへたてまつらむも」の「も」に注意すれば、その逆行する思いは、故院の決めたことには背きにくいということのほかにもう一つあるはずで、それが「かくて侍るこそは本意あることと思ひ」（＝こうしていますことは本望であることと思い）なのだと思い至れば、傍線部6「かくて」は「東宮の位にあること」を指しているとわかる。次に、これに続く「かくてあるなむ……罪深くもおぼゆる」（＝こうしていることは……罪深くも思われる）の部分は、「あらねど」の「ど」（逆接の接続助詞）に注目することで、逆に退位の決意に導く思いとして述べられているものと考えられ、すると傍線部7「かくて」も同じく「東宮の位にあること」を指しているとわかる。

問七 標準 「いつともなく」は、「いつ（代名詞）＋と（格助詞）＋も（係助詞）＋なし（ク活用形容詞）」という語構成の連語の「なし（無し）」が連用形に活用したもの。この「いつともなし」は、いつと時を定めることもない、ということで、そこから通常は〈いつものことだ〉の意で用いられる。しかし、今回の本文をそれで解釈しようとしても、何がいつものことなのか不明で、文意が通らない。そこで、この文脈に即して考え直す必要がある。見落としてはいけないのは、傍線部8の直前に「内の御行く末はいと遥かにものせさせたまふ」（＝帝のご将来はとても末長くていらっしゃる）とあって、注8によると、今の天皇は東宮より十四歳も年下で、まだわずか十歳にすぎないということだ。この天皇の治世はこの先まだまだ長く続くはずで、そうなると東宮はいつになったら天皇になれるかわからない。そうすると、この「いつともなくて」は〈いつ天皇になれるかもわからなくて〉の意と考えられるだろう。つまり、東宮はなかなか天皇にはなれそうもない、ということだ。

11 平中物語

評価

50～34点↓ 合格圏

33～18点↓ まあまあ

17～0点↓ がんばれ

解答

（50点満点）

問一 b （4点）　問二 c （4点）

問三 a （4点）　問四 d （4点）

問五 b （4点）　問六 b （4点）

問七 a （4点）　問八 c・e （各2点）

問九 a A　b C　c C　d B　e B （各2点）

問十 a （4点）　問十一 d （4点）

出典

作品名　『平中《へいじゅう》物語』　作者　未詳

ジャンル　歌物語　時代　平安時代中期

本文解説

「市《いち》」は、今でもそうだが、人の多く集まる所。物と物を交換して、ほしい物を手に入れる。平中がいったい何を求めて市に行ったのか、それはわからない。ひょっとしたら出会いを求めに行ったのかもしれない。市にはそういう側面もある。ともあれ平中はそこで一人の女を見そめる。「透影《すきかげ》」とあるので、女は車の中にいる。庶民ではない。女は后の宮の女房であった。平中は、市から帰ったあと、女のもとに手紙を寄せる。もちろん歌の詠まれた恋文。何度か手紙のやりとりがあって、二人は結ばれる。（1～7）

ところが、その後、平中は消息を絶つ。音沙汰もなければ、姿も見せない。最初の夜から三日が過ぎ、四日五日にもなってしまった。当然女はショックを受ける。おそらく女は若くて純情だったのだろう（3に「まだ、男などもせざりけり」とある）。まわりの助言も聞き入れず、みずから髪をおろしてしまった。（13～16）

なぜ平中は女の前から姿を消したのか？　17～21でその種《たね》が明かされる。要するに、思いがけず公務が重なり、思わぬ事態（「方ふたがり」と「方違へ」）に見舞われたのだ。やっとのことで女に手紙を出そうとしている平中のもとにもたらされたものは、女の「切髪」と歌の詠まれた手紙であった。

歌を見て、平中は女が尼になったことを知る。女の家に行って平中が見たのは、女の不吉な尼姿だった。

「出家」といえば、なにかよい行いのように思える。ところが、事はそう簡単ではない。身分もあり、前途もある若い人の出家は、やはり避けるべきものなのだ。「出家」とは日々「死」と向き合うことなのだから。だから若い人の出家姿は「いとまがまがしく」見えるのである。

この「ことば」に注目！

[1] **「受領」** 「ずりょう」と読む。地方に赴任する長官、「国守《くにのかみ》」のこと。中流の貴族である。この階級の女たちが「女房」として高貴なお方に仕える。

[2] **「そののち、文もおこせず、またの夜も来ず」** 「文《ふみ》」は「後《きぬ》朝《ぎぬ》の文《ふみ》」、「またの夜も来ず」は「三日《みか》の夜《よ》」のこと。当時恋する男女のデート時間は夜。男が女のもとをたずねる。そしてデート終了。男はまだ暗いうちに帰途《きと》につくが、今逢ったばかりの女のところにできるだけ早く手紙をおくる。「楽しかった」とか「恋しくてならない」とか。これが「後朝の文」。女はこの手紙を待ち望む。男の女に対する誠意の証《あかし》。ところが、本文の女のもとには平中から「後朝の文」が届かない。女は、遊ばれた、と思ったのだ。男は女と初めて契りを結んだあと、相手のもとに三日続けて通うのが礼儀。「三日の夜」とはその最終日。平中は、三日目の夜どころか、「またの夜」（二日目の夜）から姿を見せない。女は、やはり遊ばれた、と思ったのだ。

[3] **「いと長き髪をかきなでて、尼にはさみつ」** 女の人は身の丈《たけ》にあまるくらい髪を伸ばすのがふつう。それを肩や背のあたりでバッサリと切る。「尼削《あまそ》ぎ」という。出家した女性の一般的な髪型。

本文

1 また、この男（ハ）、市といふ所に出でて、（女ガ）透影によく見え けれ《過去》 ば、ものなど（ヲ）言ひやり けり《過去》。2 受領などの娘 に《断定》 ぞ《強調(係)》 あり ける《過去(結)》。3 まだ、男なども せ ざり《打消》 けり《過去》。4 后の宮のおもと人 に《断定》 ぞ《強調(係)》 あり ける《過去(結)》。

本文解釈

1 また、この男は、市というところに出かけて、（ある車の中の女が）簾ごしの姿ではっきりと見えたので、（思いを伝える）言葉などを言いおくった。2（その女は）受領などの娘であった。3 まだ、男を通わせていなかった。4 后の宮の侍女であった。5 そうして、男も女も、それぞれ帰って、男が、（その女を）探し当てて、よこ

5さて、男も女も、おのおの帰りて、男（ガ）、（女ヲ）尋ねて、おこせたる（歌ハ）、

6ももしきの袂の数は知らねどもわきて思ひの色ぞ恋ひしき

7かく言ひ言ひて、あひにけり。

8（男ハ）そののち、文もおこせず、またの夜も来ず。9かかれば、使人など（ガ）、（男ガ）わたると聞きて、「人にしも、ありありて。10かう音もせず、みづからも来ず、人をも奉れたまはぬこと」など言ふ。11（女ハ）心地に思ふことなれば、くやしと思ひながら、とかく思ひ乱るるに、四五日になりぬ。12女（ハ）、ものも食はで、音をのみ泣く。13ある人々（ガ）、「なほ、かうな思ほしそ。14人に知られたまはで、異ごとをもしたまへ。15さておはすべき御身かは」など言へば、16（女ハ）ものも言はで、籠りゐて、いと長き髪をかきなでて、尼にはさみつ。17使ふ人々（ハ）嘆けど、かひなし。

18（男ガ）来ざりけるやうは、来て、つとめて、（女

した歌は、

6宮中にいる女性の袖の数は数え切れないほど多いですが、私がとりわけ思いを寄せる緋色の袖のあなたが恋しいことです。

7このように（歌を）やりとりして、契りを結んだ。

8（ところが男は）その後、（後朝の）手紙もよこさず、次の夜も来ない。9だから、（女の）召使いなどが、（その男が）通って来ると聞いて、「こともあろうに、あげくの果てに（あんな男と契るとは）。10このように便りもよこさず、本人も来ず、使者も参上させなさらないことよ」などと言う。11（女は自分でも）内心で思っていることであるので、悔やまれると思いながらも、あれこれと思い悩むうちに、四、五日になった。12女は、食事もとらないで、声をあげて泣いてばかりいる。13（おそばに）いる人々が、「やはり、このように思い悩みなさらないでくれ。14（今回のことは）人に知られなさらないで、ほかのこと（→別の縁）をお求めください。15このままでいらっしゃるはずのお方でしょうか（そうではありません）」などと言うと、16（女は）何も言わないで、（部屋に）引きこもっていて、とても長い髪を撫でて、尼削ぎにはさみで切ってしまった。17召し使っている人々は嘆くけれど、仕方がない。

18（男が）来なかったわけは、（初めの夜、女のもとに）来て、翌朝、（女のもとへ）使者を送ろうとしたけれど、役所の長官が、急に、ある所へいらっしゃるということで、（男を）連れていらっしゃった。19（長官は男を）まったくお帰しにならず、やっとのことで帰る途中で、（今度は）亭子の院のお使いが来て、（男は）そのまま参上する。20（院が）大堰にお出かけになる御供として、（男は）お

ノモトへ）人（ヲ）やらむ《意志》としけれ《過去》ど、官の長官（ガ）、にはかに、ものへいます《尊敬》とて、（男ヲ）率ていまし《尊敬》ぬ《完了》。[19]さらに帰したまは《尊敬》ず《打消》、からうじて帰る道に、亭子の院の召使（ガ）来て、（男ハ）やがて参る《謙譲》。[20]（院ガ）大堰におはします《尊敬》御供に、（男ハ）仕うまつる《謙譲》。[21]そこにて、（男ハ）二三日は酔ひまどひて、もの覚えず《打消》。[22]夜（ガ）ふけて、（院ガ）帰りたまふ《尊敬》に、（男ガ女ノモトへ）行かむ《意志》とあれば、方（ガ）ふたがりたれ《存続》ば、みな人（ハ）つづきて、違へに去ぬ。[23]（男ハ）「この女（ハ）、いかに思ふらむ《現在推量》」とて、夜さり、心もとなければ、文（ヲ）やらむ《意志》とて、書くほどに、人（ガ）、（門ヲ）うちたたく。[24]（男ガ）「誰ぞ《強調（文末）》」と言へば、「尉の君にもの（ヲ）聞こえ《謙譲》む《意志》」と言ふを、さしのぞきて見れば、この女の人なり《断定》。[25]（使者ガ）「文」とて、さし出でたる《完了》（モノ）を（男ガ）見るに、切髪をつつみたり《存続》。あやしくて、文を見れば、

[26]天の川空なる《存在》ものと聞きしか《過去》どわが目の前の
涙なり《断定》けり《詠嘆》

仕え申し上げる。[21]そこで、（男は）二、三日はひどく酔って、意識がはっきりしない。[22]夜が更けて、（院が）お帰りになるので、（男が女のもとへ）行こうとしていると、方角が塞がっていたので、（院の一行の）すべての人は引き続いて、方違え（の場所）に行く。[23]（男は）「この女は、どのように思っているだろうか」と思って、夜分、気がかりなので、手紙をおくろうとして、書いている時に、人が、（門を）たたく。[24]（男が）「誰だ」と言うと、「尉の君にお言葉を申し上げたい」と言うので、のぞいて見ると、この女の使者である。[25]（使者が）「手紙です」と言って、差し出したものを（男が）見ると、切った髪の毛を包んである。不審に思って、手紙を見ると、

[26]天の川は空にあるものと聞いたけれど、私の目の前を流れる涙が川となったものだったのですね。（尼になるなど自分とは縁のないものと思っていたけれど、この私の身の上のことだったのですね。）

[27]（男は）「尼になるにちがいない」と思うと、目の前が真っ暗になった。返歌を、男は、

[28]二人の仲をつらく思う涙が流れて、たとえその流れが早くても、天の川にそのようになってよいものか（尼になどなるべきではありません）。

[29]その夜、（男が女のもとへ）行って見ると、（やはり女は尼姿になっていて）とても縁起のわるいことで（あった）。

27 （男ハ）「尼になる べし《推量》」と思ふに、目（ガ）くれぬ《完了》。返し（ヲ）、男（ハ）、

28 世をわぶる涙流れて早くとも天の川にはさ やは《反語（係）》なる べき《当然（結）》

29 夜さり、（男ガ女ノモトヘ）行きて見るに、いとまがしく なむ《強調（係）》。

設問解説

問一 やや易 「男す《をとこ》」〈サ行変格活用〉という動詞がある。〈夫を持つ、男を通わせる〉の意である。むろん主語はいつも女性だ。これをベースに考えれば、造作もなく正解を選べる。しかし、「男す」を知らなくても正解を選ぶことは可能だ。まず、直前の「受領などの娘にぞありける」が女のことをいっているのは明らかだ。一方、直後の「后の宮のおもと人にぞありける」についても、たとえ「おもと人」がわからなくても、女のことをいっていることは判断できる。なぜなら、本文冒頭に「また、この男」とあって、男の方は、今回の本文以前から話題になってきている人物と考えられるので（『平中物語』の主人公の平貞文《たいらのさだふん》だ！）、だったらこの男がどんな立場の人間か今さら説明するのもおかしなことだと考えられるからだ。そうして前後がいずれも女を話題にしているのであれば、傍線部1も女のことをいっているはずで、これにより選択肢はbとdに絞られる。ところが、dには「なぜか」とある。たしかに重要単語の中に「など」という疑問の副詞があって、これは〈なぜ、どうして〉の意である。しかし〈なぜか〉の意ではないので、仮に傍線部の「など」を疑問の副詞と考えたとしても、dでは誤りということになる。そこで、正解はbと決まる。なお、傍線部の「など」は強調のために添えられた副助詞。

問二 やや易 傍線部2の理由は、第三段落の「来ざりけるやうは」以降に述べられているので、そこから読み取ればよい。女のもとから帰宅した男は、いきなり「官の長官」

のお供として連れて行かれてしまう⑱。ようやく帰れると思ったら、今度は「亭子の院」が大堰に出かけるお供にお仕えすることになり⑳、そして、「二三日は酔ひまどひて」㉑とあるので、そのまま大堰に二三日滞在するはめになる。こうして「官の長官」や「亭子の院」のお供をしてまわっていたことが理由なのだから、これは「公務などが重なったから」とするのがふさわしい。ひょっとして、「二三日は酔ひまどひて、もの覚えず」とあるのだからdでもよいではないか、と思っただろうか。しかし、男は同日のうちにたて続けに「官の長官」のお供と「亭子の院」のお供をするのだ。だから男が酒を飲むのは、女のもとから朝帰りした日の夜、院のお供で大堰にいるときであり、この夜が「またの夜」(=次の夜)に当たる。二日酔いになるのはその翌日以降なのだから、二日酔いは「またの夜」に来なかった理由にはならない。

問三 **やや易** まずは、どうしても直前の「使人など」が気になる。〈使人などを〉と解しても下につながりようがないので、ここは〈使人などが〉となるはずである。しかし、その直下に読点があることに注意すれば、これは「聞きて」の主語と考えるべきだ。「使人など」と「わたる」をつないで読まないように間に読点が打たれたということであり、それを無視して、安易に〈「使人など」が「わたる」〉などと理解することはできない。そこで、改めて「わたる」について考えてみると、これはラ行四段活用動詞「わたる(渡る)」の終止形で、〈❶行く、来る、通り過ぎる、移る、❷年月を送る、生活する、❸(補助動詞)一面に~する、ずっと~続ける〉などの意の重要単語。移動することを表す❶が基本である。ここでも、❷で解そうとしても唐突すぎて文意が通らないし、もちろん❸の補助動詞でもないので、❶しかない。そこで、果たして移動するのは誰なのか、ということだが、当時の貴族の恋愛のあり方を考えれば、移動するのは女のもとに通って来る男だ、ということになる。だから、「わたる」の主語は「男」なのだ。「使人など」が、女のもとに「男」が通って来ると聞いて「人にしも……」の発言をした、という流れなのである。でもちょっと待て！傍線部2に「来ず」とあったのだから、男は通って来ないのではないか？　と疑問に思うのはもっともだ。しかし、[7]に「あひにけり」とあって、男は女と結ばれたのだから、それによって二人の関係は既定のこととなり、男はいつでも女のもとに通って来られるようになっているのだ。それを〈(男が)通って来る〉と言ったとしても、別に不審なことではない。

問四 **やや難** はじめに傍線部4を訳してみたいところだが、これがなかなか難しい。そこで、少し外側から考えてみよう。問三で確認したとおり、この傍線部4から始まる会話文は「使人など」の発言である。しかも、「かう音もせず、みづからも来ず、人をも奉れたまはぬこと」（＝このように便りもよこさず、本人も来ず、使者も参上させなさらないことよ）とあるのは男のことで、それを「来ず」と女の側から言っているところをみると、これは女の使人の発言である。女の使人として、女の側から、男が何の連絡もしてこないことを批判的に話題にしているのである。しかし、よく考えてみると、男が来ないと聞いて述べた批判ならばこれでいいけれど、「わたる」（＝男が通って来る）と聞いて述べた批判としては、これでは少しずれている。男が通って来ることについての批判、つまり、女が男と結ばれてここが男の通い所になったことについての批判でなければ、「わたると聞きて」とつながらないではないか。そこで、それが傍線部4なのではないか、と考えればいいのだ。選択肢のうち、女がこの男と結ばれたことを批判しているのはdだけ。aとbでは批判にならないから「かう音もせず」以降の内容とうまくつながらないし、cでは「かう音もせず」以降と同じく連絡をしてこないことについての批判にしかならない。なお、傍線部4の「ありありて」は、〈❶生き長らえて、❷あげくの果てに〉の意の副詞。特に重要単語というわけではないので知らなくて当然だが、これを知っていればもう少しわかりやすくなった。

問五 **標準** 傍線部5を解釈してみよう。「なほ」は3問五に既出の重要単語で、〈やはり〉の意。「かう」は9問二に既出の「かく」のウ音便形で、〈このように〉の意。ここでは、「ものも食はで、音をのみ泣く」⑫というふうにして思い悩む女の様子を指している。「な」は重要単語で、文末の終助詞「そ」と呼応して禁止の意を表す陳述の副詞。「な〜そ」で、〈〜ないでくれ〉などと訳す。柔らかく禁止する表現であり、懇願にも近い。「思ほし」はサ行四段活用動詞「思《おも》ほす」の連用形で、〈❶お思いになる〉の意の重要単語。「思《おぼ》す」の同義語である。「思ふ」の尊敬語であり、文意によって〈❷愛しなさる、いとしく思いなさる、❸物思いなさる、思い悩みなさる〉などと訳す場合もある。ここでは、思い悩む女にむかって言っているのだから❸がよい。ひとまずここまでを解釈すると〈やはり、このように思い悩みなさらないでくれ〉となる。次に、「人に知られ」の「れ」は、受身の助動詞「る」の連用形。「たまは」及び文末の「たまへ」は2問一に既出の重要単語で、どちらも尊敬の補助動詞。「で」は打消の接続助詞。「異ごと（異事）」は〈他のこと〉の意の名詞で、重要単語。これに限らず、《こと＋体言》の形の「こと」は、〈ほかの、別の〉の意となる。「し」はサ行変格活用動詞「す」の連用形。ここまでを解釈すると、〈人に知られなさらないで、ほかのことをなさってください〉となる。これだけでは、何を人に知られないのか、ほかのこととは具体的に何か、不明な点は残るが、このまま選択肢を検討してみよう。aは、「泣いてばかりいては……人に知られてしまう」とするが、だったら「泣かないでくれ」と言うはずで、これでは「な思ほしそ」とはズレている。bは、傍線部5と比べて「あの男のことは」「別の縁をお求め」の二点が具体化されているが、先の解釈と齟齬《そご》するわけではないので、誤りではない。cは、「人に知られたまはで」を無視しているので、どう見ても不十分である。dは、「今度はこっそりと世間に知られないように」としていて、これだと前回は世間に知られたということになるが、そうしたことは本文からは読み取ることができない。

問六 やや易　女のことを気がかりに思った男が手紙を書いていると「人」が門をたたく、という文意なので、傍線部6の「人」は、男のもとを訪れた人物である。そして、少し後に「この女の人なり」とあるので、たずねて来たのは「この女の人」にほかならないが、しかし、ここであわててcなど選んではいけない。「この女の人」は「文」を差し出すのだ。「文(ふみ)」は1問六に既出の重要単語で、ここではその「文」に②の和歌が書いてあったのだから〈手紙〉の意。手紙を届けるのはいつも使者の役割だということを忘れてはならない。高貴な貴族が自分で恋人に手紙を届けたりするはずがないのだ。すると、「この女の人」は〈この女の使者〉の意と考えられる。d「供の人」とは、高貴な人が外出する際に連れて行く従者のことだ。ここでは、女自身が一緒に出かけて来ているわけではないので当てはまらない。

問七 やや難　「ももしき」は〈宮中〉の意の名詞。「ももしきの」という枕詞もあるが、それなら必ず「大宮」を修飾するので、①の「ももしきの」は枕詞ではない。「袂」は〈袖〉のこと。「数は知らねども」は、数え切れないほど数が多いことを表す「数知らず」という表現をベースに理解すればよい。「わきて(分きて)」は〈とりわけ〉の意の副詞。以上をふまえて訳すと、〈宮中の袖の数は数え切れないほど多いけれども、とりわけ思いの色が恋しいことだ〉となる。しかしこれではまだ何のことやらよくわからない。そんなときは、この歌はどんな内容の歌であるべきなのかということを、前後の文脈から考えてみるとよい。①は男が女に詠んでよこした歌であり、その結果、男が女と結ばれていることからすれば、これは男から女への求婚の歌であるはずだ、ということになる。こうして、歌に託されるべきメッセージの方向性を前後の文脈と結びつけて見定めるということも大切なことである。これにより、①の下の句に「わきて思ひの色ぞ恋ひしき」とあるのは、実は〈とりわけあなたが恋しいことだ〉というメッセージなのだろう、と考えることができる。このとき、どうして「思ひの色」が〈あなた〉になるのだ？　というような疑問は、いったん不問にしておくのだ。たとえそこが理解できなくても、物語の展開上、ここはどうしてもこのメッセージでなければならない、と押さえてしまえということである。すると、上の句についても、「袂」のままでは下の句と嚙《か》み合わないので、これは女性の衣装の袖であり、それによって女性を暗示的に表しているのではないか、と考え進める道が開かれる。そうして①は、〈宮中にいる女性の数は数え切れないほど多いけれども、その中でもとりわけあなたが恋しいことだ〉と解釈し直すことができる。これなら求婚のメッセージとしてよくわかるだろう。そこで選択肢だが、以上のような理解をふまえてみれば、b「宮中の装束に詳しくない」、c「殿上人は数え切れない」、d「女が宮中に仕えているとは思いもしなかった」が、いずれも歌の上の句を誤解していることは明らかである。――ここまでくれば、もうaを選ぶしかない。どうしていきなり「緋色」（＝深紅色）なのか、まったくわからなくてもaを選ぶしかないのだ。タネを明かせば、これは先ほどの、どうして「思ひの色」が〈あなた〉になるのだ？という疑問とかかわっている。「思ひ」の「ひ」に「緋色」の「緋」が掛かっているのだ。男は市で女の緋色の袖を見たらしい。そこで、①の下の句は再度〈とりわけ緋色の袖のあなたが恋しいことだ〉と解釈し直される。しかし、ここまで理解するのは至難の業《わざ》だ。だからわからなくてもaを選ぶしかないのだし、言い換えれば、掛詞に気づかなくても正解を選ぶことはできるということでもある。

問八 標準　②は女の歌。これを表面的に訳すことは難しくない。〈天の川は空にあるものと聞いたけれど、私の目の前の涙だったんだなあ〉となる。「なる」は存在の助動詞。「けり」は詠嘆の助動詞。〈天の川は……涙だったんだなあ〉というのは、涙を天の川に見立てることで、止めどなく流れる大量の涙を誇張的に表現したもの。それにしても、なぜ唐突に「天の川」なのか？　ほかの川ではいけなかったのか？　ここが肝心なところだ。この歌を見た男が「尼になるべし」と思っていることに注意しよう。そこで「天の川」の「天」と「尼」の掛詞に気づかなければならない。これに気づけば、上の句を〈尼になるなど自分とは縁のないものと思っていたけれど〉と解釈し直すことができる。「空」は〈遠くにあるもの、自分とは縁のないもの〉の象徴である。一方、③は男の歌。「世」は重要単語で、〈❶時代、❷治世、❸時期、❹一生、❺世間、❻俗世、❼前世、現世、来世、❽男女の仲〉などの意の名詞。ここでは物語の内容からして❽。「わぶる」も重要単語で、〈❶落胆する、❷つらく思う、❸困惑する、❹落ちぶれる、❺侘び住まいをする、❻〔補助動詞〕

〜しかねる〉などの意のバ行上二段活用動詞「わぶ（侘ぶ）」の連体形。ここは、男女の仲を「わぶる」ことで涙が流れるのだから❷。「さやは」の「さ」も重要単語で、〈そのように〉の意の副詞。「やは」は反語を表す係助詞（係助詞「や」と係助詞「は」に分解してもかまわない）。通して訳すと〈二人の仲をつらく思う涙が流れて、たとえその流れが早くても、天の川にそのようになってよいものか、いや、よくない〉となる。さらに、②を受けてここでも「天の川」の「天」と「尼」が掛詞になっていると考えれば、下の句は〈そんなふうに尼になってよいものか、いや、よくない〉と解釈し直すことができる。ここまで来れば、選択肢のa・bは正しくないことが容易にわかる。さらに、cとdは、内容的に二者択一の関係なので、どちらかが必ず正解になるはずだが、②で女が掛詞を用いて自らの出家を伝え、③で男が同じ掛詞を用いてそれに否定的な応答をする、というやりとりは十分に噛《か》み合っていると考えられるので、cが正しく、dは誤りである。必然的にeがもう一つの正解となるが、これは、平安時代にはまだ濁点がなく、「流れて」も仮名で書くと「なかれて」であり、だから「泣かれて」と掛詞になる、ということだ。③でも、「涙」なのだから「泣かれて」とつないで無理はないし、「流れて」は「天の川」の縁語になるし、これを掛詞と考えることができる。

問九 **やや難** 問七・問八ですでに見てきたように、①には「思ひ」の「ひ」と「緋」、②には「天の川」の「天」と「尼」、③には「天の川」の「天」と「尼」、さらに「流れて」と「泣かれて」という掛詞が認められるので、aはすべてに共通する。bの縁語は、意味の上で関連の深い語群を一首の中に意図的に詠み込む技法だが、通常これは掛詞とともに用いられる。たとえば、問八で触れたように、③の「流れて」「泣かれて」の掛詞において、その「流れて」が「天の川」と縁語になる、といったものだ。もともと掛詞は、物象にかかわる語と人事にかかわる語を掛け合わせるのが基本（たとえば、①なら「緋」が物象で「思ひ」が人事、②なら「天」が物象で「尼」が人事）だが、縁語になるのは、その物象にかかわる語のほうである。③では、二ヶ所の掛詞の物象どうし（「天の川」と「流れて」）が縁語になっている。では、①はどうか。「緋」と関連の深い語は「色」だ。しかしこれは文脈上「緋の色」という直接的な関係が明示的で、こういうのは縁語とはいわない。同様に、②において「天の川」と関連の深い語は「空」だが、これも文脈上「天の川は空にある」という直接的な関係が明示的なので、これも縁語ではない。——よくわかんないなぁ、③の「天の川」と「流れて」だって、「天の川が流れて」という関係になるじゃないか、何が違うの？——③の「流れて」は文脈上はあくまでも「涙が流れて」なのだ。だから「天の川」と「流れて」

の関係は文脈上は直接的でも明示的でもない。でも「天の川」と「流れて」は意味の上で関連が深い。こういうのを縁語というわけだ。そういうわけで、縁語は③にしか認められない。cの係り結びは、①の「ぞ―恋ひしき」、③の「や（は）―べき」だけ。②には認められない。dの枕詞は、特定の語句を修飾する慣用句。五音からなるものがほとんどで、おもに第一句・第三句に用いられる。問七で説明したように、①の「ももしきの」はこの歌では枕詞ではないし、②③にはそれらしいものすら見当たらないので、枕詞は一つも用いられていない。eの序詞（「じょことば」とも「じょし」ともいう）は、歌の前半に詠まれた物象（多くは自然の景物）の描写から、同音反復・掛詞・比喩などを介して、後半の語句を導く技法。枕詞と違って音数の制限はなく、また慣用的なものでもない。序詞は、その歌の主題となる心情に具体的なイメージを与えるはたらきはするものの、しかし歌の後半の主題部分と直接的な文脈的関係をもたないので、序詞から主題部分へ一首全体を通して現代語訳をしようとすると、どうしてもぎこちなくなってしまう。――ほら、「……が立つ、そのたつではないが……」みたいな現代語訳がよくある、あれが序詞の歌の訳し方の一つの典型だ。――その点、①～③はいずれも通して現代語訳をすることに困難もないし、そもそも前半が後半のある語句を導き出す格好になっているわけでもないので、序詞は一つも認められない。

問十 やや易　二重傍線部はすべて「もの」という名詞。この語の意味をあらかじめ分類して覚えておこうということではない。文の意味から考える問題だ。tは、後に「言ひやりけり」とあるので、何らかの〈ことば〉を指しているはずで、同様に、vも後に「言はで」とあり、yも後に「聞こえむ」（＝申し上げたい）とあるので、これらはすべて〈ことば〉を指すものとして同じ意味だと判断できる。このtvyがひとくくりになっている選択肢は一つしかないので、すると、もうこれだけで正解が決まってしまう。いちおうほかのものにもふれておくと、uは、後に「食はで」とあるので食べ物。wは、後に「います」（＝いらっしゃる）とあるので場所。xは、後に「覚えず」（＝思われない）とあるので思考内容。zは、「天の川は空にある」ということを一つの概念としてまとめて示すはたらきをする形式名詞。

問十一 標準　「まがまがしく」は、シク活用形容詞「まがまがし」の連用形で、〈❶縁起がわるい、不吉だ、❷憎たらしい、いまいましい〉の意。さほど使用頻度の高い語ではないので、重要単語とは言いきれない。仮にこの語を知っていたとしても、それだけで正解が一発で決まるわけではないので、いずれにしても文脈から考えてみることは避けられない。大切なことは、この話のクライマックスは②③の和歌の贈答であり、そこでは女の出家が焦点になっているということだ。だから、男が女のもとへ行って見たのは、a「泣き崩れる女の姿」でもb「憔悴しきった女の容貌」でもc「恨みを含んだ目」でもなく、d「髪をばっさり落とした女の姿」でなければならないのである。むろん女が髪を落としたのは出家のためだ。想像すれば、女は泣き崩れていたかもしれないし、憔悴《しょうすい》しきっていたかもしれないし、恨《うら》みを含んだ目で男を見たのかもしれない。しかし、そういう現実的な可能性の問題ではなく、物語として、ここにどういう結末が導かれているのか、ということなのだ。

12 建礼門院右京大夫集

評価

50～41点→ 合格圏
40～26点→ まあまあ
25～0点→ がんばれ

解答 (50点満点)

問一 (2) A (4) C (8) D (9) A (各5点)
問二 (1) D (3) C (7) B (各5点)
問三 (ア) A (イ) D (5点)
問四 C (5点)

出典

作品名『建礼門院《けんれいもんいん》右京大夫《うきょうのだいぶ》集《しゅう》』
作者 建礼門院右京大夫
ジャンル 私家集《しかしゅう》
時代 鎌倉時代初期

本文解説

「建礼門院《けんれいもんいん》」とは平清盛の娘徳子《とくこ》のこと。高倉天皇の中宮であり、安徳天皇の母である。「右京大夫《うきょうのだいぶ》」は徳子に仕える女房。本文は、この右京大夫と源通宗とのちょっとした争いごとを記している。注意したいのは、通宗が参内するのは仕事のため。女房に会うためではない。ただ、仕事の合間をみて徳子のいる御所に足を運ぶのだ。お目当ては徳子づきの女房。徳子ではない。徳子は中宮。雲の上の人である。リード文に「建礼門院右京大夫が、参内していた源通宗《みちむね》の恋の取り次ぎをしたときの逸話」とあるが、この「恋」を真剣な恋と思ってはいけない。かぎりなく遊戯的な、その場限りの恋である。御簾《みす》越しに交わされる男と女の会話。言葉のラリー。言葉に詰まったほうの負け。負けないため、負かせるための言葉の駆け引き。この駆け引きがとりもなおさず恋の駆け引きなのであり、男も女もつかのまのバーチャルな恋を楽しむわけだ。ところが、通宗が右京大夫たちのいる所をたずねても、誰も御簾ぎわまで出て来てくれない。これではつかのまの恋の情趣が楽しめない。通宗の「恋人」は身を焦がし心を尽くすような相手ではない。せいぜいお気に入りといった程度。ひょっとしたら、通宗は女房とおしゃべりがしたくて足を運んでいるだけなのかもしれない。それならば相手は右京大夫でOK。老練な名プレーヤー。言葉の応酬。遊びだけれど、競技《ゲーム》だから負けるわけにはいかない。負けないように言い争う。貴族にとって、会話はとてもエキサイティングな知的スポーツなのである。

この「ことば」に注目！

◆**「荻の葉」**　「荻」は「秋」の景物。風に吹かれて「そよそよ」と音を立てる。歌の中にこの擬音語「そよ」が詠まれていたなら、それは掛詞（[8]の歌には詠まれていないけど）。「そう」とか「そうだ」の意味が掛けられる。押さえておこう。

本文

[1]通宗の宰相中将の、つねに参りて、女官など（ヲ）たづぬるも、（女官ハ）遥かに、えしもふと参らず。[2]（ソレデ）つねに（通宗殿ハ）「女房に見参せまほしき（トキハ）、いかがすべき」と言はれしかば、[3]（私ガ）この御簾の前にて、うちしはぶかせたまはば、聞きつけむずるよし（ヲ）申せば、[4]（通宗殿ガ）「まことしからず」と言はるれば、[5]（私ガ）「ただここもとに立ち去らで、夜昼さぶらふぞ」と言ひてのち、[6]「（通宗殿ガ）露もまだひぬほどに参りて、立たれにけり」と（私ハ同僚カラ）聞けば、[7]召次《めしつぎ》して、「いづくへも追ひつけ」とて、（召次ヲ）走らかす。

[8]荻の葉にあらぬ身なれば音もせで見るをも

本文解釈

[1]通宗の宰相中将が、いつも（中宮のいらっしゃる所に）参上して、（御簾の前で）女官などを（取り次ぎを頼むために）探すけれども、（女官は）遠くにいて、簡単に（会いに）参ることもできない。[2]（それで）いつも（通宗殿は）「女房にお目にかかりたいときは、どうすればいいのだ」とおっしゃったので、[3]（私が）「この御簾の前で、咳払いなさったならば、聞きつけるだろう」ということを申し上げると、[4]（通宗殿が）「本当のようには思えない」とおっしゃるので、[5]（私が）「ただここで立ち去らないで、夜も昼もお控えしていますよ」と言ってのち、[6]「（通宗殿が）露もまだ乾かない時に参上して、お帰りになった」と（私は同僚から）聞いたので、[7]召次に命じて、「どこへでも追いかけて追い着いておくれ」といって、（召次を）走らせる。

[8]（私は）荻の葉ではない身であるから、（風に吹かれてそよそよと）音も立てないで見ていたのも見ていないことだと（あなたは）思ったことでしょう。

見ぬ《打消》と思ふなる《断定》べし《推量》

[9]（通宗殿ハ）久我へ行かれ《尊敬》に《完了》ける《過去》を、（召次ハ）やがてたづねて、文はさしおきて帰りける《過去》に、（通宗殿ハ）さぶらひして《使役》追はせ《使役》けれ《過去》ど、[10]（私ハ召次ニ）「あなかしこ、返し（ヲ）とるな《禁止》」と教へたれ《存続》ば、[11]（召次ガ）「（先方ハ）鳥羽殿の南の門まで追ひけれ《過去》ど、（私ハ）茨、枳殻にかかりて、藪に逃げて、力車の《主格》ありける《過去》（ノ）に紛れぬる《完了》」と言へば、（私ハ）「よし」とてありし《過去》のち、[12]（通宗殿ハ）「さる文（ハ）見ず《打消》」とあらがひ、また「（先日私ハ）参り《謙譲》しか《過去》ど、人もなき御簾の内はしるかりしか《過去》ば、（私ハ）立ちに《完了》き《過去》」と言へば、[13]（私モ）また「（私ハ）はたらかで《打消》見しか《過去》ど、（アナタハ）あまり物騒がしくこそ《強調(係)》立ちたまひ《尊敬》に《完了》しか《過去(結)》」など言ひしろひつつ《反復》、五節のほどにもなりぬ《完了》。

[9]（通宗殿は）久我へお行きになったのだが、（召次は）ただちに探したずねて、（歌を記した私の）手紙は置いて戻って来たが、（通宗殿は）従者に命じてあとを追わせたけれども、[10]（私は召次に）「決して、返事を受け取ってはいけない」と教えていたので、[11]（帰って来た召次が）「（先方は）鳥羽殿の南の門まで追って来たけれど、（私は）茨、枳殻に引っかかっても、藪に逃げ込んで、力車があったのでそれに身を隠したことです」というので、（私は）「よろしい」といっていた後日《ごじつ》、[12]（通宗殿は）「そんな手紙は見ていない」と言い返し、また「（先日私は）参上したけれども、誰もいない御簾のなかは明白だったので、（私は）立ち去った」というので、[13]（私も）また「（私は）身じろぎもしないで（外の様子を）見ていたけれど、（あなたは）あまりにもそそくさとお帰りになったことです」などと反論しては、五節の時にもなってしまった。

設問解説

問一 標準 まず(2)は、「女房に見参せまほしき、いかがすべき」（＝女房にお目にかかりたいときは、どうすればいいのだ）というもので、これはリード文を前提とすることで、右京大夫に恋の取り次ぎを依頼する通宗の言葉だとわかる。ここから(4)への展開をたどるために、依頼された右京大夫が「この御簾の前にて、うちしはぶかせたまはば、聞きつけむずる」と発言していることに注意しよう。ここには引用符（鉤括弧《かぎかっこ》）がないが、「よし申せば」を目印とすることで、これが発言内容の引用だということがわかる。「よし（由）」は重要単語で、〈❶理由、由緒、❷方法、❸情趣、❹縁故、❺旨、こと〉などの意の名詞だが、❺は下に発言にかかわる動詞を伴って、しばしばその発言内容を間接的に示すはたらきをするのだ。その右京大夫の発言を受けて、「まことしからず」と答えるのは通宗。このあたり、右京大夫と通宗の二人が交互に会話をしていて、したがって(4)は右京大夫の発言である。次に(8)だが、まず[9]の「久我」は注にあるとおり通宗の別邸なので、「久我へ行かれにける」の主語は通宗。それを「たづね」たのは右京大夫の命令を受けた「召次」、手紙を置いて帰る「召次」を「さぶらひ」に追わせるのが通宗、というふうに動作の主語をたどっていくと、「さぶらひ」に追われて逃げる「召次」の姿が浮かび上がる。(8)は、その逃走劇を説明する言葉である。「追ひけれど」などと言うあたりは一見「さぶらひ」の発言のようにも見えるけれど、しかし、この発言を聞いて「よし」と満足する人物がいることに注意。「逃げて……紛れぬる」ということは、「召次」は結局逃げきったわけで、それに満足するのは、「返しとるな」（＝返事を受け取ってはいけない）と命令していた右京大夫である。だとすると、(8)は「召次」が右京大夫に経緯を報告する言葉と考えられる。最後に、(9)の「参りしかど……立ちにき」（＝参上したけれども……立ち去った）というのは、先の「露もまだひぬほどに参りて、立たれにけり」[6]と照応する通宗の行動であり、そこに「人もなき御簾の内はしるかりしかば」（＝誰もいない御簾のなかは明白だったので）といって、通宗の行動の動機が述べられていることからすれば、これは通宗の言葉である。

問二 **やや易** (1)は、「え」が重要単語で、打消の語と呼応して〈〜できない〉の意を表す陳述の副詞。これにより選択肢はCとDに絞られる。「ふと」は現代語と同じもので、〈❶さっと、素早く、❷ひょいと、思いがけず、❸たやすく、簡単に〉などの意の副詞（現代語と同じなので、わざわざ覚える必要はない）。Dの「簡単に」ならいいが、Cの「頻繁に」はおかしい。また、Cは「参ら」（6問七に既出）を謙譲語らしく訳していない点も不適切である。

(3)は、「まことしから」が、シク活用形容詞「まことし」の未然形。特に重要単語というわけではないが、「まこと」を「誠」（＝真実、本当）と押さえれば、だいたいの意味は見当がつく。とはいえ、選択肢も少し紛らわしいので、ここは、この前後の会話のやりとりをたどってみることだ。問一でも確認したが、右京大夫が「この御簾の前にて、うちしはぶかせたまはば、聞きつけむずる」（＝

この御簾の前で、咳払いなさったならば、聞きつけるだろう）[3]と言ったのに対して、通宗が⑶の発言をする。すると、再び右京大夫が傍線部⑷の「ただここもとに立ち去らで、夜昼さぶらふぞ」（＝ただここで立ち去らないで、夜も昼もお控えしていますよ）という発言をするという流れである。特に⑷は、私はいつもここにいるんだから、あなたが咳払いすれば必ず聞きつけるわよ、といった趣旨で、先の「この御簾の前にて……」の発言内容を補強するものである。だとすると、⑶は、右京大夫に発言内容の補強を促すような性質のものであり、右京大夫の発言を疑うような性質のものだと考えられる。こうしたやりとりの中に選択肢を当てはめてみれば、Cでなければ噛《か》み合わないことがわかる。Bでもよさそうにも思うかもしれないが、相手の申し出を「そうではない」と言いきって否定するのはやはり不自然である。

⑺の「やがて」は重要単語で、〈❶そのまま、❷すぐに、❸そのうちに〉などの意の副詞。ただし、現代語と同じ❸は古文では一般的ではない。選択肢を見ると、Bが❷に該当するので、これが正解。Cは❸に近く、語義的にはいちおう成立する可能性もゼロではないが、しかし文脈的には、「追ひつけ」と言って「走らかす」のに、「だいぶ経って」探し訪ねたというのでは間が抜けすぎていて、よろしくない。

問三 易

「ひ」は、ハ行上一段活用動詞「ひる（干る）」の未然形で、〈乾く〉の意。「ぬ」は打消の助動詞「ず」の連体形。後に体言が続いているので、完了の助動詞「ぬ」の終止形と誤解する余地はない。「ほど（程）」は重要単語で、〈❶時、頃、間、❷距離、あたり、広さ、❸身分、❹年齢、❺様子、程度〉などの意の名詞。❶が圧倒的に多い。これらをふまえれば、傍線部⑸は〈露もまだ乾かない時に〉の意。まず(ア)について。「夕露」などというのもあるにはあるが、多くの場合「露」は、夜間に空気中の水蒸気が冷えた草の葉などに触れて水滴になるもので、朝の景物である。それがまだ乾かないということは、まだ朝のうちだということ。次に(イ)について。選択肢の中で打消の助動詞はDの「ず」だけ。Aは、ナ行下二段活用動詞「たづぬ（尋ぬ・訪ぬ）」の連体形。Cの「ぬる」は、完了の助動詞「ぬ」の連体形。

問四 標準

これまで確認してきたように、女房にお目にかかりたいという通宗に対し、右京大夫は、私は夜も昼もここにいるので、あなたが咳払いをすれば必ず聞きつける、と答えた。これは、リード文と関連づければ、右京大夫が、私がいつでも取り次ぎをしてあげるわ、ということだ。ところが、その後、「露もまだひぬほどに参りて、立たれにけり」（＝露もまだ乾かない時に参上して、お帰りになった）と、右京大夫の知らない間に通宗がやって来たということを聞いて、右京大夫はあわてて召次を走らせる、という経緯である。こうした経緯が何を意味しているのか、よく考えてみなければならない。まず、夜も昼もここにいると言っていた右京大夫が、通宗がやって来た時には御簾のもとにいなかったのだから、通宗が右京大夫にだまされたようにも見える。しかしよく考えてみると、右京大夫にしても、まさか早朝から通宗が恋の取り次ぎを頼みに来るとは思わないだろう。だいいち先方の女房だって迷惑にちがいない。なぜ通宗は朝早く来たのか。ここが肝心なところで、要は、右京大夫が通宗に一本取られた、ということなのだ。早朝であれ何であれ、どんなに思いがけない時間に通宗が来たとしても、右京大夫は「夜昼さぶらふぞ」と言ってしまったのだから、御簾のもとにいなかった右京大夫がウソつきだということになる。そうやって右京大夫をウソつきに仕立ててからかうために、通宗はわざわざ早朝を狙ってきたのだ（そうなると、そもそも通宗が女房にお目にかかりたいと言っていたのも、その真意ははなはだあやしい。すべては通宗が右京大夫をからかうために仕掛けた罠《わな》だったのかもしれない）。そんなふうに、してやられてしまった右京大夫が通宗に届けるのが(6)の和歌である。右京大夫は通宗にどんなメッセージを送るのだろう。本文の終わりに「はたらかで見しかど、あまり物騒がしくこそ立ちたまひにしか」（＝私は身じろぎもしないで見ていたけれど、あなたはあまりにもそそくさとお帰りになったことです）とあるのが大切な手がかりだ。ここで右京大夫は明らかにウソをついている。右京大夫は通宗が来たことを人から聞いて知ったのだから、「はたらかで見しかど」というのは明らかに事実に反する。どうして右京大夫はこんなウソをついたのか。要は、一本取られたことを認めたくないのだ。負けん気の強い右京大夫の性格が見えてくる。ならば、(6)の和歌でも同様に、自分は約束どおり待っていたのにあなたは勝手に帰って行った、と主張しているはずだと考えることができる。

一方、以上のような理解をふまえれば、通宗が実際に女房と逢ったということは本文には述べられていないので、A・Bが誤りであることはわかるし、右京大夫が実際に取り次ぎをしたということも本文には述べられていないので、D・Eが誤りであるということもわかる。

13 太平記

評価

50～43点→ 合格圏

42～23点→ まあまあ

22～0点→ がんばれ

解答

（50点満点）

問一 (イ) いいかげんではない　(ロ) つまらなく
(ハ) 決して　(ニ) 頼りにしている　（各4点）

問二 (a) ごせ　(b) くみ　（各3点）

問三 5　（4点）　問四 5　（4点）

問五 5　（4点）　問六 1　（4点）

問七 天皇の倒幕計画を頼員が密告してきたこと。（20字）　（8点）

*「天皇の倒幕計画を」…4点（「天皇の計画」「倒幕計画」は…2点）
「頼員が密告してきた」…4点（「密告」だけは…2点）

問八 2　（4点）

出典

作品名　『太平記《たいへいき》』　作者　未詳

ジャンル　軍記物語　時代　南北朝時代

本文解説

後醍醐天皇は幕府を討つ計画をひそかに企てていた。ところが発覚。未遂に終わってしまう。「正中《しょうちゅう》の変」（一三二四年）である。発覚のきっかけはとてもささいなこと。そのことを語ったのが、本文である。

土岐左近蔵人頼員は天皇側の人物。蔵人だったので否応なしに与《くみ》することになったのだ。頼員は思う。合戦が起きたら、まちがいなく自分は討死《うちじに》すると。それは最愛の妻との別れを意味する。思い余ったのか、頼員は、ある夜、妻にそのことを打ち明ける。頼員の妻は六波羅探題の役人の娘。父は幕府側の人物である。頼員の妻は考える。倒幕に失敗したら、夫は殺されるにちがいない。幕府が負けたら、自分の親類は一人として生き残れるはずがない。この事態を避けるためには、夫を密告者にするしかないと。頼員の妻は、急いで父のもとに行き、このことを告げる。父はすぐに婿の頼員を呼んで真偽を尋ねる。本当ならば、後醍醐天皇のもくろみを進んで六波羅探題の長官に知らせなければならない。でなければ、頼員はもとより自分も自分の親類も皆殺しにあうはずだから。

昨夜あれほど口止めしたのに、妻は父に告げてしまった。頼員は義父にすがるしかない。「ただともかくも身の咎を助かるやうに御計らひ候へ」と。

どうやらこのとき頼員は共謀者の名前を明かしたようだ。時をおかず、それらの者たちのもとへ大勢の武士が差し向けられる。多勢に無勢。ある者は自害し、ある者は討たれ、ある者は島に流された。ところが首謀者の後醍醐天皇は罪をまぬがれる。幕府に弁明の手紙を送ったのである。幕府は天皇のいつわりの言葉を信じたわけではない。送られてきた手紙を読み上げていた者が、途中で、めまいに見舞われ鼻血を流し、退出するというハプニングが起こったのである。そして、喉の下に悪性のできものが生じ、その者は七日も経たないうちに血を吐いて死んでしまった。そもそも、天皇は君主、幕府は臣下。君主が臣下に弁明などする必要があるだろうか。「君臣上下礼違《たが》ふ時は、さすがに仏神の罰もありけりと、これを聞きける人ごとにおぢ恐れぬはなかりけり」（『太平記』）。天皇を罪に問うことに幕府も二の足を踏んだのである。

本文

1 謀反人の与党、土岐左近蔵人頼員は、六波羅の奉行斎藤太郎左衛門尉利行が娘と嫁して、最愛したり《存続》ける《過去》が、2 世の中（ガ）すでに乱れて合戦（ガ）出で来たりな《完了》ば、

ともあれ、あまりにもあっけない事件であった。蟻の穴から堤も崩れる。

この「ことば」に注目！

◆「浄土に生れば、同じ蓮の台に半座を分けて待つべし」「一蓮托生《いちれんたくしょう》」という言葉がある。今は「運命をともにすること」の意味だが、もともとは仏教の言葉。「一つの蓮《はちす》に生を托《たく》す」。「蓮」は蓮華の花のこと。極楽往生すると、その花の上（「蓮の台」）に身を託す。極楽に「死」はないから、永遠に。生別、死別、この世に別れはつきもの。相思相愛の男女もこの世ではいずれ別れなければならない。愛しているぶんだけ別れはつらい。しかし、ともに極楽に行って「同じ蓮の台」で暮らすようになると、もう別れはない。「一蓮托生」とはもともとはそういう意味の言葉。もっとも一緒に極楽往生することが必要である。そのためには一心に仏道修行に励まなければならない。

本文解釈

1（鎌倉幕府を倒そうとしている）謀反人の仲間、土岐左近蔵人頼員は、六波羅の奉行斎藤太郎左衛門尉利行の娘と結婚して、深く愛していたが、2 世の中がすっかり乱れて合戦が起こったならば、千に一つも討ち死にをしないということはないだろうと思っ

千に一つも討死せず《打消》といふ事（ハ）あるまじ《打消推量》と思ひける《過去》間、かねて名残や《疑問(係)》惜しかりけん《過去推量(結)》、ある夜の寝覚の物語に、「3あひ馴れ奉り《謙譲》てすでに三年に余れり《存続》。4なほざりならぬ《打消》志の程をば、思ひ知り給ふ《尊敬》らん《現在推量》。5さても定めなき（コト）は人間の習ひ、あひ逢ふ中の契りなれ《断定》ば、今もし我が身（ガ）はかなくなりぬ《完了》と聞き給ふ《尊敬》事（ガ）あらば、（私ノ）無からん《婉曲》跡までも貞女の心を失はで《打消》、わが後世をとひ給へ《尊敬》。6人間に帰らば、再び夫婦の契りを結び、浄土に生れば、同じ蓮の台に半座を分けて待つべし《意志》」と、7その事となくかきくどき、涙を流してぞ《強調(係)》申し《謙譲》ける《過去(結)》。8女（ハ）つくづくと聞きて、「あやしや《詠嘆》。何事の《主格》侍る《丁寧》ぞ《強調(文末)》や《疑問(文末)》。9明日までの契りの程も知らぬ《打消》世に、後世までのあらましは、（私ヲ）忘れん《意志》とての情けにて《断定》こそ《強調(係)》侍ら《丁寧》め《推量(結)》。10さらで《打消》はかかるべし《推量》とも覚えず《打消》」と、泣き恨みて問ひけれ《過去》ば、11男は心浅う《く》して、「さればよ。12われ（ハ）不慮の勅命を蒙つ《り》て、君に頼まれ《受身》奉れ《謙譲》る《存続》間、辞するに道（ガ）なくして、御謀反に与しぬる《完了》間、千に一つも命の《主格》生

たので、早くも名残が惜しかったのだろうか、ある夜の（夫婦の）寝覚めの語らいに、「3（あなたと）夫婦になり申し上げてもう三年を過ぎている。4（私のあなたに対する）いいかげんではない愛情の程度を、十分知っていらっしゃるだろう。5それにしても無常であることはこの世の常で、会う者は必ず別れるという定めであるので、今もし私が死んでしまったとお聞きになることがあったら、（私の）死んだ後までも貞女の心を失わないで、私の来世の冥福を弔ってください。6この世にまた生まれたならば、もう一度（あなたと）夫婦の約束を結び、浄土に生まれたならば、同じ蓮の花の上に座の半分を空けて待っていよう」と、7それとなくくどくどと言い、涙を流して申し上げた。8女はじっと聞いて、「おかしいわ。何事があるのですか。9明日までの（夫婦の）約束の具合もわからないこの世の中で、来世までの予定（を言い出すの）は、（私を）忘れようとしてのあわれみでございましょう。10そうでなければこのよう（におっしゃる）だろうとも思われない」と、泣きながら恨んで尋ねたので、11男（＝頼員）は思慮が浅くて、「やはり思ったとおりだ。12私は思いがけない勅命を受けて、帝に（お味方することを）頼りにされ申し上げているので、辞退するにも方法がなくて、（幕府を倒そうとする）御謀反に味方したので、千に一つもこの命が生きながらえるようなことは難しい。13つまらなく思っていますうちに、近づいている（あなたとの）別れの悲しさのために、前もって（あなたに）このように申し上げるのだ。14このことは決して人にお知らせになってはならない」と、堅く口止めをした。

きんずる《婉曲》事（ハ）かたし。13あぢきなく存ずる《丁寧》程に、近づく（アナタトノ）別れの悲しさに、かねて（アナタニ）かやうに申す《謙譲》なり《断定》。14この事（ハ）あなかしこ人に知ら《知らせ》させ《尊敬》給ふ《尊敬》な《禁止》」と、よくよく口を固めける《過去》。

15かの女性（ハ）心の《主格》賢き者なり《断定》けれ《過去》ば、つくづくとこの事を思ふに、君の御謀反（ガ）事なら ず《打消》ば、（私ガ）頼みたる《存続》男（ハ）たちまちに誅せらる《受身》べし《推量》。16またもし武家（ガ）滅びな《完了》ば、わが親類（ハ）誰かは《反語（係）》一人も残るべき《推量（結）》。17さらばこれを父利行に語つ《り》て、左近蔵人を回忠の者になし、これをも助け、親類をも助けばや《願望》と思ひて、急ぎ父がもとに行きて、忍びやかにこの事を、ありのままにぞ《強調（係）》語りける《過去（結）》。

18斎藤（ハ）大いに驚き、やがて左近蔵人を呼び寄せ、「かかる不思議を承る《謙譲》。真に《断定》て候ふ《丁寧》やらん《にやあらむ》。19今の世に、かやうの事（ヲ）思ひ企て給は《尊敬》ん《婉曲》（コト）は、ひとへに石を抱い《き》て淵に入る者に《断定》て候ふ《丁寧》べし《推量》。20もし他人の口より漏れな《完了》ば、我らに至るまで、皆（ガ）誅せらる《受身》べき《推量》に《断定》て候《丁寧》へば、利行（ガ）、急ぎ御辺の《主格》告げ

15この女は心がしっかりすぐれた者であったので、よくよくこのことを考えると、帝の御謀反が成功しないならば、（私が）頼りにしている夫はまたたく間に殺されるにちがいない。16またもし幕府が滅んでしまったならば、私の親族は誰が一人でも生き残るだろうか（生き残れまい）。17それならばこのことを父利行に話して、左近蔵人（＝頼員）を返り忠義の密告者にし、この夫をも助け、親族をも助けたいと思って、急いで父のもとに行って、こっそりとこのことを、ありのままに話した。

18（父の）斎藤はたいへん驚いて、すぐに左近蔵人を呼び寄せて、「このようなとんでもないことをうかがっている。本当のことでしょうか。19今の世の中において、このようなことをひそかに計画なさるようなことは、ただもう石を抱いて深い淵に飛び込むような（無意味に危険に身をさらす）者でございましょう。20もし他人の口から（このことが）漏れたならば、我々に至るまで、皆が殺されるにちがいないのですから、私利行が、急いであなたが（謀反の計画を）知らせてきたということを、六波羅探題に申し上げて、ともにその罪をのがれようと思うがそれは、どうお考えになるか」と尋ねたところ、21（頼員は）これほどの一大事を女に知らせる程度の（愚かな）心であって、どうして驚かないでいられようか（いや、いられない）。22「ただもうどのようにでもわが身の（犯した）罪から助かるようにお取りはからいください」と申し上げた。

知ら せ《使役》 たる《完了》 由を、六波羅殿に申《謙譲》して、ともにその咎を遁れ ん《意志》 と思ふ（ガソレ）は、いかが計らひ給ふ《尊敬》 ぞ《強調（文末）》」と問ひ けれ《過去》 ば、21（頼員ハ）これ程の一大事を女性に知ら する《使役》 程の心 に《断定》 て、なじかは仰天せ ざる《打消》 べき《推量》。22「ただともかくも身の咎を助かる やうに《意図》 御計らひ候《丁寧》へ」と ぞ《強調（係）》 申《謙譲》し ける《過去（結）》。

設問解説

問一 やや易 (イ)の「なほざりなら」は、ナリ活用形容動詞「なほざりなり（等閑なり）」の未然形で、〈いいかげんだ〉の意。現代語の「なおざりだ」と同じなので難しくないはず。「ぬ」は、打消の助動詞「ず」の連体形。他に「一通りではない、かりそめではない、おろそかではない」などと解答してもよい。

(ロ)の「あぢきなく」は、ク活用形容詞「あぢきなし」の連用形で、〈❶どうしようもない、❷つまらない、面白くない、にがにがしい、❸かいがない、無益だ〉などの意の重要単語。不本意に謀反に加担して死なねばならないことについて不満を吐露《とろ》するところなので、ここは❷がよい。他に「やるせなく、面白くなく、情けなく」などと解答してもよい。

(ハ)の「あなかしこ」は、感動詞「あな」にク活用形容詞「かしこし（畏し）」の語幹がついたもので、〈❶ああ恐れ多い、❷（禁止と呼応）決して〉などの意の重要語句。ここは文末に禁止の終助詞「な」があるので❷。他に「絶対に、くれぐれも」などと解答してもよい。

(ニ)の「頼み」は、マ行四段活用動詞「頼《たの》む」の連用形で、〈頼りにする、あてにする、期待する〉などの意の重要単語。「たる」は、存続の助動詞「たり」の連体形。

問二 易 (a)の「後世《ごせ》」は重要単語で、〈❶来世、あの世、❷来世の冥福〉の意の名詞。現代語で〈後の時代〉の意で用いる「後世《こうせい》」という語は、古文ではふつうは用いられない。

(b)は「与《くみ》し」で、〈味方する〉の意のサ行変格活用動詞「与す」の連用形。現代語にも同じ意味の「与《くみ》する」という語がある。

問三 標準　頼員が妻に「人間に帰らば……浄土に生れば……」[6]と言って来世でも一緒になることを約束すると、妻は「あやしや。何事の侍るぞや」(＝おかしいわ。何事があるのですか)と不審をいだいて、「後世までのあらましは、忘れんとての情けにてこそ侍らめ」(＝来世までの予定を言い出すのは、忘れようとしてのあわれみでございましょう)と言う(「あらまし」は[9]問四Eに既出)。ここが大切。いったい何を忘れるというのか。その際、頼員が「あひ逢ふ中の契りなれば」(＝会う者は必ず別れるという定めであるので)と言って別れをほのめかしていたことに注意。もちろん、頼員は自分が謀反に加担して死ぬことを想定して話しているのだから、ここで頼員がほのめかしたのは死別である。しかし、謀反のことなどまるで知らない妻としては、頼員が近々本当に死ぬかもしれないなどということは思いも寄らないので、頼員がほのめかした別れについて、夫婦の訣別の話としてしか受け止めようがないのだ。だから、妻の言う「忘れん」は〈私を忘れよう〉の意である。

問四 やや易　「ずば」は、打消の助動詞「ず」の連用形に係助詞「は」が付いたもので、〈～ないならば〉の意。「ずは」ともいう。必ず覚えておくこと。少し迷うのが「なら」だろう。直前が体言なので、断定の助動詞「なり」の未然形のようにも見える。しかし、断定の助動詞だとすると、傍線部(2)は〈帝の御謀反が事ではないならば〉の意となって理解に苦しむ。そこで、断定の助動詞ではないのだとすれば、あとはラ行四段活用動詞「なる(成る)」の未然形としか考えようがない。この動詞を用いて「事(が)なる」といえば、現代語でもそうだが、〈事が成就する、成功する〉の意を表し、すると傍線部(2)は〈帝の御謀反が成功しないならば〉の意となる。これと同じ内容の選択肢は5。

問五 やや難　空欄は、斎藤利行が「今の世に、かやうの事思ひ企て給はん」(＝今の世の中において、このようなことをひそかに計画なさる)ことについて述べる部分。「かやうの事」とは、注1に説明されている鎌倉幕府打倒の謀反を指す。空欄の後に「我らに至るまで、皆誅せらるべきにて候へば」(＝我々に至るまで、皆が殺されるにちがいないのですから)と言っているところを見ると、利行は、この謀反はあまりに無謀だと考えているらしい。すると、空欄に入るのは、無謀な謀反を計画する者をたとえるのにふさわしいことわざである。選択肢の

1は、本当は「虎の威を借る狐」といって、他人の権威を笠に着て威張る小人物のこと。2は、貧乏になると生活苦のために愚鈍になるということ。3は、非常に理解が早いこと。4は、自分の欠点や過失を顧みず他人のせいにして逆恨みすること。5は、むやみに危険をおかしたり意味なく命を捨てたりすること。すべて、知らなくてもおおよその意味を推測することができそうなものばかりなので、ことわざの知識が必須というわけではない。

問六 **易** 二重傍線部の「る」の直前は、ラ行四段活用動詞「奉《たてまつ》る」の已然形（または命令形）。四段活用動詞の已然形（または命令形）に接続する「る」は、完了・存続の助動詞「り」の連体形で、「ら／り／り／る／れ／れ」と活用する。この助動詞は四段活用動詞の已然形（または命令形）とサ行変格活用動詞の未然形にしか接続せず、これらの活用語尾はいずれもエ段なので、「ら／り／り／る／れ／れ」の直前がエ段であることに注目すれば、この助動詞をほぼ見分けることができる。ただし、紛らわしい場合もあるから確認を怠ってはならない。選択肢の中で「ら／り／り／る／れ／れ」の直前がエ段のものを確認すると、1の「余れり」は、ラ行四段活用動詞「余《あま》る」の已然形（または命令形）に助動詞「り」がついたものだが、4の「誅せらる」は、サ行変格活用動詞「誅《ちゅう》す」の未然形に受身の助動詞「らる」の終止形がついたものである。

問七 **標準** 傍線部(3)の「利行」は、利行自身の一人称（4問三参照）。「御辺」は〈あなた〉の意で、頼員を指す。「由」は12問一に既出の重要単語で、〈旨、こと〉の意。よって、傍線部(3)は〈私利行が、急いであなたが知らせてきたということを、六波羅探題に申し上げて〉の意であり、利行が六波羅探題に言うつもりなのは、「頼員が知らせてきたということ」である。では、頼員が何を知らせてきたと言うつもりなのか。第一段落で頼員が後醍醐天皇の倒幕計画に加担しているということを寝物語に妻に漏らすと、第二段落で妻は思案の末に、父の利行のもとに行ってこれを相談する。特に、妻が頼員を「回忠」の者にして助けようとしたということが重要だ。「回忠」は、注4に説明されるとおり、謀反の計画を敵方に密告すること。つまり、妻は、頼員を幕府への密告者にすることで罪をのがれさせようと考えたのだ。利行も同じ立場だったことは、傍線部(3)の後に「ともにその咎を遁れん」とあることからわかる。ここに「ともに」とあるのは、頼員が処罰されれば、親類の利行たちも連座して処罰されることになるからである。利行にとっても、頼員が罪を問われるような事態はぜひ避けなければならないのだ。このように押さえてくると、利行は、頼員の妻（利行の娘）の意向を受け入れて、頼員が天皇の倒幕計画を密告してきた（だから頼員は幕府の仲間なのだ！）ということを、六波羅探題に報告しようとしているのだとわかる。解答の作成にあたっては、「二十字以内で」という字数制限がかなり厳しいので、無駄のない表現を工夫する必要がある。

問八

やや易　傍線部(4)に「これ程の一大事を女性に知らする」というのは、もちろん頼員が妻に天皇の倒幕計画について話したことを指す。第一段落である。11に「男は心浅うして」（＝男は思慮が浅くて）とあることに注目すればよい。俗に「敵を欺くにはまず味方から」というではないか。たとえ相手が心を許した妻であっても、当事者ではない妻の無防備な言動から、計画が敵に露見しないとも限らない。たしかに頼員は「この事あなかしこ人に知らさせ給ふな」（＝このことは決して人にお知らせになってはならない）と口止めはしているけれど、止めたからといって必ず止まるものでもないのだ。そこに思いが及ばないということは、要するに頼員は愚かなのだ。

14 宇治拾遺物語

評価

50〜45点→ 合格圏

44〜32点→ まあまあ

31〜0点→ がんばれ

解答

（50点満点）

問一 (b) （6点）　問二 金 （6点）

問三 (a) けう (b) エ （各4点）

問四 オ （6点）　問五 ア （6点）

問六 ウ （6点）　問七 イ （6点）

問八 ア （6点）

出典

作品名 『宇治拾遺《うじしゅうい》物語』　作者 未詳

ジャンル 説話　時代 鎌倉時代初期

本文解説

雨宿りのために一休み。粗末で小さな家の中にある、平らでほどよい高さの石に腰かけたとき、男は、夕立を恨めしく思いながらも少しほっとしたにちがいない。これまで、馬の背に揺られてきたのだから。ところが、この石、ただの石ではなかった。雨があがるのを待つだけの中途半端な時間。手持ち無沙汰に小石でこの石をたたくと、きずついた所から金《きん》らしいものが現れたのだ。このとき男のとった行動が面白い。気づかれないように、そこに土を塗って隠してしまったのだ。男はこの家の女に石の由来をたずねる。女が言う。もとは長者の邸があって、その倉の跡地だと。なるほど、見ると、倉の土台だったと思われる大きな石がいくつかある。金のかたまりと確信した男はこの石を譲ってくれと申し出る。もとより女に異存はない。家の中にあって、どかそうと思っても、女の力ではどうしようもなく、じゃまに思いながらも放っておいた石だからだ。このとき男のとった行動はすばやい。さっそく近くの知り合いの下《げ》人《にん》から荷車を借りて石を運び出す。男は、この石を女からただでだまし取ろうとしたならば、容易にできたはずである。女はこの石が金のかたまりだとは知らないのだから。むしろ女にとっては願ってもない申し出である。ところが、男は、この石を譲り受けるかわりに着ていた綿衣を脱いで女に与える。売買、商行為の成立である。

　この話は「上緒の主、金を得る事」の前半部分。ついでに後半の話も紹介しよう。男はこの金のかたまりを元手に金持ちになる。あるとき男はただ同然で（しかしここでも男はちゃんとお金《かね》は払っている）湿地を手に入れる。売り主も購入の真意を図りかねるようななんの役にも立たない土地である。ところが、男にはある目算《もくさん》があった。このあとの男の行動はすばやくてたくましい。さっそく舟五六艘を連ね（おそらくレンタルしたのだろう）、川をくだって、摂津の国（現大阪府）の難波の地に行く。目的は葦を刈ること。男は、道行く人を呼び集め、酒食《しゅしょく》を振る舞う。その代わり少しでいいから葦を刈ってほしいと。三四日のうちに葦の山ができあがる。五六艘ではまにあわない。舟を足し、帰りは十艘で川をのぼる。いったい男はこの大量の葦をどうしたのか？　手に入れた湿地に敷いたのである。そして盛り土。男は宅地を造成したのだった。

男は、「兵衛佐」、つまり役人である。が、その商才たるや、並々ではない。しかも男は人をだまして富を築いたのではない。対価を払って、富を築いたのである。商才ばかりか、この男には商道徳もあったのです。

この「ことば」に注目！

◆「いみじき宝の御衣の綿のいみじき、賜はらんものとは、あな恐ろし」㉑

「不用の石のかはりに」女が男から衣をもらったときの驚きの言葉である。喜ぶ前に女はまず驚いている。「綿衣を脱ぎて」⑰とあるから、衣は男が着ていたもの。いわば「お古《ふる》」である。それなのにこの女の驚きよう。たしかに女は「あやしの小家」③に住んでいるのだから貧乏である。それにしても、いくら不用の石の代わりだからといって、古着をもらっただけでこうも驚くのは少しおおげさ。と思ったならば、それは当時衣服がどれほど高価なものであったか知らないからである。古文はイギリスの産業革命とは無縁の世界。ものは一つ一つ手作りされる。衣服も、布地の入手・デザイン・染色・縫製と手間ひまかけて、やっと一着できあがる。高価であってあたりまえ。並みの人間が服をあつらえることなど夢のまた夢。古着もりっぱに価値があるのだ。しかも女がもらった服は綿入り。綿も高価。女は、この服を、たとえば市などに持って行って、さしあたり必要なものと交換し、生活の足しにしたはずである。「衣服は高価なプレゼント」と押さえておこう。

本文

[1]今は昔、兵衛佐なる《断定》人（ガ）ありけり《過去》。[2]冠の上緒の《主格》長かりけれ《過去》ば、世の人（ハ）、「上緒の主」となん《強調(係)》つけたり《存続》ける《過去(結)》。[3]西の八条と京極との畠の中に、あやしの小家（ガ）一つあり。[4]その前を行くほどに、夕立の《主格》しけれ《過去》ば、この家に、馬よりおりて入りぬ《完了》。[5]見れば、女（ガ）一人あり。[6]（上緒の主ハ）馬を引き入れて、夕立を過ぐすとて、平なる小唐櫃のやうなる《比況》石の《主格》ある（ノ）に、尻をうちかけてゐたり《存続》。[7]小石をもちて、この石を手まさぐりにたたきゐたれ《存続》ば、打たれてくぼみたる《存続》所をみれば、金色になりぬ《完了》。[8]希有のことかな《詠嘆》と思ひて、はげたる《存続》所に土を塗り隠して、女に問ふやう、「この石はなぞの石ぞ《強調(文末)》」。[9]女の《主格》言ふやう、「何の石に《断定》か《疑問(係)》侍ら《丁寧》ん《推量(結)》。昔よりかくて侍る《丁寧》なり《断定》。昔、（ココニハ）長者の家なん《強調(係)》侍り《丁寧》ける《過去(結)》。この屋は、倉どもの跡に《断定》て候ふ《丁寧》なり《断定》」と。[10]まことに見れば、大きなる礎の石ども（ガ）あり。[11]さて、（女ハ）「その尻（ヲ）かけさせ《尊敬》給へ《尊敬》る《存続》石は、その倉の跡を畠に

本文解釈

[1]今は昔、兵衛佐である人がいた。[2]冠の上緒が長かったので、世間の人は、「上緒の主」と（あだ名を）つけていた。[3]西の京の八条大路と京極大路との（交差する）畑の中に、粗末な小さな家が一件ある。[4]その前を通っているときに、夕立が降ってきたので、この家に、馬から降りて入った。[5]見ると、女が一人いる。[6]（上緒の主は）馬を引き入れて、夕立をやり過ごそうとして、平らな小さい唐櫃のような石があるのに、腰をかけて座っていた。[7]小石を持って、この石を手遊びでたたき続けていたところ、打たれてくぼんでいるところを見ると、（その部分が）金色になった。[8]めったにないことだなあと思って、はげているところに土を塗って隠して、女に尋ねることには、「この石は何の石だ」。[9]女が言うことには、「どういう石でございましょうか。昔からこうしてあるのです。昔、（ここには）金持ちの家がございました。この家は、いくつもある倉の跡でございます」と。[10]本当に見ると、大きな土台の石がいくつもある。[11]そして、（女は）「その（あなた様が）腰をかけていらっしゃる石は、その倉の跡を畑にしようとして、畝を掘るうちに、土の下から掘り出されたのです。[12]それが、このように家の中にありますので、どけようと思いますが、女は力が弱い。[13]どけることのできる方法もないので、こうして置いているのです」と言ったので、[14]（上緒の主は）「私が、この石をもらってしまおう、（そうしないと）後で目はしの利く者が見つけるといけない」と思って、[15]女に言うことには、「この石を

作るとて、畝（ヲ）掘るあひだに、土の下より掘り出だされ《受身》て侍る《丁寧》なり《断定》。12それが、かく屋の内に侍《丁寧》れば、かき退けん《意志》と思ひ侍《丁寧》れど、女は力弱し。13かき退くべき《可能》やうもなければ、憎む憎む、かくて置きて侍《丁寧》るなり《断定》」と言ひけれ《過去》ば、14（上緒の主ハ）われ（ガ）、この石（ヲ）取りて《強意》ん《意志》、のちに目癖（ノ）ある者もぞ《懸念（係）》見《（結）》つくると思ひて、15女に言ふやう、「この石（ヲ）われ（ガ）取りて《強意》ん《意志》よ」と言ひけれ《過去》ば、（女ハ）「よきことに《断定》侍《丁寧》り」と言ひけれ《過去》ば、16（上緒の主ハ）その辺に知りたる《存続》下人のむな車を借りにやりて、（石ヲ）積みて出でん《意志》とするほどに、17綿衣を脱ぎて、ただに（石ヲ）取らん《婉曲》（コト）が罪得がましければ、この女に取らせつ《完了》。18（女ハ）心も得で《打消》、騒ぎ惑ふ。19（上緒ノ主ガ）「この石は、女どもこそ《強調（係）》よしなし物と思ひたれ《存続》ども、わが家に持て行きて使ふべき《可能》やうの《主格》あるなり《断定》。20されば、ただに取らん《婉曲》（コト）が罪得がましければ、かく衣を取らするなり《断定》」と言へば、21（女ハ）「思ひかけぬ《打消》ことなり《断定》。不用の石のかはりに、いみじき宝の御衣の《同格》

私がもらってしまおうよ」と言ったところ、（女は）「結構なことでございます」と言ったので、16（上緒の主は）その辺りで見知っている身分の低い者の荷車を借りに行かせて、（石を）積んで出ようとするときに、17綿衣を脱いで、ただで（石を）もらうようなことが罪を得るように（後ろめたく）思われるので、この女に与えた。18（女は）わけもわからず、騒いで取り乱す。19（上緒の主が）「この石は、そなたたちはつまらない物と思っているけれども、私の家に持って行って使うことのできそうな方法があるのだ。20だから、ただでもらうようなことは罪を得るように（すまないと）思われるので、このように着物を与えるのだ」と言うと、21（女は）「思いもかけないことだ。役に立たない石の代わりに、たいへん貴重なお召し物で綿がたいへん立派なものを、いただくようなこととは、まあこわい（ほどだ）」と言って、棹があるのでそれに（衣を）かけて拝む。

綿の《主格》いみじき（モノヲ）、賜《謙譲》はらん《婉曲》ものとは、あな恐ろし」と言ひて、棹の《主格》あるに（衣ヲ）かけて拝む。

設問解説

問一 易 (a)の後に「尻をうちかけて」とあるので、(a)は上緒の主が腰掛けている石であり、(c)はこれと同じ石である。この石を小石でたたいたら中に金色が見えたので、上緒の主はこれをもらってしまおうと考える。だから、直後に「われ取りてんよ」とある(d)も同じ石。ところが、女はこの石を「かき退けん」⑫と思いながら「憎む憎む」⑬そのままにしていた。女にとっては「不用の石」であり、(e)も同じ石である。そもそも(b)だけは、複数を表す接尾語「ども」がついていて、明らかに他と異質である。

問二 易 「打たれてくぼみたる所をみれば、金色になりぬ」⑦とあるのだから、この石の正体は金塊である。漢字一字で答えるなら「金」。女の説明によると「土の下より掘り出だされて侍るなり」⑪ということなので、長らく土の中にあったことで表面に土か何かが固着して、見かけはまるっきりただの石みたいだったのだ。昔この場所にあったという長者の倉の収蔵品だったのだろう。

問三 易 現代語と同じ語。「稀有」とも書く。石をたたいたら中から金が出てきたというのだから、それはめったにないことにちがいなく、文脈上も現代語と同じ意味の語であることが確認できる。

問四 やや易 後の傍線部(3)に「われ、この石取りてん」（＝私が、この石をもらってしまおう）とある。上緒の主は、石の正体が金塊であることを知ってこれを自分のものにしてしまおうと思うのだ。しかし、もし女が石の正体に気づいてしまえば、そうはいかない。だから、金色が露出したところを塗り隠して、女に石の正体が気づかれないようにしようとしているのである。

問五 やや易 「て」は強意の助動詞「つ」の未然形。「ん」は意志の助動詞「ん（む）」の終止形。だから、「われ、この石取りてん」は〈私が、この石をもらってしまおう〉の意であり、これだけで正解は決まる。イ〜オはいずれも「てん」を正しく解していない。ただし、傍線部後半の「もぞ」が少し気になるかもしれない。これは〈〜と困る、〜

といけない〉という懸念を表す形。したがって、傍線部後半を直訳すると〈後で目はしの利く者が見つけるといけない〉となる。この点で、たしかに正解のアも必ずしもわかりやすい訳であるとはいえない。しかし、この石の正体に他人が気づいてしまうことを懸念しているということは、アの表現からも十分にわかるので、特にアが「もぞ」を誤解したり無視したりしているということではない。正解の選択肢がいつもこちらの想定どおりの言葉づかいをしてくれているとは限らないので注意したい。

問六 やや易　「よしなし物」は、ク活用形容詞「よしなし」に名詞「物」がついてできた名詞で、〈つまらないもの〉の意。その「よしなし」は、名詞「よし」にク活用形容詞「なし（無し）」がついてできた語で、〈❶理由がない、❷方法がない、❸つまらない、❹関係がない、❺かいがない〉などの意の重要単語。そして、その「よし」は12問一に既出の「よし（由）」である。これらの関連する単語は意味にもつながりがあるので、まとめて学習しておくとよい。

問七 易　「［A］を取らするなり」とあるので、空欄に入るのは「取らする」（＝与える）物である。そして、少し前に「綿衣を脱ぎて……この女に取らせつ」⑰とあるのだから、男が女に「綿衣」を与えるのであることは明らかだ。「綿衣《わたぎぬ》」は綿の入った衣のことなので、男が与えたのは「綿」ではなく「衣」である。

問八 標準　上緒の主が与えた「綿衣」を、女は「いみじき宝の御衣の綿のいみじき」（＝たいへん貴重なお召し物で綿がたいへん立派なもの）と言っている。女の家は「あやしの小家」（＝粗末な小さな家）③である。非常に貧しいので、綿の入った上等な着物は、本来なら手にすることなど考えられない「いみじき宝」であり、だからこそ傍線部⑤にあるように「棹のあるにかけて拝む」のだ。女の家に衣桁《いこう》（＝衣服を掛けておくための家具）でもあればそれに掛けただろうが、この貧しい家にそんな気の利いた物はないので、「棹《さお》」をその代わりにした。女にとっては精一杯の丁重な扱いなのだ。だから、女は上緒の主のすばらしさを「拝む」のではない。「綿衣」を貴《とうと》んで拝んでいるのだ。選択肢のイ〜オはいずれもその点でズレている。上緒の主の申し出により、思いがけず貴重な物を手に入れて、女は驚きと喜びで感激していると見るべきなのだ。ただし、その際、女が「あな恐ろし」と言っていることがわかりにくかったかもしれないが、これもさほど難しく考えることはない。あまりの幸運にかえって空恐ろしさを感じる、不気味に思うほどの幸運だ、ということであって、女が感激していることに変わりはない。

15 うたたね

評価

50〜39点→ 合格圏

38〜20点→ まあまあ

19〜0点→ がんばれ

解答

（50点満点）

問一　1　心を落ち着かせようと思う人はぜひ見た方がよい様子だ　（8点）

＊「心澄まさむ人」の訳…4点　「見ぬべきさまなる」…4点

2　どういうわけで決心したのだろうか　（6点）

＊「何とて」の訳…3点　「思ひ立ちけむ」…3点

問二　③　（6点）　　問三　④　（6点）

問四　③　（6点）　　問五　②　（6点）

問六　④　（6点）　　問七　④　（6点）

出典

作品名　『うたたね』　　作者　阿仏尼《あぶつに》

ジャンル　日記　　時代　鎌倉時代前期

本文解説

『うたたね』は、『十六夜《いざよい》日記』の作者として知られる阿仏尼の自叙伝。若い日の出来事がつづられている。まだ娘といってもいい年ごろの阿仏尼は恋に陥る。相手は、身分もあり、妻もいる男性。梅の枝に花がほころび始めるころのことである。最初は順調。あとで懲りるほどの嘆きをするとは思ってもいない。しかし、秋になると男の訪れも途絶えがちになる。まれに逢う約束のある日は、夜が更けていくのを告げる鐘の音に待つ女の苦しみを味わう。そして破局。冬草がすっかり枯れるころに二人の仲も「離《か》れ」はててしまった。阿仏尼は出家を決意する。年が明けて、うららかな春の日、夜になるのを待って阿仏尼はみずから髪にハサミを入れる。そして北山の住まいをひそかに出奔《しゅっぽん》。目指すは西山にある尼寺。折しも雨が降り出す。やっとたどり着いた尼寺で阿仏尼は出家する。ところが、まもなく病に倒れる。転地療養。寺を出て愛宕《おたぎ》へ。ようやく病気も回復し、阿仏尼は北山の住まいに帰ることにする。

本文には、まだ心の傷の癒《い》えていない阿仏尼が、遠江《とおとうみ》に住む養父の勧めで住み慣れた都を離れ、遠江に向かう場面が記されている。

さて、遠江に着いたものの、阿仏尼の心はいっこうに慰むことがない。養父の家は海の近く。前は河口、後ろは松原。潮騒の音。潮がさすと逆流する川波。遠く富士山・甲斐の白根（南アルプス）も望むことができる。しかし、阿仏尼の心には日に日に都への郷愁が募っていく。そんなある日、阿仏尼のもとに乳母《めのと》が病に倒れたという報《しら》せが届く。渡りに舟。阿仏尼はそれを口実に帰京しようと心に決める。うれしいのだけれど、いざ帰るとなると遠江も名残惜しい。どっち？そんな自分の心のありようを阿仏尼は「うちつけにものむつかしき心のくせ」（いきなり扱いが面倒になる性癖）と述べている。

本文

[1]嘆きながらはかなく（時ガ）過ぎて、秋にもなり ぬ〔完了〕。[2]長き思ひの夜もすがら、止むともなき砧の音、寝屋近ききりぎりすの声の乱れも、一方なら ぬ〔打消〕 寝覚の催し なれ〔断定〕 ば、[3]壁に背け る〔存続〕 灯火の影ばかりを友として、（夜ガ）明くる（ノ）を待つ（ノ）もしづ心なく、[4]尽きせ ぬ〔打消〕 涙の雫は、窓（ヲ）打つ雨よりも なり〔断定〕。[5]いと せめて わび 果つる慰みに、 誘ふ水 だに〔限定〕 あらば

この「ことば」に注目！

◆「長き思ひの夜もすがら、止むともなき砧《きぬた》の音」 これは阿仏尼の生《なま》の言葉ではない。「八月九月正長夜、千声万声無了時」（『白氏文集』巻十九「聞夜砧」）という詩句をふまえた言葉。「寝屋近ききりぎりすの声」「壁に背ける灯火の影」「窓打つ雨」（[2]）もそう。漢詩や和歌に言葉の典拠がある。こうした表現をすることで、文章に詩的（知的？）香気が漂うのだ。香気だからあまり理詰めに読んではいけない。考えてほしいときは注がつけられる。注がないなら情趣を感じれば、それでいい。この手の表現を好むのはなにも阿仏尼にかぎったことではない。昔の人の好みです。

本文解釈

[1]嘆きながらあっけなく（時が）過ぎて、秋にもなった。[2]長いもの思いの（秋の）夜をずっと通して、止むともない砧の音や、寝屋近い（ところで鳴く）こおろぎの声が乱れ聞こえるのも、一通りでない寝覚めの誘いであるので、[3]壁に背を向けている（私を照らす）灯火の（光が壁に映し出す自分の）影だけを友として、（ひとり）夜が明けるのを待つのも落ち着いた気持ちはなく、[4]尽きることのない涙のしずくは、窓を打つ雨よりも（激しく流れ落ちるの）である。[5]とてもひどくすっかりつらく思っている（気持ちの）慰めに、誘っ

と、朝夕の言草になりぬる《完了》を、⑥その頃、後の親とかの頼むべき《当然》理も浅からぬ《打消》人（ガ）しも《強調》、遠江とか《疑問(係)》や《詠嘆》、聞く（ノ）も遥けき道を分けて、都の物詣で（ヲ）せむ《意志》とて上り来たる《存続》に、何となく細やかなる物語など（ヲ）するついでに、⑦（養父ハ）「かくてつくづくとおはせ《尊敬》む《婉曲》（コト）よりは、田舎の住まひも見つつ慰み給《尊敬》へかし《念押し》。かしこも物騒がしくもあらず《打消》。心（ヲ）澄まさむ《意志》人は見ぬ《強意》べき《適当》さまなる《断定》」など、なほざりなく誘へど、⑧さすがひたみちにふり離れなな《強意》む《婉曲》都の名残も、いづくを偲ぶ心に《断定》か《疑問(係)》、心細く思ひわづらはるれ《自発》ど、憂き（思イ）を忘るるたよりもや《疑問(係)》と、あやなく（旅立チヲ）思ひ立ちぬ《完了》。

⑨下るべき《当然》日にもなりぬ《完了》。⑩夜深く都を出でな《強意》む《意志》とするに、頃は神無月の廿日余りなれ《断定》ば、有明の光もいと心細く、風の音もすさまじく、身に滲み通る心地（ガ）するに、⑪人は皆起き騒げど、人知れず《打消》（私ノ）心ばかりには、さてもいかにさすらふ身の行方に《断定》か《疑問(係)》とただ今になりては心細きことのみ（ガ）多かれど、さり

てくれる人だけでもいたらと、朝夕の口ぐせになってしまったが、⑥その頃、養父とかの頼みに思うべき道理も浅くない人が、遠江とかいう、（その名を）聞くのも遠い道をかき分けて、都の寺社参詣をしようとして上京して来ていたが、あれやこれやこまごました話などをする機会に、⑦（養父は）「こうして（ひとり）しんみりといらっしゃるようなことよりは、田舎の住まいでも見ながら心を晴らしなさいよ。あちらも騒がしいこともない。心を落ち着かせようと思う人はぜひ見たほうがよい様子だ」などと、いい加減でなく誘うが、⑧そうはいうもののすっかり振り切って離れてしまうような都への心残りも、どこを恋しく思う心であろうか、心細く自然とあれこれ思い悩んでしまうけれども、つらい思いを忘れるよすがもあろうかと、特に理由もなく（旅立ちを）決心した。⑨（京から遠江へ）下るべき日にもなった。⑩深夜に都を出ようとすると、時節は旧暦十月の二十日過ぎであるので、有明月の光もとても心細く、風の音もさむざむとして、身にこたえる感じがするので、⑪人はみな起きて騒いでいるけれど、人知れず（私の）心だけには、それにしてもどのようにさすらっていく我が身の行方であろうかと今になって心細いことばかりが多くあるけれど、だからといって（都に）とどまることができるのでもないので、⑫出発した道中、まず悲しみにくれる涙ばかりが先に立って、心細く悲しいことは、何にたとえることができるとも思われない。⑬近江の国の野路という所から、雨があたりを暗くして降り出して、都の山を振り返ると、霞のためにそれ（が都の山だ）とさえ見えず、遠ざかって行くことをもむやみやたらと心細く、どうい

とて留まるべき(可能)に(断定)もあらね(打消)ば、[12]出でぬる(完了)道すがら、先づかきくらす涙のみ（ガ）先に立ちて、心細く悲しきことぞ(強調(係))、何に譬ふべし(可能)とも覚えぬ(打消(結))。[13]近江の国（ノ）野路といふ所より、雨（ガ）かきくらし降り出でて、都の山を顧みれば、霞にそれとだに(類推)見えず(打消)、隔たりゆく（コト）もそぞろに心細く、何とて（旅立チヲ）思ひ立ちけむ(過去原因推量)と、悔しきこと（ハ）数知らず(打消)、とてもかくてもねのみ泣きがちなり。

わけで（旅立ちを）決心したのだろうかと、悔やまれることは数えきれず、結局声を上げて泣いてばかりいることが多い。

設問解説

問一 標準 1について。「澄まさ」は、サ行四段活用動詞「澄《す》ます」の未然形。現代語の「澄ます」と同じく〈きれいにする〉の意。「心澄ます」で〈心をきれいにする、心を清らかにする、心を落ち着かせる、心を静める〉などと訳す。〈心を澄ます〉でも現代語としてわかるが、訳せと言われているのだから傍線部とは違う表現で言い換えた方がよい。「む」は、助動詞「む」の連体形で、通常こうした文の途中の連体形の「む」は婉曲と考えられる場合が多いが、ここは意志の意味で〈~ようと思う、~ようとする、~つもりの、~たい〉などと訳すのがよい。

「ぬ」は、完了・強意の助動詞「ぬ」の終止形。ここもそうだが、「ぬ」は「べし」とセットで用いられることがよくあり、その場合は強意と考えて間違いない。〈きっと〉と訳すのが基本だが、ここなら〈ぜひ〉でもよい。「べき」は、助動詞「べし」の連体形で、推量・意志・可能・適当・当然・命令といった多くの意味がある。ここでは傍線部1のすぐ後に「誘へど」とあるように、養父が筆者を遠江に誘っているのだから、適当の意味と考えて〈~のがよい、~た方がよい〉などと訳す。そのまま〈~べき〉でも現代語としてわかるが、やはり別の表現で言い換えるのが望ましい。「さま（様）」は〈様子〉の意の名詞。ここでは〈風景〉などとしてもよい。「なる」は名詞（体言〉に接続しているので、断定の助動詞「なり」の連体形である。

　2について。「何《なに》とて」は〈どういうわけで、どうして、なぜ〉の意の副詞。「思ひ立ち」は、タ行四段活用動詞「思ひ立つ」の連用形で、〈決心する、決意する〉の意。「けむ」は、助動詞「けむ」の連体形（疑問文の文末は連体形となる）で、ここは厳密には過去の原因推量の意味だが、単なる過去推量と考えて訳しても同じく〈〜たのだろう〉となるので、この区別にはあまり神経質になる必要はない。

問二 易　「夜《よ》もすがら」は重要単語で、〈一晩中、夜通し〉の意の副詞。まったく迷わずに正解を選べるはず。

問三 やや難　傍線部Bの直前に「わび果つる慰みに」とある。筆者はその「慰み」のために何かをしたいのだ。「わび」は、バ行上二段活用動詞「わぶ（侘ぶ）」の連用形で、これは11問八に既出の重要単語。第一段落に「嘆きながら」「長き思ひの夜もすがら」「尽きせぬ涙の雫」などとあって、筆者が物思いをしていることは明らかなので、この「わび」は〈つらく思う〉の意と考えられる。「果つる」は、タ行下二段活用動詞「果《は》つ」の連体形で、〈❶終わる、❷死ぬ、❸（補助動詞）すっかり〜する〉などの意の重要単語。ここでは補助動詞なので❸。「慰み」は、〈心を慰めること、気晴らし〉の意の名詞。筆者はすっかりつらい気持ちになっていて、その気晴らしのために何かをしたいと思っている、ということだ。そこで、つらい時の気晴らしにふさわしいことは何か、と考える。その際、第二段落の終わりに「憂きを忘るるたよりもやと……思ひ立ちぬ」（⑧）とあることもヒントになる。養父から遠江に誘われた筆者は、「憂きを忘るるたよりもや」（＝つらい思いを忘れるよすがもあろうか）と考えて旅立ちを決心する。つらい時にはやっぱり傷心旅行なのだ。だとすると、④の「去《い》なむ」（＝行ってしまおう）がそれにふさわしい。あるいは②の「逃げむ」も近いと思ったかもしれないが、気晴らしに逃げるというのではおかしい。

　実は、この傍線部Bは、小野《おのの》小町《こまち》の「わびぬれば身をうき草の根を絶えて誘ふ水あらば去なむとぞ思ふ」（『古今和歌集』）という歌をふまえた表現で、正解の選択肢もこの歌に基づいて作られている。だから、この歌を知っていればあっさり正解がわかる。しかし、知らないのが当然なので、受験生にはちょっと難しい設問だった。

問四 やや難　傍線部Cの「あやなく」は、ク活用形容詞「あやなし」の連用形で、〈❶筋が通らない、わけがわからない、❷意味がない、つまらない、❸理由がない〉などの意の重要単語。「思ひ立ち」は問一の2に既出。「ぬ」

は完了の助動詞。「あやなく」が少しわかりにくいが、問三で確認したこともふまえて、ここで筆者はつらい思いを忘れることができるかもしれないと考えて旅立ちを決意している、ということは少なくとも押さえられる。

そこで選択肢を検討すると、①の「収拾がつかない」というのは、旅立ちを決意していることと矛盾するので誤り。②の「不本意」というのは、筆者が「憂きを忘るるたよりもや」といって、いちおう前向きな目的を持っていることと相容《あいい》れないので誤り。前向きな目的とはいっても、問三で確認したようにこれは傷心旅行であり、決して楽しげな物見遊山などではないので、④の「旅も楽しみに思う」というのはここにふさわしくない。すると、正解は③ということになる。「楽観的」というのに違和感があったかもしれないが、次のように考えればよい。この少し前に「心細く思ひわづらはるれど」とあって、筆者は旅に出ることをためらっている。その気持ちを「憂きを忘るるたよりもや」といって抑え込むことで旅立ちの決意に至るのだが、しかしふつうに考えて、旅に出たからといって必ずつらい気持ちを忘れることができるとは限らない。つまり、「憂きを忘るるたよりもや」という観測には、実はたいした根拠はないのだ。だから、根拠もないのに「楽観的に」旅立ちを決意する、ということであり、すると、「あやなく」についても、ここは先に挙げたうちの❸の意で、「憂きを忘るるたよりもや」と考えはしたけれど、そこにとりたてて確たる理由があるわけではないということを言うものとして納得することができる。

問五 標準 まず前提として、傍線部Dの「心」が筆者の心であるということは押さえておこう。前の「人は皆起き騒げど」を受けて、「人」とは異なる筆者の「心」について〈私の心だけには〉と述べるところである。次に、波線部②の後に「さりとて留まるべきにもあらねば、出でぬる道すがら」（＝だからといって都にとどまることができるのでもないので、出発した道中）とあることに注目。ここで出発するのだから、波線部②以前に述べられるのは出発前のことであり、したがって傍線部Dの「心」も出発前の筆者の心境だということになる。だとしたら、出発後のことを述べる③や④に傍線部Dが続いていくことはありえない。あとは、傍線部Dから波線部②までの部分を、波線部①の後の「と」に注意して整理してみればよい。この「と」は引用を示す格助詞なので、「さてもいかにさすらふ身の行方にか」の部分を鉤括《かぎかっ》弧《こ》の中に入れることができる。すると〈D私の心だけには、「……」と今になって②心細いことばかりが多くあるけれど〉という流れが見えて、正解が決まる。

問六 やや易 ①は、本文中に「心細く」「心細き」という言葉が繰り返し出てくることから正しいといえる。②は、問四で見たように「楽観的に」旅立ちを決意しておきながら、問一の傍線部2では「何とて思ひ立ちけむ」といって後悔しているので、これも正しい。③は、第一段落の「寝屋近ききりぎりすの声の乱れも、一方ならぬ寝覚の催しなれば」(2)や、第三段落の「有明の光もいと心細く、風の音もすさまじく、身に滲み通る心地するに」(10)などに照らして正しいといえる。これらに対して④は、本文中に筆者が他人を「軽蔑する」ところは見当たらないので、これが筆者の性格にあてはまらない。

問七 易 ①『海道記《かいどうき》』は、鎌倉時代中期の紀行文で作者は未詳。②『更級日記《さらしなにっき》』は、平安時代後期の日記で、作者は菅原孝標女《すがわらのたかすえのむすめ》。③『中務内侍日記《なかつかさのないしにっき》』は、鎌倉時代後期の日記で、作者は中務内侍。④『十六夜日記《いざよいにっき》』は、鎌倉時代中期の日記で、作者は阿仏尼《あぶつに》。①と③は知らなくても仕方がないが、②と④は覚えておかなければならない。

16 栄華物語

評価

50〜44点→ 合格圏
43〜30点→ まあまあ
29〜0点→ がんばれ

解答

（50点満点）

問一 (1) D (6) B (8) A （各5点）
問二 榑、えもいはぬ大木どもを、ただこの牛一つして運びあぐることを（30字） （7点）
問三 C （7点） 問四 B （7点）
問五 A （7点） 問六 E （7点）

出典

作品名 『栄華《えいが》物語』 作者 未詳
ジャンル 歴史物語 時代 平安時代後期

本文解説

「逢坂」とは山城国《やましろのくに》（現京都府）と近江国《おうみのくに》（現滋賀県）の国境《くにざかい》にある逢坂山のこと。そこにある関が「逢坂の関」。都からこの関を通って近江国に入った山の麓に「関寺」はある。この寺は数年をかけて大きなお堂を作り、弥勒《みろく》菩薩を安置しているのだが、このお堂の建立《こんりゅう》にあたってたいへんな働きをしたのが一頭の牛。一頭ですべての建築資材を運んだのである。ところがこの牛、「牛仏」とあるように、実は「迦葉仏」が牛に姿を変えて現れたものである。現れたのはもちろんお堂の建立をスムーズに進めるため。ほかのことに使われるためではない。そうとは知らず、お寺の聖はこの牛を近所の人に貸してしまう。牛は借りた人の夢に現れて「われは迦葉仏なり」と告げる。「ふつうの人がふつうの事に自分を使うことなどできない」と。姿は牛だが、その実、仏。いわれてみれば至極《しごく》もっとも。このことはたちまちのうちに京中に広まる。藤原道長をはじめ多くの人がこの牛を拝みにやって来る。ところがこの牛仏、どことなく気分がわるそう。まもなく死んでしまうにちがいない。そう、まもなくお堂が完成するのだ。完成すれば、仕事は終わり。牛でいる必要はない。「この御堂をこの牛見巡りありきて、もとの所に帰り来てやがて死にけり」（⑱）。迦葉仏は、なし終えた自分の仕事を点検し、さぞかし満足したことだろう。死んだのだから。いや、死んだのは牛。迦葉仏は、「牛」の衣を脱ぎ捨てて、仏の世界に帰って行ったただけなのである。

この「ことば」に注目！

◆**「人々あまた聞こゆれど、同じことなれば書かず」**　古文の文章はエコノミー。むだなことは書かない。この牛仏を詠んだ歌はたくさんあるのだが、紹介されているのは、和泉式部の歌だけ。なぜ？　和泉式部が偉大な歌人だということもあるだろうが、やはり詠まれた歌のなかで一番いい歌だから。古文は、実際あったことだからといって、どうでもいいことをだらだらと記すことはない。記されるのはその出来事のハイライト。ちょうどテレビのスポーツニュースの試合の映像のようなもの。すでに終わった試合のハイライト場面だけで編集されている。だから、「古文」では「具体的なこと」を重んじてね！

本文

1このごろ聞けば、逢坂のあなたに、関寺といふ所に、牛仏（ガ）現れたまひ《尊敬》て、よろづの人（ガ）詣り《謙譲》見たて《謙譲》まつる。2年ごろこの寺に、大きなる御堂（ヲ）建てて、弥勒を造り据ゑたて《謙譲》まつりける《過去》。3榑、えもいはぬ《打消》大木どもを、ただこの牛一つして《手段》運びあぐることをしけり《過去》。4あはれなる牛とのみ、御寺の聖（ハ）思ひわたりける《過去》ほどに、5寺のあたりに住む人（ガ牛ヲ）借りて、明日使はん《意志》とて置きたり《存続》ける《過去》夜の夢に、「われは迦葉仏なり《断定》。6この寺の仏を造り、堂を建てさせ《使役》ん《意志》とて、年ごろするに《断定》こそ《強調(係)》あれ《(結)》。7ただ人はいかでか《反語(係)》使ふべき《可能(結)》」と見たり《完了》けれ《過去》ば、8起きて、かう《く》かう《く》夢

本文解釈

1この頃聞くと、逢坂山の向こうに（ある）、関寺という所に、牛仏が現れなさって、たくさんの人が参詣し見申し上げる。2数年来この寺に、大きな御堂を建てて、弥勒菩薩像を造り安置し申し上げていた。3丸太や、言葉では表せないほどの大木の数々を、ただこの牛一頭で運び上げることをした。4殊勝な牛だとばかり、御寺の聖はずっと思っていたうちに、5寺の近所に住む人が（この牛を）借りて、明日使おうと思って置いておいたその夜の夢に、「私は迦葉仏だ。6この寺の仏を造り、堂を建てさせようとして、数年来働いているのである。7ふつうの人はどうして使うことができようか（いや、できない）」と見たので、8起きて、こうこう夢を見たと言って、拝み騒ぐのであった。9牛もさっぱりして黒くて、小柄でかわいらしい様子であった。10繋いでいなくても（どこかへ）行き離れることもなく、ふつうの牛の性質とも異なっていた。11入道殿を第一とし申し上げて、この世においでになっ

を見 つる《完了》 と言ひて、拝み騒ぐ なり《断定》 けり《過去》。9牛もさやにて黒くて、ささやかにをかしげに ぞ《強調(係)》 あり ける《過去(結)》。10繋が ね《打消》 ど行き去ることもなく、例の牛の心ざまにも似 ざり《打消》 けり《過去》。11入道殿をはじめたてまつり《謙譲》て、世の中におはし《尊敬》 ける《過去》 人（ハ）、詣ら《謙譲》 ぬ《打消》 （人ハ）なく詣りこみ《謙譲》、よろづの物を ぞ《強調(係)》 奉り《謙譲》 ける《過去》。12この牛仏（ハ）、何となく心地（ガ）悩ましげにおはし《尊敬》 けれ《過去》 ば、疾くうせた《尊敬》まふ べき《推量》 とて、かく人（ガ）詣りこみ《謙譲》て、この聖は（牛仏ノ）御影像をかか む《意志》 とて急ぎ けり《過去》。

13かかる ほどに、西の京にいと尊くおこなふ聖の夢に見え けり《過去》。14「迦葉仏（ハ）当入涅槃の段 なり《断定》。智者（ハ）当得結縁せよ」と ぞ《強調(係)》 見え たり《完了》 けれ《過去》 ば、いとど人々（ガ）詣り《謙譲》こむほどに、歌（ヲ）よむ人もあり。15和泉（ハ）、

聞き し《過去》 より牛に心をかけながらまだ こそ《強調(係)》 越え ね《打消(結)》
逢坂の関

16人々（ガ）あまた（歌ヲ）聞《謙譲》こゆれど、同じこと なれ《断定》 ば書か ず《打消》。

17日ごろ、この（牛仏ノ）御かた（ヲ）書か せ《使役》 て、六

た人は、参詣しない人はいないというほどみな参詣して混み合い、さまざまなものを奉納した。12この牛仏は、どことなく気分がわるそうでいらっしゃったので、すぐにお亡くなりになるだろうということで、このように人が参詣して混み合って、この聖は（牛仏の）御絵姿を描こうとして急いだ。

13こうしているうちに、西の京でたいそう尊く仏道修行をしている聖の夢に（次のように）現れた。14「迦葉仏はまさに入滅しようとする時である。知恵や見識のある者は仏道に入る機縁を得よ」と現れたので、いっそう人々が参詣して混み合うときに、歌を詠む人もいる。15和泉式部は、

うわさを聞いたときから、牛仏に（参詣しようと）心をかけていながらまだかなわず、越えていない逢坂の関であるよ。

16（他に）人々が多く（歌を）お詠み申し上げるけれど、同じようなことであるので書かない。

17数日間、この（牛仏の）御絵姿を描かせて、六月二日に御眼を入れようとしたところ、その当日になって、この御堂をこの牛が見て巡り歩いて、もとの所に帰ってきてそのまま死んだ。18これはしみじみとすばらしいことであるよ。19御絵姿に眼を入れたまさにそのときお亡くなりになった。20聖はひどく泣いて、そのまままそこに埋めて、念仏を唱えて、七日ごとに経を読み仏像を飾って供養した。

月二日ぞ《強調(係)》御眼（ヲ）入れん《意志》としける《過去》ほどに、その日になりて、この御堂をこの牛（ガ）見巡りありきて、もとの所に帰り来てやがて死にけり《過去》。18これ（ハ）あはれにめでたきことなり《断定》かし《念押し》。19御かたに眼（ヲ）入れける《過去》をりぞ《強調(係)》果てたまひ《尊敬》にける《完了》。20聖（ハ）いみじく泣きて、やがてそこに埋みて、念仏して、七日七日経仏供養しけり《過去》。

設問解説

問一 易　(1)は、「えもいはず」という連語の、打消の助動詞「ず」の部分が活用して連体形になった形。「えもいはず（えも言はず）」は重要語句で、〈何とも言いようがないほどだ、言葉に言い表すことができないほどだ〉の意。選択肢のBは、言葉で言う必要がない、ということなので意味が違う。(6)は重要単語で、〈ますます、いっそう〉の意の副詞。「いと」（＝とても）と区別すること。(8)も重要単語で、これは12の問二に既出の副詞。〈❶そのまま、❷すぐに、❸そのうちに〉の意。選択肢は、Aが❶で、Cが❸で、Dが❷に近い。ただし、❸は古文では一般的ではない上に、文脈をふまえても、御堂を建てるために現れた牛仏が、その完成を確認して死んだ、という流れなので、C「しばらくして」では間《ま》が抜けている。しばらく時間が経過する必然性がないのだ。かといって、D「いそいで」だと何やらあわてて死んだことになるが、牛仏がそんなふうに時間に追われていたと考える必然性もない。

問二 やや易　まず、本文の始めに「牛仏現れたまひて」[1]とあることから、本文の牛は実は仏なのだということを押さえておくことが前提。そして、寺のあたりに住む人がこの牛を借りてきたその夜の夢に迦葉仏が現れた、ということを必然的な展開として理解すれば、この迦葉仏の化身が牛なのだということになる。そこで、「この寺の仏を造り、堂を建てさせん」[6] ために、この牛が具体的にしたことは何か、と考えて該当部分を探せばよい。

問三 **やや易** 寺のあたりに住む人がこの牛を使おうと思って借りてくると、迦葉仏が夢に現れて「私はこの寺の仏を造り、堂を建てさせるために働いているのだ」とわざわざ言いに来る。要するに「御堂の建設以外の目的で私を使うことはできない」ということだ。傍線部(4)「いかでか使ふべき」(＝どうして使うことができようか)がそれを端的に示している(問四参照)。「ただ人」は〈ふつうの人、ただの人〉の意の名詞だが、それがここでは「いかでか使ふべき」の主語にあたるのだから、文脈上〈御堂の建設を目的としない人〉の意となり、具体的には、今まさに御堂の建設以外の目的でこの牛を使おうとしている「寺のあたりに住む人」を指す、ということになる。

問四 **やや易** 「いかで」は重要単語で、〈❶〈推量の語と呼応して〉どうして、どうやって、❷〈願望・意志の語と呼応して〉どうにかして〉などの意を表す副詞。ここでは文末に推量(可能)の助動詞「べし」の連体形「べき」があるので❶と判断される。この場合、特に疑問の係助詞「か」を伴って「いかでか」とあると、反語文となるのがふつうである。反語文は〈～か、いや～ない〉と訳すものだが、選択肢では〈いや～ない〉の部分が省略されることがよくあり、すると選択肢が疑問文なのか反語文なのか一見わかりにくいと感じるかもしれないが、しかし、たとえ〈いや～ない〉はなくても、疑問文と反語文は明らかに異なるので、それを正しく見分けることが大切だ。今回の選択肢では、CとEは疑問文でも反語文でもないので除外するとして、AとDが疑問文であるのに対し、Bだけが反語文である。問三で確認した迦葉仏の発言の主旨からしても正解はBでなければならない。

問五 **やや易** 問二や問三で確認してきたとおり、この牛は御堂の建設のために現れた迦葉仏の化身であり、だから御堂が完成するまでは、たとえ繋いでおかなくてもどこへも行かないのだ。

問六 **易** 少し前に係助詞「こそ」があることを確認すれば、係り結びなので、空欄(7)には已然形が入るということがすぐにわかる。もちろん、これは和歌なので、文末にも句点がなく、空欄(7)が結びの已然形が現れるべき文末かどうか、一見してわかるわけではない。しかし、空欄(7)の前後の「越え」と「逢坂の関」の関係を考えれば、〈逢坂の関を越え〉ということだというのはすぐにわかるので、倒置によって「逢坂の関」が後ろに移動しているけれど、本来の文末は空欄(7)らしい、と判断することはそう難しいことではない。

17 住吉物語

評価

50～36点→ 合格圏

35～19点→ まあまあ

18～0点→ がんばれ

解答

（50点満点）

問一　A ニ　F ロ　H ハ　（各3点）

問二　1 ロ　5 ハ　7 ロ　（各3点）

問三　2 ハ　3 イ　6 ハ　8 ロ　9 ハ　（各2点）

問四　懐妊（妊娠）　（2点）

問五　B へ　C へ　D イ　E へ　（各2点）

問六　まほしけれ　（3点）　問七　ハ　（3点）

問八　ロ・ハ・へ　（各2点）

出典

作品名　『住吉《すみよし》物語』　作者　未詳

ジャンル　擬古物語　時代　未詳

本文解説

『住吉物語』は「まま子いじめの物語」である。「まま子いじめの物語」というと、まま母がまま子をいじめる話のように思えるが、正確にはまま子がまま母にいじめられる話。つまり主人公はまま子。まま子は女の子。美しくやさしく上品で、そして血筋はよくなくてはならない。そういう女の子がまま母にいじめられる。それではじめて話は盛り上がる。この物語のヒロインである「姫君」もそんな女の子。美しくやさしく上品。そして母親は天皇の娘。その母宮が姫君七歳の時に亡くなってしまう。父親は「中納言殿」。その父は、まま母との関係を思って、すぐには姫君を本宅には迎えない。これまで通っていた邸、姫君が母宮と暮らしていた邸にそのまま乳母《めのと》たちと一緒に住まわせる。時が流れて姫君も十歳すぎ。昔なら、そろそろ「結婚」が視野に入ってもおかしくない年ごろ。乳母の懇願もあり、父は姫君を本宅に迎え入れることにする。初めはうまくいった。腹ちがいの二人の妹も姫君を慕い、まま母も姫君をいじめることはない。が、「中将」が姫君に関心を寄せ、何度も手紙を送ったことから物語は動き出す。中将の存在を知ったまま母は、中将を自分の娘の婿にと思い、策略をめぐらす。策略は功を奏し、中将はだまされてまま母の下の娘の婿になる。わが子を思う親心のさが。が、まま母の心の闇はそれだけにとどまらない。姫君の不幸を願って再び画策。姫君は危難をのがれて住吉に身を隠す。一方、姫君のことを忘れられない中将。苦難の末、住吉で姫君とめぐり会うことができた。

本文には、中将が姫君を都に連れ帰り、ともに暮らすようになってからのことが記されている。姫君は今の自分のありさまを父に知らせたい。中将のもとで幸せに暮らしていると。しかし中将はそういう姫君の申し出になかなかウンと言わない。まま母の呪詛《じゅそ》を恐れているのだ。中将はまま母の下の娘の夫でもある。やがて、二人のあいだには、とてもかわいい男の子が生まれる。中将は「大将」になり、中納言は「大納言」になる。そして、大将と姫君のあいだには玉のような女の子が。それでもなお大将は大納言に事の真相を告げない。まま母の呪詛をあい変わらず恐れているのだ。そのまま時が流れて、男の子はもう七歳。女の子も五歳。この八月に二人の子の袴着《はかまぎ》をしよう。そしてそのとき大納言に事の真相を。ついに大将は心を決める。

しかし儀式の場で親子の対面はなかった。無事儀式も終わり、大将は参集した人びとに引き出物を贈る。大納言には「小袿《こうちき》」。女子の装束である。大納言は不審に思う。女子の装束だからではない。男に女物の服を与えるのはよくあることと。女物のほうが高価なのだ。大納言が不審に思ったのは、新調のものではなく、古着だったから。大納言は家に帰って引き出物をあらためる。着なれて糊のとれた古い小袿。わが目を疑う。つぶさに見る。これはその昔姫君に着せていたものではないか！　大納言は大将のもとへ駆けつける。そして涙の対面。めでたし、めでたし。ところがめでたくはない人がいる。姫君の妹たちではない。三姉妹は昔から仲がよかった。めでたくないのはもちろんまま母。まま母は夫大納言から離別される。夫ばかりではない。まわりの誰からも疎まれる。ただただ泣いて暮らすだけ。そして死。因果応報。身からでた錆《さび》。じつにスカッとする。スカッとするのは誰？　それは物語の読者です。

この「ことば」に注目！

◆「心に叶はぬものは命にて侍るかな」

長生きしたいのに生きられない命。寿命は「定命《じょうみょう》」ともいう。前もって定められたもの。命短し。ところがこの「ことば」はちがう。その逆。早く死にたいのに死ねない命。これを古語で「つれなき命」という。最愛のものに先立たれたのに、悲しみの中で命のともし火が消えるまで生き続けなければならない。最愛のものがわが子ならば、その悲しみは……。命つれなし。この世はやはり「憂《う》き世」なのだ。

本文

1さて、姫君は、「かくて侍り《丁寧》と だに《限定》、中納言殿に申さ《謙譲》ばや《願望》」と、のたまへ《尊敬》ば、2中将（ハ）、「まま母（ハ）、むくつけき人 なれ《断定》ば、心（ヲ）合はせ たり《存続》とて、神仏にも呪ひたまは《尊敬》ん《推量》には、誰がためも、いと恐ろしきこと なり《断定》。3住吉におはせ《尊敬》ば、さて こそ《強調(係)》、やみ な《強意》ましか《反実仮想(結)》。4これは、遂に（父君ニ）会ひきこえ《謙譲》たま《尊敬》は んずれ《推量》ば、心安く おぼしめせ《尊敬》」と、のたまへ《尊敬》ば、5姫君（ハ）、「（父君ガ）おぼし《尊敬》嘆く らん《現在推量》こと の《主格》悲しくて、世に住むかひ（ガ）なくて」と、のたまへ《尊敬》ば、6（中将ハ）「誠にことわりながらも、ただ、（私ガ）申さ《謙譲》ん《婉曲》まま に《断定》てお《尊敬》はしませ」とて、二条京極 なる《存在》所に渡りたま《尊敬》ひ けり《過去》。

7明かし暮らしたま《尊敬》ふ程に、姫君（ハ）、過ぎ に《完了》し《過去》年の十月より（懐妊ノ）御けしき（ガ）ありて、又の年の七月に、いと うつくしき若君（ガ）いできたま《尊敬》へ り《完了》。8中将（ガ）、おぼし《尊敬》かしづきたま《尊敬》ふ事（ハ）、限りなし。9かう《く》しつつ過ぎゆくほどに、中将は、願は ざる《打消》に中納言に成りたま《尊敬》ひて、やがて右大将になりたま《尊敬》ひ けり《過去》。

本文解釈

1さて、姫君は、「こうして（中将のもとに）いますとだけでも、父中納言殿に申し上げたいものだ」と、おっしゃるので、2中将は、「まま母は、恐ろしい人なので、（私と姫君が）心を合わせている（↓共謀している）といって、神仏にも呪いなさるだろうから、だれにとっても、とても恐ろしいことだ。3住吉にいらっしゃるならば、そのままで（父君にも再会できずに）、きっと終わっただろうに。4ここなら、最終的には（父君に）会い申し上げなさるだろうから、心配なくお考えください」と、おっしゃると、5姫君は、「（父君が）思い嘆きなさっているであろうことが悲しくて、この世に暮らしているかいがなくて」と、おっしゃるので、6（中将は）「本当にもっともなことだけれども、とにかく、（私が）申し上げるようなとおりでいらっしゃってください」といって、二条京極にある邸に移りなさった。

7日々を過ごしなさるうちに、姫君は、昨年の十月から（懐妊の）ご兆候があって、翌年の七月に、とてもかわいらしい若君が生まれてきなさった。8中将が、心におかけになって大切に育てなさることは、この上もない。9このようにしながら過ぎてゆくうちに、中将は、希望したわけでもないのに中納言になりなさって、そのまま右大将になりなさった。10中納言は大納言になって、按察使を兼任なさった。11二人とも宮中へ参上し合わせて、雑談の機会に、（右大将が）「老い衰えてお見えになる」とおっしゃると、12大納言（＝前の中納言）は、まず、ちょっと泣いて、「本当に（私が）物思いをしていることの

10中納言は大納言になりて、按察使（ヲ）かけたまへ《尊敬》り《完了》。11ともに内へ参り《謙譲》あひて、物語のついでに、（右大将ガ）「老い衰へてこそ《強調(係)》見えさせ《尊敬(結)》たまへ《尊敬(結)》」とあれば、12大納言（ハ）、まづ、うち泣きて、「誠に（私ガ）思ふことの深さをばこれにて知らせ《尊敬》たまへ《尊敬》。13心に叶はぬ《打消》ものは命に《断定》て侍る《丁寧》かな《詠嘆》。14かくも生きてさぶらふ《丁寧》」とて、人目もつつみたまは《尊敬》ざり《打消》けり《過去》。15大将（ハ）、「このついでにや《疑問(係)》言ひ出でまし《ためらい(結)》」と思ひながら、なほ、思ひ返して、そぞろに涙ぞ《強調(係)》漏れ出でける《過去(結)》。

16さて、（右大将ハ）帰りたまふ《尊敬》ままに、「かく」など語りたまへ《尊敬》ば、姫君も侍従も、「17『親ばかり《程度》、子は（親ヲ）思はぬ《打消》ものぞ《強調(文末)》』と常は（父君ガ）仰せ《尊敬》られ《尊敬》し《過去》事の末かな《詠嘆》。18かやうに多くの年月を過ごしながら、かくともきこえ《謙譲》奉ら《謙譲》で《打消》、（父君ガ）おぼし《尊敬》嘆かせ《尊敬》たま《尊敬》ひつる《完了》（コトハ）、いかばかり神仏も（私たちヲ）にくしとおぼす《尊敬》らん《現在推量》。19あはれ、女の身ばかり《程度》うらめしきものは」とて、よにつらげにのたまへ《尊敬》ば、大将（ハ）、「20まことにことわりなり。21幼きものも出できたれ《存続》

深さをこれでおわかりください。13思いどおりにならないものは命ですねえ。14こんなになっても生きています」といって、人目も遠慮しなさらなかった。15右大将（＝前の中将）は、「この機会に（姫君のことを）口に出してしまおうか」と思いながら、やはり、考え直して、むしょうに涙が流れ出た。

16そうして、（右大将は）帰りなさるとすぐに、「（父君の様子は）これこれ」などと話しなさると、姫君も侍従も、「17『親（が子供のことを思う）ほどには、子供は（親を）思わないものだ』といつも（父君が）おっしゃっていた（言葉のとおりの）結果だなあ。

18このように多くの年月を過ごしながら、（近況は）これこれとも申し上げて差し上げないで、（父君が）思い嘆きなさったことは、どんなにか神仏も（私たちを）憎らしいとお思いになっているだろう。19ああ、女の身ほど恨めしいものは（ほかにあるまい）」といって、非常につらそうにおっしゃるので、右大将は、「20本当にもっともなことだ。21幼い子も生まれてきているので、私もどんなにか（若君を父君に）見せ申し上げたいけれども、この幼い人（＝若君）までも（まま母の憎しみをうけるのではないかと）恐ろしく思われるので（決心がつかない）。22そうはいっても、知らせますべきことも近くなっている。23しばらくお待ちください」などと、慰めなさった。

24このようにしながら過ぎてゆくうちに、光り輝くほどの（美しい）女君が、生まれて来なさった。25願ったとおりであるので、心におかけになって大切に育てなさることは、この上もない。

26このように、泣いたり笑ったりして、日々を過ごすうちに、若

ば、我もいかばかりかは（若君ヲ父君ニ）見せ奉《謙譲》らまほしけれ《願望》ども、この幼き人までも恐ろしさにこそ《強調(係)》。22さりながら、知らせ《使役》侍る《丁寧》べき《当然》事も近く成りたり《存続》。23しばし待たせ《尊敬》たまへ《尊敬》」など、こしらへたまひ《尊敬》けり《過去》。24かくしつつ過ぎゆくほどに、光るほどの女君（ガ）、出できたまひ《尊敬》けり《過去》。25思ひのままなれ《断定》ば、おぼし《尊敬》かしづきたまふ《尊敬》事（ハ）、限りなし。

26かやうに、泣きみ笑ひみ、明かし暮らすほどに、若君（ハ）七つ、姫君（ハ）五つまでに成りたまひ《尊敬》けり《過去》。27（右大将ガ）「八月、袴着といふ事（ヲ）せん《婉曲》ついでに、大納言殿には知らせ《使役》奉ら《謙譲》ん《意志》」と仰せ《尊敬》られ《尊敬》ける《過去》ほどに、28大将も大納言も、内に参り《謙譲》あひて、御物語のついでに、（右大将ガ）「八月十六日に幼きものどもに袴着（ヲ）つ《謙譲》かまつらん《意志》と思ひ侍る《丁寧》に、ことさら申さ《謙譲》ん《意志》」と、のた《尊敬》まへば、29大納言（ハ）、「かしこまつて承《り》り《謙譲》ぬ《完了》。30さりながらも、さやうの事に、まがまがしき身にて」などきこゆれ《謙譲》ば、31（右大将ガ）「いかにも思ひはからひて申す《謙譲》なり《断定》。必ず」と、のたまへ《尊敬》ば、32（大納言ハ）「と

君は七歳、姫君は五歳までに成長なさった。27（右大将が）「八月に、袴着という儀式をするような機会に、大納言殿には知らせ申し上げよう」とおっしゃった頃に、28右大将も大納言も、宮中に参上し合わせて、ご雑談の機会に、（右大将が）「八月十六日に幼い子たちに袴着をいたそうと思いますので、特に（ご招待を）申し上げたい」と、おっしゃると、29大納言は、「慎んで承りました。30しかしながら、そのような（おめでたい）儀式に、（私のような）縁起のわるい身で（参上してもよいのですか）」などと申し上げるので、31（右大将が）「どうにもあれこれ考えた上で申し上げるのです。必ず（いらしてください）」と、おっしゃると、32（大納言は）「ともかくもお言葉に（従いましょう）」といって、その当日にもなって、縁がある上達部や、殿上人などが、いっせいに参上した。33大納言も、少し日が暮れる頃に参上なさった。

もかくも仰せにこそ《強調(係)》」とて、その日にも成りて、ゆかり（ガ）ある上達部、殿上人など（ガ）、参り《謙譲》あへり《完了》。
33大納言も、少し日（ガ）暮るるほどに参り《謙譲》たま《尊敬》へり《完了》。

設問解説

問一 やや難　はじめに選択肢を確認すると、イ「いやし（賤し）」は、〈❶身分が低い、❷みすぼらしい、貧しい、❸下品だ、❹取るに足りない〉などの意のシク活用形容詞。❶が基本。ロ「うらめし（恨めし）」は、〈恨めしい〉の意のシク活用形容詞。ハ「まがまがし（禍禍し）」は、〈❶不吉だ、縁起がわるい、❷いまいましい、憎らしい〉の意のシク活用形容詞。ニ「むくつけし」は、〈気味がわるい、恐ろしい〉の意のク活用形容詞。ホ「やんごとなし」は重要単語で、〈❶捨てておけない、❷並々でない、大切だ、貴重だ、❸高貴だ〉などの意のク活用形容詞。「やむごとなし」「やごとなし」「やうごとなし」などと表記されることもある。

Aは、中将がまま母について述べる部分。まま母の人柄があまり好ましいものではないことは、リード文からも察せられるが、直接的な手がかりは、これに続けて中将が「神仏にも呪ひたまはん」と予測し、「いと恐ろしきことなり」と言っていることだ。まま母は、神仏に呪ってでも相手を陥れようとする恐るべき人なのである。選択肢を検討する上で特に大切なのは、中将がまま母を恐れて警戒していることだ。単にイヤなムカツク性格というのではなく、恐ろしい人だということが重要である。それを押さえれば、空欄Aにふさわしいのは、〈恐ろしい〉の意のニ「むくつけし」だとわかる。ひょっとして、「呪ひ」なんだから〈不吉だ〉の意のハ「まがまがし」でいいではないか、と考えたかもしれないが、しかし「不吉な人」というのがいるとすれば、それはたとえば、その人が現れると必ず不幸な事件が起こる、といった類《たぐい》の人のことであり、呪いをかけるから不吉な人だというのはおかしい。

Fは、右大将（前の中将）が内裏で会った大納言（前の中納言、姫君の父）の様子を話したのを受けて、姫君たちが述べた言葉の一部。この発言の内容を理解しなければならないが、それには第一段落を前提とする必要がある。第一段落で、姫君が「かくて侍りとだに、中納言殿に申さばや」（＝こうして中将のもとにいますとだけでも、父中納言殿に申し上げたいものだ）①と言うと、まま母に姫君の所在を知られることを恐れる中将（後の右大将）は、「ただ、申さんままにておはしませ」（＝とにかく、私が申し上げるようなとおりでいらっしゃってください）⑥と言って、姫君と父中納言（後の大納言）の再会を先送りする。姫君は父が「おぼし嘆くらんこと」を悲しく思うが⑤、夫に従わざるをえなかったのだ。こうした前提をふまえると、⑱に「かやうに多くの年月を過ごしながら、かくともきこえ奉らで、おぼし嘆かせたまひつる」とあるのも、長らく自分たちが所在を知らせずにいるせいで父が思い嘆いている、ということをいっているのだとわかる。空欄Fの直前の「女の身」とは姫君たち自身のことであり、すると、父に再会したいのにできずにいるわが身の不如意《ふにょい》を嘆く語として、空欄Fにはロ「うらめし」がふさわしいと考えられる。あえて「女の」と言っているのは、夫に従わなければならない身の上であることを嘆くからである。

Hは、中納言（前の中将）から子どもの袴着の儀式について聞かされた大納言（前の中納言）の返答の一部。中納言と大納言の会話の呼吸をしっかり読み取る必要がある。まず、中納言の「ことさら申さん」㉘という発言の意味がわかりにくいが、大納言が「かしこまつて承りぬ」（＝慎んで承りました）㉙と答えていることからすると、どうやら中納言は大納言を袴着に招待したものらしい。中納言と姫君の間の子どもたちは大納言の孫に当たるのだから、その子どもたちの袴着に祖父の大納言を招待したとして何も不思議はない。本文冒頭以来、姫君の所在を大納言に知らせることが宿願になっているので、袴着をその機会にしようということなのだろうと了解できる。大納言は、「かしこまつて承りぬ」と承知した後、「さりながらも、さやうの事に、H身にて」と続ける。「さりながらも」は〈しかしながら〉の意。すると、「さやうの事に、H身にて」の部分は、招待を受諾したこととは相反する内容になるはずだ。そこから、これは〈そのようなおめでたい儀式に、私のようなH身で参上してもよいのですか〉といった内容の謙遜の言葉なのではないか、と発想できるかどうかがポイントとなる。そこで、大納言はどのような身なのか、ということになるが、大納言はとても高貴な地位なのでイではない。かといってホでは謙遜したことにならない。ロとニはすでに他の空欄に入れたのでここでは用いることができない（設問に「二度以上用いてはならない」とある）上に、「私のような恨めしい身」というのではそもそも文意がおかしいし、大納言が「私のような不気味な身」などと言う必然性もない。よって、ハがこの空欄に入ることになるのだが、なぜ大納言が「まがまがし」なのかというと、大納言はわが子が目下《もっか》行方不明の身である。子どもの成長を祝う儀式に、そんな不幸な親子関係を背負った人間が顔を出したのでは、中納言親子の将来にとって縁起がわるかろう、ということなのである。

形容詞の空欄補充問題は、非常に難しい場合が多い。選択肢の語について正確な知識が求められることはもちろんだが、文章全体の内容を、登場人物の立場・心境や出来事の背景などにも十分注意してしっかり読み取っていかないと、なかなか正解を導くことができない。心して臨《のぞ》んでほしい。

問二 標準　1は《～未然形＋ば…まし》という反実仮想の構文なので〈～ならば…だろうに〉の意であり、ハの「～だから」が誤りであることはすぐにわかるが、ほかの選択肢については、内容的に是非を検討してみなければならない。ロは、裏返すと「都に戻ったから中納言に再会できる」ということで、これは次の文に「遂に会ひきこえたまはんずれば」（＝最終的には会い申し上げなさるだろうから）とあるのと内容的につながり、本文の内容に齟齬《そご》するところがない。ところが、イは、住吉にいればまま母の恨みを受けないという主旨だが、リード文によれば、姫君が住吉に行く以前からまま母は策略によって姫君に危難を及ぼしていたのだから、これは筋が通らない。ニは、住吉にいた方がまま母の迫害がひどいという主旨だが、リード文によれば、姫君はまま母の策略を逃れて住吉に身を隠していたのだから、これも筋が通らない。

5は、傍線部をふつうに訳してみればよい。とまどうとすれば「ばかり」だが、これは〈❶～ほど、❷～だけ〉などの意の副助詞。❷で訳そうとすると〈親だけは、子を思わないものだ〉もしくは〈親だけを、子は思わないものだ〉となって、これは明らかに真理に反する文意だし、該当する選択肢もない。❶で訳せば〈親ほどは、子は思わないものだ〉、つまり、子の思いよりも親の思いの方がまさっている、という納得しやすい文意となる。これに該当する選択肢はハ。ちなみに、ここに「まま母は」という主語を補って考えてしまうと、〈まま母は（実の）親ほどは、子を思わないものだ〉となって、イがこの内容に該当するが、しかし、この傍線部5を含む姫君たちの発言ではまま母のことは全く話題になっていないので、そもそも「まま母は」という主語を補って考える必然性がない。

7は、傍線部の分析からは正解を選ぶ手がかりは得られないので、文脈をたどってみる必要がある。姫君（及び侍従）が「女の身ばかり［F］ものは」⑲と言って、父に再会できない不如意を嘆くと（問一F参照）、右大将（中納言、前の中将）は、「まことにことわりなり」（＝本当にもっともなことだ）⑳と言って、姫君の気持ちに理解を示す。すると、次の「我もいかばかりかは見せ奉ら[G]」も、空欄はあるけれど、「我も」ともあるし、前文と同様に姫君に共感しながら〈私もどんなにか若君を父君に見せ申し上げたい〉と言っていると考えられる（問六参照）。そこから逆接の接続助詞「ども」をはさんで傍線部7の「恐ろしさ」に言い及ぶ、という展開からすると、この前後は「若君を父君に見せたいけれど、恐ろしくて見せられない」という文意になるだろう。そこで、何が恐ろしいのか、である。そういえば、前にも右大将（その時は中将）は「恐ろしきことなり」と言っていた。第一段落の[2]だ。姫君が父と再会することで、まま母に姫君の所在を知られ、呪いをかけられることを恐れていた。ここも同じような状況である。父に若君を見せることで、まま母に若君の存在を知られ、若君までもがまま母のターゲットになることを恐れているのだ。そう理解することによって、傍線部7に「幼き人までも」とあることもよくわかる。これに該当する選択肢はロ。

問三 標準

2「おぼし嘆く」は、カ行四段活用動詞「おぼし嘆く」の終止形。「思ひ＋動詞」という形の複合動詞が尊敬表現になる場合、サ行四段活用動詞「おぼす（思す）」を用いて「おぼし＋動詞」という形になることが多い。「おぼし嘆く」は「思ひ嘆く」の尊敬語で〈思い嘆きなさる〉の意。尊敬語は動作の主体に対する敬意を表すが、ここは父中納言が思い嘆いていることを姫君が思いやっているところなので、思い嘆く動作の主体は父中納言。よって敬意の対象はハの中納言殿（後の大納言）。

3「申さ」は、サ行四段活用動詞「申《まう》す」の未然形。[2]の問一に既出の重要単語で、謙譲語。謙譲語は動作の相手（受け手）に対する敬意を表すが、ここは中将が姫君にむかって〈私が申し上げるようなとおりでいらっしゃってください〉と言っているところなので、申し上げる相手は姫君。よって敬意の対象はイの姫君。

6「きこえ奉ら」は、ヤ行下二段活用動詞「きこゆ（聞こゆ）」の連用形＋ラ行四段活用動詞「奉《たてまつ》る」の未然形。「きこゆ」は重要単語で、〈❶聞こえる、❷うわさになる、❸理解できる、❹申し上げる、❺手紙を差し上げる、❻（補助動詞）～申し上げる〉など様々な意があるが、❹～❻の謙譲語の例が圧倒的に多い。ここは❹。「奉る」も重要単語で、これも〈❶さしあげる、❷参上させる、❸（補助動詞）～申し上げる、～してさしあげる、❹お召しになる、❺お乗りになる〉など様々な意があるが、❶～❸の謙譲語の例が圧倒的に多い。ここも❸。❹❺は尊敬語なので注意。結局「きこえ」も「奉ら」も謙譲語で、姫君たちが父に自分たちの所在を申し上げていないことを言っているので、申し上げる動作の相手は父。よって敬意の対象はハの中納言殿（後の大納言）。

8「仰せられ」は、サ行下二段活用動詞「仰《おほ》す」の未然形＋尊敬の助動詞「らる」の連用形。「仰す」は重要単語で、〈おっしゃる、命令なさる〉の意の尊敬語。この動詞についた助動詞「らる」は必ず尊敬の意で、「仰せ」と併せて二重尊敬となる。ここは「大納言殿には知らせ奉らん」という発言内容が中納言（前の中将）にふさわしいので、おっしゃる動作の主体は中納言。よって敬意の対象はロの中将（後の中納言）。

9「思ひ侍る」は、ハ行四段活用動詞「思ふ」の連用形＋ラ行変格活用動詞「侍《はべ》り」の連体形。「侍り」は[2]問一に既出の重要単語で、謙譲語の場合と丁寧語の場合とがある。ここは補助動詞なので丁寧語。丁寧語は聞き手や読み手に対する敬意を表す敬語だが、ここは中納言（前の中将）が大納言（前の中納言）を袴着に招待しているところなので、聞き手は大納言。よって敬意の対象はハの中納言殿（後の大納言）。

問四 やや難　「けしき（気色）」は重要単語で、〈❶様子、❷態度、表情、❸兆候、❹機嫌、❺意向〉などの意の名詞。ここでは姫君の「けしき」なので、姫君に敬意を表す接頭語「御」がついている。姫君に「御けしき」があって、その結果、「いとうつくしき若君」が出て来た、というのだから、姫君は妊娠《にんしん》していたのだ。すると「けしき」は❸の意で、去年の十月から妊娠の兆候が見えていたのだ、と理解できる。設問には「具体的に」とあるので、解答は「妊娠」または「懐妊」。「ニンシン」ということを読み取ること自体は決して難しいことではないはずだが、正しい漢字で書けるかどうかが問題だ。だから「やや難」。

問五 やや易　空欄はすべてハ行四段活用動詞「たまふ」（[2]問一に既出）の活用語尾にあたる。「たまふ」には下二段活用もある（これも[2]問一に既出）けれど、下二段活用の「たまふ」は、通常「思ひ」「見」「聞き」「知り」の直後に用いられるものであり、今回はどの空欄もそれに該当しない。

空欄Bは、文中に係助詞「こそ」があるので、係り結びによって文末は已然形「たまへ」。空欄Cも文末だが、この文には係助詞は見当たらない。終止形で終わる通常の文だとすると、文意は〈本当に私が物思いをしていることの深さをこれでおわかりになる〉となるが、命令形で終わる命令文の可能性もあり、それだと〈本当に私が物思いをしていることの深さをこれでおわかりください〉の意となって、こちらの方が自然な文意となる。よって命令形「たまへ」。空欄Dは、直後に打消の助動詞「ず」の連用形「ざり」がある。「ず」は未然形に接続する助動詞なので、未然形「たまは」。空欄Eは、直後に接続助詞「ば」があり、「未然形＋ば」なら仮定条件で〈～ならば〉の意、「已然形＋ば」なら確定条件で〈❶～ので、❷～と、～ところ、❸～といつも〉の意となる。ここは、中納言（前の中将）が語ったから姫君たちが返事をするのであり、仮定ではおかしい。よって已然形「たまへ」。

問六 標準　右大将（中納言、前の中将）は、「まことにことわりなり」（＝本当にもっともなことだ）と言って、父に会えないことを嘆く姫君に理解を示した上で、「我もいかばかりかは見せ奉ら［G］ども」と述べる。問二の7でも確認したが、「我も」と言っていることからしても、右大将はここで姫君に共感しながら〈私もどんなにか若君を父君に見せ申し上げたいけれども〉と言っていると考えるのが順当だ。すると、空欄Gに入るのは願望の助動詞である。願望の助動詞には「まほし」と「たし」があるが、空欄の直前の「奉ら」はラ行四段活用動詞「奉る」の未然形なので、未然形に接続する「まほし」がふさわしい（「たし」は連用形に接続する）。そして、空欄の直後の接続助詞「ども」は已然形に接続する語なので、空欄に入るのは「まほし」の已然形「まほしけれ」だと決まる。

問七 やや難　イは「替えてもらった」が誤り。9に「やがて右大将になりたまひけり」とあるのは、「やがて」（12問二に既出）が〈そのまま〉の意なので、〈中納言のまま〉ということであり、中納言に右大将を兼任したということ。ロは、本文のどこにも述べられていないので誤り。ハは、本文第四段落の姫君たちの発言に「かくともきこえ奉らで、おぼし嘆かせたまひつる、いかばかり神仏もにくしとおぼすらん」（18）とあることに該当するので正しい。ニは、「特別に伝えたいことがあると言った」が誤り。27で、たしかに右大将（中納言、前の中将）は「袴着といふ事せんついでに、大納言殿には知らせ奉らん」（＝袴着という儀式をするような機会に、大納言殿には知らせ申し上げよう）と言っているが、これは大納言（前の中納言）に対して言った言葉ではない。また、その後、右大将が大納言を袴着に招待しようとして「ことさら申さん」（28）と言っているが、これは〈特にご招待を申し上げたい〉の意。そうでなければ、右大将が大納言を招待する言葉がなくなってしまう。このニの判断が少し難しかった。

問八 標準　イ『伊勢《いせ》物語』は、平安時代前期（九世紀後半〜十世紀前半）に成立した歌物語。ロ『大鏡《おおかがみ》』は、平安時代後期（十一世紀後半〜十二世紀前半）に成立した歴史物語。ハ『新古今《しんこきん》和歌集』は、鎌倉時代初期（十三世紀前半）に成立した勅撰和歌集。ニ『土佐《とさ》日記』は、平安時代前期（十世紀前半）に成立した日記。ホ『日本《にほん》霊異記《りょういき》』は、平安時代初期（九世紀前半）に成立した仏教説話集。へ『方丈記《ほうじょうき》』は、鎌倉時代初期（十三世紀前半）に成立した随筆。

18 鶉衣

評価

50～40点→ 合格圏

39～30点→ まあまあ

29～0点→ がんばれ

解答

問一 b（4点）　問二 d（4点）

問三 a（4点）　問四 b（4点）

問五 a（4点）　問六 a（5点）

問七 c（5点）　問八 d（5点）

問九 b（5点）　問十 c（5点）

問十一 a（5点）

（50点満点）

出典

作品名　『鶉衣《うずらごろも》』　　作者　横井也有《よこいやゆう》

ジャンル　俳文集　　時代　江戸時代後期

本文解説

本文は「俳文《はいぶん》」である。「俳文」とは江戸時代の俳人《はいじん》たちが書いた散文のこと。いわゆる「古文の文体」をベースに漢語・俗語を散りばめて、格調高く和漢の古典をふまえたかと思えば俗に転じて、なかなか読みにくい文章である。しかし、入試ではふつうに出されるので要注意！　慣れておく必要がある。

「歎老ノ辞」。この文章に筆者がつけた題である。文字どおり「老いを歎くことば」。老人は若い人に交じってもイヤがられるだけ。話はトンチンカン。あるときは調子に乗って失敗もする。若いころ面白かった歌や浄瑠璃や落し咄《ばなし》も面白くない。これも老いた自分のせい。では別の境地を、と思っても、頭から老いた自分が離れないから楽しくもない。老いは忘れたほうがよい。でも忘れてはいけない。この塩梅《あんばい》が難しい。忘れてはいけない？　どうして？「不死」であっても老いていたなら、なんになる。「不老」＝「若さ」こそが貴重なのだ。仙人《せんにん》なんて秋風に吹かれて追憶にひたるだけ。老人には、春風も初夏の薫風も吹かない。できれば老いる前に死にたい。兼好法師は『徒然草』の中で「命長ければ恥多し。長くとも四十に足らぬほどにて死なんこそめやすかるべけれ」と言っているが、四十前に死ぬのは、ふつうの人にはさすがに早い。

松尾芭蕉は五十一、井原西鶴は五十二で亡くなっている。さて本文の作者横井也有は当年とって五十三。五十三って老人だろうか？ 間違いなく老人である。老眼鏡も入れ歯もない時代。生活のあれやこれやで情けない思いをしただろう。人生五十年。今の感覚で昔の人の年齢をとらえてはいけない。「算賀《さんが》」という言葉がある。長寿を祝う儀式だ。四十歳から始まり、十年ごとに行う。古文を読むとき、この年齢感覚を忘れてはいけない。

この「ことば」に注目！

◆「かの稀《まれ》なりと言ひし七十」

「人生七十古来稀なり」。中国詩人杜甫《とほ》の詩のなかにみえる言葉。ここから七十歳のことを「古希」という。七十七は「喜寿《きじゅ》」。八十八は「米寿《べいじゅ》」。九十九は「白寿《はくじゅ》」。ただし、「喜寿」「米寿」「白寿」と祝うようになったのは室町時代の終わりごろから。それまでは、四十・五十・六十・七十・八十・九十と十歳おきに長寿を祝った。

本文

1 芭蕉翁は五十一にて世を去り給ひ《尊敬》、作文に名を得し《過去》難波の西鶴も五十二にて一期を終り、見過しに《完了》けり《詠嘆》末二年の辞世を残せり《完了》。2 わが虚弱多病なる（身は）、それらの年も数え越して、今年は五十三の秋も立ちぬ《完了》。3 為頼の中納言の《主格》、若き人々の《主格》逃げ隠れけれ《過去》ば、いづくにか《疑問(係)》身をば寄せまし《ためらい(結)》と（歌ヲ）詠みて嘆かれ《自発》けん《過去の伝聞》（コト）も、やや思ひ知る身とはなれり《完了》けり《詠嘆》。4 さればうき世に立ち交じらん《意志》とすれば、なき（人）

本文解釈

1 （松尾）芭蕉翁は五十一歳でこの世を去られ、文章に名声を得た大阪の（井原）西鶴も五十二歳で一生を終え、「浮世の月見過しにけり末二年」という辞世の句を残した。2 私の虚弱で多病である身は、それらの年も通り越して、今年は五十三歳の秋も来た。3 （藤原）為頼中納言が、（参内したとき）若い殿上人たちが逃げ隠れたので、「いづくにか身をば寄せまし世の中に老いをいとはぬ人しなければ（＝いったいどこに身を寄せたものだろうか。世の中に老いをいやがらない人などいないのだから）」と（歌を）詠んで嘆かれたとかいうことも、やっと身にしみて知る身とはなったことよ。4 だから世間に交わろうとすると、（同じく為頼中納言の「世の中にあらま

が多くもなりゆきて、松も昔の友に《断定》はあらず《打消》。[5]たまたま一座につらなりて、若き人々にも厭がられ《受身》じ《打消意志》と、心軽くうちふるまへども、耳うとくなれば咄も間違ひ、たとへ聞こゆるささやき（咄）も、当時のはやり言葉を知らね《打消》ば、それは何事何ゆゑぞ《強調(文末)》と、根問ひ葉問ひを（若イ人々ハ）むつかしがりて、[6]枕相撲も拳酒も、騒ぎは次へ遠ざかれば、（老人ハ）奥の間にただ一人、火鉢蒲団の島守となりて、お迎へが参りましたと、問はぬ《打消》に告ぐる人にもかたじけなしと礼は言へども、何のかたじけなきことか《反語(係)》あらむ《推量(結)》。[7]（斉藤実盛ガ）六十の（白イ）髭を墨に染めて北国の軍に向かひ、（歌舞伎ノ老優ガ）五十の顔に白粉（ヲ）して三ヶの津の舞台に交じはるも、いづれか《反語(係)》老を嘆かずや《反語(係)》ある《(結)》。[8]歌も浄瑠璃も落し咄も、昔は今の（モノ）にまさりし《過去》ものを《詠嘆》と、老人ごとに覚えたる《存続》（ノ）は、己が心の《主格》愚なり。[9]ものは次第に面白けれども、今の（モノ）は我が面白からぬ《打消》に《断定》て、昔は我が面白かりし《過去》なり《断定》。[10]しかれば、人にも疎まれ《受身》ず《打消》、我も心の《主格》楽しむべき《推量》

しかばと思ふ人なきが多くもなりにけるかな」という歌のように、世の中に生きていたならばと思う人なのに）亡くなった人が次第に多くもなって、（藤原興風の「誰をかも知る人にせむ高砂の松も昔の友ならなくに（＝いったい誰を知っている人にすればいいのであろうか。あの高砂の松も昔からの友人ではないのに）」という歌のように、古くからある）松も昔からの友人ではない。[5]ときたま会席に参列して、若い人々にも嫌われまいと、軽々しく振る舞っても、耳が遠くなったので話も食い違い、たとえ聞こえるひそひそ話も、今の流行語を知らないので、「それはどういうことだどういうわけだ」と、根掘り葉掘り尋ねることを（若い人々は）わずらわしく思って、[6]枕相撲も拳酒も、騒ぎは次の間へ遠ざかるので、（老人は）奥の間でただ一人、コタツの番人となって、「お迎えが参りました」と、聞きもしないのに告げる人にも「ありがとう」と礼は言うけれども、なんのありがたいことがあろうか（ありがたいことなどなにもない）。[7]（斉藤実盛が）六十歳の（白い）髭を黒く染めて北国の戦陣に向かい、（歌舞伎の老優が）五十歳の顔に白粉を塗って京・大坂・江戸の舞台に加わっても、いったい誰が老いを嘆かずにいるものか（嘆かない人はいない）。[8]歌も浄瑠璃も落語も、「昔は今のものよりよかったのになあ」と、老人の誰しもがおのずと思っているのは、自分の心が愚かなのだ。[9]ものは時代を追ってだんだん面白いのだけれど、今のものは自分が面白く思わないだけで、昔は自分が面白く思っただけである。[10]だから、人にも嫌われず、自分も心が楽しむような身の置き所もあるだろうかと思いめぐらすが、わが身の老いを忘れないので、少

身の置き所もや《疑問(係)》と思ひめぐらすに、わが身の老を忘れざれ《打消》ば、しばらくも心（ハ）楽しまず《打消》。[11]わが身の老を忘るれば、例の人には厭がられ《受身》て、或るは似げなき酒色の上にあやまちをも取り出でん《推量》。[12]されば老は忘るべし《適当》。また老は忘るべから《適当》ず《打消》。[13]（コノ）二つの境（ハ）まことに得がたしや《詠嘆》。[14]今もし蓬莱の店を探さん《仮定》に、不老の薬は売り切れたり《存続》、不死の薬ばかりありと（店ノ者ガ）言はば、たとへ一銭に十袋売るとも、不老を離れて何か《反語(係)》せん《推量(結)》。[15]不死はなくとも不老あらば、十日なりとも足りぬ《強意》べし《推量》。[16]（宋ノ陸放翁ガ）神仙不死（ハ）何事をか《反語(係)》なす《(結)》、ただ秋風に向かひて感慨（ガ）多からむ《推量》と、薊子訓をそしりし《過去》（コト）もさることぞ《強調(文末)》かし《念押し》。[17]願はくば人はよきほどの終ひあらばや《願望》。[18]兼好が言ひし《過去》四十たらず《打消》の物好きは、なべての上には早過ぎたり《存続》。[19]かの稀なりと（杜甫ガ）言ひし《過去》七十まではいかがあるべき《可能》。[20]ここにいささかわが物好きを言はば、あたり隣の耳にや《疑問(係)》かからん《推量(結)》。[21]とても願の《主格》とどくまじき《打消推量》（コト）には、不用の長談義（ハ）

しのあいだも心は楽しまない。[11]わが身の老いを忘れると、例によって人にはいやがられ、あるときは似合わない（↓年がいもない）酒色の上で間違いもしでかすだろう。[12]だから老いは忘れたほうがよい。また老いは忘れないほうがよい。[13]（この）二つの境目はほんとうに会得《えとく》しがたいことだよ。[14]今かりに（不老不死の薬を扱う）蓬莱山の店を探し出したとして、「不老の薬は売り切れている、不死の薬だけはある」と（店の者が）言ったところで、たとえ一銭で十袋売るとしても、不老から離れて何になろうか（何の役にも立たない）。[15]たとえ不死はなくても不老があるのならば、十日であってもきっと満足するだろう。[16]（宋の陸放翁が）「神仙不死はいったい何事をなすのか、ただ秋風に向かって感慨が多いだけだろう」と、薊子訓をわるく言ったことももっともなことであるよ。[17]できることなら人はよい年齢で人生を終えたい。[18]兼好法師が（『徒然草』の中で）言った四十に満たず（死ぬのがよい）という好みは、ふつうの人の身では早すぎている。[19]あの稀《まれ》であると（杜甫が）言った七十歳まではどうして生きていられようか。[20]ここで少し私の好みを言ったならば、隣近所の耳に障るだろうか。[21]とうてい願いがかなわないようなことには、むだな長話は「言わないことは言うことよりもよいだろうから」として、この論はこのへんで筆をおいてしまった。

言はぬ《打消》（コト）は言ふ（コト）にまさらん《推量》をと、この論（ハ）ここに筆を拭ひぬ《完了》。

設問解説

問一 やや易　「それらの年」を「数え越し」た結果、「今年は五十三の秋も立ちぬ」（＝今年は五十三歳の秋も来た）というのだから、「それらの年」は「五十一、五十二という年」である。前の文に、「芭蕉翁」（＝松尾芭蕉）は五十一歳で世を去り、「西鶴」（＝井原西鶴）は五十二歳で一生を終えたことを述べた上で、その芭蕉や西鶴の没年を過ぎても筆者はまだ生きている、と述べているのだ。

問二 やや易　助動詞「まし」に注目する。「まし」の主な意味は、〈❶（反実仮想）～ならば…だろうに、❷（ためらいの意志）～たものだろうか、～ようかしら〉の二つ。❶が《～せば…まし》《～ましかば…まし》《～未然形＋ば…まし》などの形で用いられるのに対し、❷は疑問語と呼応して用いられる。傍線部2は、「いづくにか」という疑問表現を含むので、「まし」は❷のためらいの意志と考えられ、〈どこに身を寄せたものだろうか〉の意となる。これと同義の選択肢を選べばよい。

問三 標準　前提として、本文で筆者が自らの「老」を話題にしているということを押さえておかなければならない。傍線部6「いづれか老を嘆かずやある」など、本文の随所から読み取ることができる。もちろん筆者は五十三歳である。現在なら五十三歳くらいで老を嘆いていたのでは先が思いやられるけれど、当時と今とでは老のとらえ方が異なるということだ。その上で、傍線部3の後の文に、筆者が会合に出席した折のこととして、「若き人々にも厭がられじ」⑤とあり、さらに「奥の間にただ一人、火鉢蒲団の島守となりて」⑥とあることから、どうやら会合に出席した老人は筆者だけらしい、ということを理解する。それが傍線部3「なきが多くもなりゆきて」の結果なのだ。芭蕉も西鶴も五十一、五十二歳で世を去ったということも思い出そう。すると、「なき」は「亡き」であり、死んだ人のことだとわかる。もちろん現在なら五十歳やそこらで同世代がバタバタ死んだのでは世の中が立ちゆかないけれど、当時と今とでは人の平均寿命も異なるのだ。

問四　やや易　「むつかしがり」は、ラ行四段活用動詞「むつかしがる」の連用形で、これはシク活用形容詞「むつかし」に、〈～と思う〉の意の接尾語「がる」がついたもの。「むつかし」は重要単語で、〈❶うっとうしい、不快だ、❷わずらわしい、厄介だ、❸見苦しい、❹気味がわるい〉などの意。この時点で、選択肢のｃ「親切にしてくれて」は明らかに誤り。あとは、文意をたどってみればよい。少し前に「当時のはやり言葉を知らねば」とあるのは、老人の筆者のこと。よって「それは何事何ゆゑぞ」と質問するのも筆者。傍線部4の直前の「根問ひ葉問ひ」は見慣れない表現だが、現代語の「根掘り葉掘り」と結びつけて理解することは難しくない。若い人たちが話をしていると、老人の筆者が根掘り葉掘り質問するのである。それをうっとうしくわずらわしく感じている若い人たちの姿を想像することも難しくないだろう。傍線部4の「むつかし」は❶または❷の意で、若い人たちが筆者を邪魔くさく思っているということを言っていると考えることができる。

問五　易　傍線部5はひとまず〈何のかたじけないことがあるだろうか〉と直訳することができる。しかし、これに該当する疑問文の選択肢は見当たらない。そこで反語文の可能性を考える。反語文なら〈何のかたじけないことがあるだろうか、いや、何もかたじけないことはない〉の意となるので、これで正解を決めることができる。

問六　やや易　「いづれ」は〈どれ、どこ、どちら〉などの意の代名詞。「や」は疑問の係助詞。傍線部6はひとまず〈どちらが老を嘆かないでいるか〉と直訳することができる。ただし、選択肢に疑問文は一つもない。ａとｄがちょっと見ると疑問文に見えるかもしれないが、どちらも反語文である。ａは「老を嘆かないものはいない」の意味を、ｄは「どちらも老を嘆いたりしない」の意味を含んでいる。そこで、反語文なんだ！　と頭を切り換えてあらためて傍線部6を訳すと、〈どちらが老を嘆かないでいるか、いや、どちらも老を嘆かないでいることはない〉となる。つまり、老を嘆かないものはいないということなので、これに該当する選択肢はａ。少しややこしくて頭がこんがらがりそうだが、落ち着いて考えてみれば難しくないはず。

問七　標準　傍線部7の前には、老人は「昔は今のにまさりしものを」（＝昔は今のものよりよかったのになあ）と感じているけれど、そう感じる老人の心が愚かなのだ、とある。傍線部の後には「今のは我が面白からぬにて、昔は我が面白かりしなり」とあり、これは、老人が今のは面白くないと自分で思い込んでいるだけであり、昔はよかったと感じるのもやはり老人が自分で勝手にそう思い込んでいるだけなのだ、ということである。つまり、老人が「昔は今のにまさりしものを」と感じるのは思い込みであり、客観的には今より昔の方が面白いということはないのだ、と述べていることになる。こうした前後の話題をふまえて選択肢を見ると、aは「理解していけば」が誤り。理解の深さは前後で話題になっていない。bは「これから先」が誤り。本文では昔と今を話題にしているのであり、将来のことは話題にしていない。dは「結末に近づいていけばいくほど」が誤り。「結末」とは何のことやら判然としない。ここは、昔と今という時代の違いを話題にしているのだから、やはりcの「時代を追って」が適切である。

問八（易）「思ひめぐらす」に注目すれば一発で正解が決まる。これは現代語の「思いめぐらす」と同じく〈あれこれ考える〉の意の動詞。選択肢a「考えて」、b「あきらめきって」、c「分からないので」はいずれも正しくないが、d「いろいろ考えてみるに」だけは正しい。

問九（やや易）直前の[10][11]を押さえればよい。まず「わが身の老を忘れざれば、しばらくも心楽しまず」とあるのだから、老を忘れないと楽しくないのだ。だから「老は忘るべし」という。一方、「わが身の老を忘るれば、例の人には厭がられて」とあるのだから、老を忘れると人に嫌われるのだ。だから「老は忘るべからず」という。

問十（標準）選択肢を順に検討しよう。aは、本文に書かれていない。たしかに[3]に「若き人々の逃げ隠れければ」とあるけれど、これは筆者のことではなく為頼中納言のことだし、また、[6]には「騒ぎは次へ遠ざかれば、奥の間にただ一人……」とあるけれど、これは筆者が根掘り葉掘り質問をするからうっとうしくて遠ざかるのであって、筆者を見ただけで逃げていくのではない。bは、「四十歳で死ぬのがよい」が誤り。本文の[18]に「兼好が言ひし四十たらずの物好きは、なべての上には早過ぎたり」（＝兼好法師が言った四十歳に満たず死ぬのがよいという好みは、ふつうの人の身では早すぎている）とある。cは、本文の「耳うとくなれば……むつかしがりて」（[5]）の部分に述べられることに合致するので、これが正解。dは、「好きになれない」が本文に書かれていない。

問十一（やや易）本文の「今もし蓬莱の店を探さんに」（[14]）以下の部分を正しく読み取る。不老の薬は売り切れていて、不死の薬だけ「一銭に十袋売る」という大安売りをしていても、「不老を離れて何かせん」（＝不老から離れて何になろうか、何の役にも立たない）と言う。「何かせん」は〈何の役にも立たない〉の意の重要語句。つまり、不老なくして不死だけでは意味がないというのだ。

さらに、「不死はなくとも不老あらば、十日なりとも足りぬべし」（＝たとえ不死はなくても不老があるのならば、十日であってもきっと満足するだろう）⑮ともあるので、筆者は不死にはまったく執着していないということもわかる。不老には関心があるけれど不死はいらないのだ。すると、選択肢のｂ・ｃ・ｄはいずれも誤りだということが明らかになる。

19 徒然草

評価

50～38点→ 合格圏

37～26点→ まあまあ

25～0点→ がんばれ

解答

問一 A カ B エ （各6点）

問二 1 d 3 a （各5点）

問三 イ・オ （各2点）

問四 2 ウ 5 c （各6点）

問五 オ （6点）

問六 聞えたり。 （6点）

（50点満点）

出典

作品名 『徒然草《つれづれぐさ》』 作者 卜部兼好《うらべけんこう》

ジャンル 随筆 時代 鎌倉時代末期

本文解説

「大福長者」とは「大富豪」のこと。ある大富豪が言う。「人は万をさしおきて、ひたふるに徳をつくべきなり。貧しくては生けるかひなし。富めるのみを人とす」。いかにも欲にとらわれた者の言いそうな言葉である。ところが、富をなすためにこの大富豪が説く教えは、その1「現世を肯定しなさい」。その2「願望を否定しなさい」。その3「お金をあがめ、使うことはやめなさい」。その4「辱めを受けても怒ることなく許しなさい」。その5「正直であって約束をかたく守りなさい」。見事な経済倫理である。ではなぜ蓄財するのか？ 大富豪は言う。「銭積もりて尽きざる時は、（中略）心とこしなへに安く楽し」。つまり、心の平安をずっと保つためなのである。「恒産なければ恒心なし（＝生活が安定していないと心も安定しない）」とは『孟子』にある言葉だが、裏返して「恒産あれば恒心あり」という論なのだろう。

この大富豪の教えに対して作者はみずからの感想を21～30で述べている。大富豪が現世を肯定し、無常観を否定しながら、「所願あれどもかなへず、銭あれども用ゐざらん」と説くことは、つまるところ「貧富分く所なし」ということになる。表面的には両極に立つものが究極的には一致するのだ。この論理の面白さ。まさに「大欲は無欲に似たり」である。

この「ことば」に注目！

◆**「徳」** 今日《こんにち》「徳」と言えば「人徳」の「徳」。「人から敬われる人柄」をいうのがふつうだ。ところが古語には「富・財産」という意味もある。どうやら昔の人にとって心の豊かさと物の豊かさは切り離すことのできない、ちょうどコインの裏表のようなものだったらしい。本文中の「楽し」も同様の語。現代語の意味のほかに古語には「裕福だ」という意味もある。この「楽し」は現代と同じ語義で使われているが、「銭積もりて尽きざる時は」ともあるので、やはりこの心地よさは裏から経済的な豊かさに支えられたものであることがわかる。

本文

1或大福長者の言はく、「人は万をさしおきて、ひたふるに徳をつくべき《当然》なり《断定》。2貧しくては生ける《存続》かひ(ガ)なし。3富める《存続》（モノ）のみを人とす。4徳をつかん《意志》と思はば、すべからくまづその心づかひを修行すべし《当然》。5その心と言ふ（ノ）は、他のことに《断定》あらず《打消》。6人間常住の思ひに住して、かりにも無常を観ずる事（ガ）なかれ。7これ（ガ）第一の用心なり《断定》。8次に万事の用をかなふべから《当然》ず《打消》。9人の《主格》世にある（トキハ）、自他につけて所願（ハ）無量なり。10欲に随ひて志を遂げん《意志》と思はば、百万の銭（ガ）ありといふとも、暫く

本文解釈

1ある大富豪の言うことには、「人はすべてを後回しにして、ひたすら財産を身につけなくてはならないのである。2貧しくては生きている値打ちがない。3富んでいるものだけを人という。4財産を身につけようと思うならば、当然まずその心がけを修行しなければならない。5その心というのは、ほかのことではない。6この世は不変だという考えにとどまって、かりそめにも無常を悟ることがあってはならない。7これが第一の注意点である。8次にすべての必要をかなえてはならない。9人がこの世にいるときは、自分のことであれ他人のことであれ願望は無限である。10欲望のままに望みをかなえようと思うならば、たとえ百万の銭があるとしても、少しのあいだも（銭は手もとに）とどまるはずはない。11願望はおさまるときがない。12財産はなくなる限度がある。13限りがある財産でもって、限りのない願望に応じることは、でき

も（銭ハ）住すべから《当然》ず《打消》。11所願は止む時（ガ）なし。12財は尽くる期（ガ）あり。13限り（ガ）ある財をもちて、かぎりなき願ひにしたがふ事（ハ）、得べから《当然》ず《打消》。14所願（ガ）心にきざす事（ガ）あらば、我をほろぼすべき《当然》悪念（ガ）来たれり《完了》と、かたく慎み恐れて、小要をも為すべから《当然》ず《打消》。15次に、銭を奴のごとく《比況》して使ひもちゐる物と知らば、永く貧苦を免るべから《可能》ず《打消》。16君のごとく《比況》、神のごとく《比況》畏れ尊みて、従へもちゐること（ガ）なかれ。17次に、恥に臨むといふとも、怒り恨むる事（ガ）なかれ。18次に、正直にして約を固くすべし《当然》。19この義を守りて利を求めん《婉曲》人は、富の《主格》来る事（ハ）、火の《主格》かわける《存続》（モノ）につき、水の《主格》くだれる《存続》（トコロ）にしたがふがごとくなる《比況》べし《推量》。20銭（ガ）積もりて尽きざる《打消》時は、宴飲・声色を事とせず《打消》、居所を飾らず《打消》、所願を成ぜざれ《打消》ども、心（ハ）とこしなへに安く楽し」と申し《謙譲》き《過去》。

21そもそも人は、所願を成ぜん《意志》（コト）がために、財を求む。22銭を財とする事は、願ひをかなふるが故

るはずがない。14願望が心に生ずることがあったら、自分を破滅させることになるわるい心がやって来たと、厳しく自重し用心して、わずかな必要をも満たしてはならない。15次に、銭を下僕のようにして使用するものと心得るならば、いつまでも貧困からのがれることはできない。16主君のように、神のように畏怖し尊崇して、服従させて使用することがあってはならない。17次に、たとえ恥ずかしい目にあうとしても、怒ったり恨んだりすることがあってはならない。18次に、正直であって約束を厳守しなければならない。19こうした道理を守って利益を求めるような人は、財産が集まってくることは、火が乾いているものに燃え移り、水が低くなっている所に向かうのと同じで（容易なことで）あるにちがいない。20銭がたまってなくならないときは、酒宴や美声・女色にふけることなく、住居を飾り立てることなく、願望を成就することなくても、心はいつまでも平穏で楽しい」と申しました。

21そもそも人は、願望を成就しようとすることのために、財産を求める。22銭を財産とすることは、（銭が）願いをかなえてくれるからである。23願望があってもかなえず、銭があっても使わないとしたらそれは、まったく貧乏人と同じだ。24何を楽しみとするのだろうか（楽しみはないだろう）。25この（大富豪の）心構えは、ただもう世間的な欲望を断ち切って、貧しさを嘆いてはならないと（いう意味に）理解された。26欲望を成就して楽しみとするようなことよりは、財産がないようなことに、匹敵することはないだろう（→こしたことはないだろう）。27悪性のできものを患う者は、（その患部を）水で洗って楽しみとするようなことよりは、病

なり《断定》。23所願（ガ）あれどもかなへず《打消》、銭（ガ）あれども用ゐざら《打消》ん《仮定》は、全く貧者とおなじ。24何をか《反語(係)》楽しびとせん《推量(結)》。25このおきては、ただ人間の望みを断ちて、貧を憂ふべから《当然》ず《打消》と聞えたり《完了》。26欲を成じて楽しびとせん《婉曲》（コト）よりは、しかじ《打消推量》、財（ガ）なからん《婉曲》（コト）には。27癰・疽を病む者（ハ）、水に洗ひて楽しびとせん《婉曲》（コト）よりは、病まざら《打消》ん《婉曲》（コト）にはしかじ《打消推量》。28ここに至りては、貧富（ハ）分く所（ガ）なし。29究竟は理即に等し。30大欲は無欲に似たり《存続》。

を患わないようなことに匹敵することはないだろう（→こしたことはないだろう）。28ここ（＝銭があっても使わないという境地）までくれば、貧乏と富裕は区別するところがない。29悟りの境地は迷いの境地と同じである。30欲望が大きいことは欲望がないのと同じである。

設問解説

問一 やや難　「大福長者」（＝大富豪）が「徳」（＝財産）を身につけるための「心づかひ」（＝心がけ）の第一として述べるのが、二つの空欄を含む6の文である。「人間［A］の思ひに住して、かりにも［B］を観ずる事なかれ」（＝この世は［A］だという考えにとどまって、かりそめにも［B］を悟ることがあってはならない）というのだから、Aは財産を蓄えるためにプラスとなること、Bは財産を蓄えるためにはマイナスとなることであり、AとBは相互に対立的な概念であるはずだ。そこで選択肢の中から、対立的な関係になりそうな組み合わせを探すと、エ「無常」（＝万物が変化すること）とカ「常住」（＝変化せず存在し続けること）の組み合わせくらいしか見つからない。ア「富貴」（＝財産が豊かで位が高いこと）とウ「清貧」（＝貧乏だが行いが潔白であること）も対立的な関係にあるように思うかもしれないが、「富貴」の「貴」に対立する意味を「清貧」はもたないし、逆に「清貧」の「清」に対立する意味を「富貴」はもたないので、これらは対立的な関係の組み合わせにはならない。そもそも、Aの直前の「人間」は、これをニンゲンと読むにしてもジンカンと読むにしても、〈人の住む世界、この世、世間〉の意なので（現代語と同じ〈人〉の意で用いられるようになるのは基本的には江戸時代以降と考えておいてよい）、〈この世は富貴だ〉〈この世は清貧だ〉では文意としておかしい。こうして選択肢はエとカに絞られるので、あとはAとBのどっちが「無常」でどっちが「常住」かの判断である。その際、古文では、この世の「無常」を嘆く登場人物がしばしば俗世間の人間関係も地位も財産もすべて捨てて出家をする、ということを考えると、「無常」の思いは財産を蓄えるためにプラスにはなりそうもないと思い至ることができるだろう。この世は「無常」で人の命もはかないとすれば、いくら蓄財してもあの世に持って行けるわけでもなく、そもそもこの世で蓄財に励むのはむなしいことだ、ということになる。この世を「常住」と見るからこそ、蓄財が有意義になるということだ。

問二 易　1の直前の「富め」はマ行四段活用動詞「富《と》む」の已然形（または命令形）。四段活用動詞の已然形（または命令形）に接続する「る」は、完了・存続の助動詞「り」の連体形である。ここは、〈富んでいる〉と訳すのがふさわしいので、細かくいえば存続の意味だが、「存続」という選択肢はないので、d「完了」を選んで差し支えない。たとえ存続の意味で用いられている場合でも「完了の助動詞」と呼ぶ場合がある。3の「ん」は「む」と同じものである。助動詞「む（ん）」には、〈❶推量、❷意志、❸適当・勧誘、❹婉曲・仮定〉の意味がある。これも細かくいえば、文末以外の「む（ん）」は❹と考えるのが一般だが、それに該当する選択肢はないし、❶〜❹のどの意味であっても「推量の助動詞」と呼ぶ場合があるので、a「推量」を選んで差し支えない。

問三 易　「しかじ、財なからんには」が「財なからんには、しかじ」の倒置だと気づくこと。「しか」は、カ行四段活用動詞「しく（及く・若く・如く）」の未然形で、〈及ぶ、匹敵する〉の意の重要単語。通常、「〜に（は）しかじ」で〈〜にこしたことはないだろう〉の意となる。「じ」は打消推量の助動詞。選択肢のうち、イはそもそも前後の文意に合わないし、オについては、たしかに「然《しか》」（＝そのように）という副詞はあるけれど、それでは「じ」の説明がつかない。

問四 標準　2は、9の文に「所願無量なり」（＝願望は無限である）とあることをふまえて、10の文意を考えればよい。無限の「欲」に従って「志を遂げん」（＝望みをかなえよう〉としたらどうなるか、と考えれば、いくら「百万の銭」があってもその銭はやがてなくなるはずだ、という見当は容易につくだろう。すると、傍線部2「住すべからず」は、おおよそ〈銭がなくなる〉の意だと判断される。これに該当する選択肢はウである。「〈銭は手もとに〉とどまるはずはない」ということだ。

5は、「事とせ」（名詞＋格助詞＋サ行変格活用動詞の未然形）がポイント。基本形は「事とす」で、〈専念する、熱中する〉などの意。現代語にも「事とする」という言い方がある。「事とせず」で〈熱中することなく〉の意となり、これに近い意味の選択肢はc。ただし、仮に「事とせず」を以上のような仕方で理解できなかったとしても、傍線部5「宴飲・声色を事とせず」が、後の「居所を飾らず」及び「所願を成ぜざれ」と並列の関係にあることに気づいて、〈〜なく、〜なく、〜なくても、心はいつまでも平穏で楽しい〉という文意が押さえられれば、正解の選択肢を選ぶことができる。

問五 易　傍線部4を訳すと〈火が乾いているものに燃え移り、水が低くなっている所に向かうのと同じであるにちがいない〉となる。湿ったものより乾いたものの方に火はつきやすいし、平らな所より低い所の方へ水は流れやすいのだから、これは容易なことのたとえである。選択肢は、イ・ウは論外として、アについては、乾いたものに火をつけるのも低い所に水が流れるのも、容易に可能なのであって困難を乗り越えて可能となることではないが、アではその区別がつかないので不適切。エについては、乾いたものに火をつけることはいつも迅速に行えるかもしれないが、低い所に水が流れる速度はいつも迅速とは限らない（斜面の緩急によってはゆっくり流れることだってある）ので不適切である。だいいち、「大福長者」は蓄財の迅速さなんて少しも話題にしていない。

問六 標準　まず、傍線部7の後の「貧富分く所なし」（＝貧乏と富裕は区別するところがない）が、23の「全く貧者とおなじ」と照応することを押さえて、そこから文脈をたどってみよう。23で筆者は、前段落の「大福長者」の所説を受けて、「所願あれどもかなへず、銭あれども用ゐざらん」（＝願望があってもかなえず、銭があっても使わない）と言うのなら、いくら富裕でも貧乏人と同じことだ、と言う。さらに、25に「このおきて」（＝この心構え）とあるのは、その願望もかなえず銭も使わないという「大福長者」の心構えのことであり、それを筆者は、「ただ人間の望みを断ちて、貧を憂ふべからず」（＝ただもう世間的な欲望を断ち切って、貧しさを嘆いてはならない）という意味に理解したという。つまり、「大福長者」の説く富裕の心構えは、単に願望もかなえず銭も使わないという現象として貧者と等しいのではなく、欲望を断ち切って物質的な貧しさを受け入れようとする精神的な境地において貧者と等しいのだということである。それを[28]で「ここに至りては、貧富分く所なし」と言っているのだ。間に挟まる[26]と[27]は、まず[26]で欲望を満足させる楽しみを否定し、[27]ではそれを「癰・疽」の比喩で補強する。これによって、欲望を断ち切って物質的な貧しさを受け入れる境地の優位を強調するのであり、[26]と[27]は、[25]に対する補足的部分と見ることができる。したがって、論旨は[25]から[28]へつながるのであり、傍線部7は、文脈上、[25]を直接受けているといえる。解答に当たっては、設問文の「句読点も文字数に含む」という指示を忘れないこと。

　あるいは、筆者は「大福長者」の所説を話題にしているのだから、傍線部7の「ここ」は結局は「大福長者」の所説を指していて、だから正解は「大福長者」の発言の末尾「に安く楽し」だと思ったかもしれない。たしかに、「ここ」の指示するものを突きつめれば「大福長者」の発言に行き着くことは間違いない。しかし、設問で問われているのは、「どの文を直接受けているか」ということである。先に確認したように、筆者は「大福長者」の発言を受けて[23]・[25]と考察を深めた上で[28]に至るのであり、傍線部7は「大福長者」の発言を「直接」受けているわけではない。何を求められているのか、設問の意図を正しく読み取るということもとても重要なことだ。

20 源氏物語

評価

50～38点→ 合格圏

37～24点→ まあまあ

23～0点→ がんばれ

解答

（50点満点）

問一 2 （3点）　問二 1 （4点）

問三 3 （4点）　問四 1 （4点）

問五 5 （4点）　問六 5 （4点）

問七 5 （4点）　問八 4 （4点）

問九 4 （2） （3点）　問十 1 （4点）

問十一 3 （4点）

問十二 (イ) 1 (ロ) 4 （各2点）

問十三 高き人 （4点）

出典

作品名 『源氏《げんじ》物語』　作者 紫式部《むらさきしきぶ》

ジャンル 作り物語　時代 平安時代中期

本文解説

「宇治十帖《じゅうじょう》」。『源氏物語』五十四帖の中の最後の十帖。光源氏も紫の上ももうこの世の人でなく、主役を、薫と匂宮、大君と中の君と浮舟に譲り、物語の舞台も京から宇治へと移ってつづられる巻々。薫は源氏の子ども。しかし源氏の血は流れていない不義の子である。匂宮は光源氏の孫。そして大君・中の君・浮舟はいずれも八の宮の娘（浮舟は姉二人とは母が違うが）である。

　人生、ついていないときはついていないもの。しかし、ずっとついていないまま終わる人生もめずらしい。ところが、八の宮はそういう人生を送った人。父は桐壺帝。光源氏と同じ。母が違う。母は大臣の娘。女御《にょうご》である。源氏の母は、大納言の娘で、更衣《こうい》。血では源氏の上をゆく。ついている！が、この血筋のよさが不幸をもたらす。政争にまきこまれてしまったのだ（9）。八の宮はアンチ源氏の有力な一員。もとよりこれは八の宮の思いではない。八の宮はコマにすぎない。時が移り、世は光源氏の天下。八の宮は政争の犠牲者。とはいっても、敗者であることにかわりはない。八の宮の「後見」たちはそれぞれに八の宮のもとを去る。心の慰めは妻の存在。この妻も、母同様、大臣の娘。たいへんなお嬢様である。この人は心根《こころね》のやさしい人。夫八の宮が落ちぶれても、八の宮から離れることはない。やがて子どもの誕生。女の子（大君）である。つづいてまた次女（中の君）が。ところがこの出産と引きかえに妻が命を落としてしまう。そして住んでいた邸の焼亡《しょうぼう》。八の宮は宇治の山荘に幼い娘二人を連れて住むことになる。八の宮は出家を望んでいた。最愛の妻に先立たれてしまった今、俗世に身をおき生きていてもいいことはない。しかし二人の娘を残して出家するわけにはいかない。心の半分は来世、残り半分は娘たち。八の宮は仏道修行に励みながらも、娘たちの養育に勤《いそ》しむ。宇治に移り住んだ八の宮は近くに住む僧と知り合う。八の宮はこの僧を仏道の師とあがめるようになる。僧は冷泉院の師でもあった。僧はあるとき宇治から京に出て来て冷泉院の前に伺候《しこう》した。八の宮の話題になる。僧は院に宇治の八の宮の様子そして姫君たちのことを語る。その場には薫も控えていた。「宇治十帖」物語の幕開けである。

この「ことば」に注目！

◆「女御」　辞書を引くと「天皇の寝所に仕える女性の地位の一つ」とある。要するに天皇の妻のこと。「地位」とあるのは、天皇には妻が複数いて、妻にはランクがあるから。一番上が「中宮（皇后）」。その次が「女御」。その下が「更衣」。妻の実家の格で決まる。「女御」は一人ではない。多くいる。このなかから一人の女性が「中宮（皇后）」に選ばれる。選ばれるためにバトルをするのは本人だけでない。親兄弟も熾烈《しれつ》なバトルを繰り広げるのです。

本文

[1]父帝にも女御にも、とく後れきこえ〔謙譲〕たまひ〔尊敬〕て、はかばかしき御後見の〔同格〕とりたてたる〔存続〕（人モ）、おはせ〔尊敬〕ざり〔打消〕けれ〔過去〕ば、才など（ヲ）深くもえ習ひたま〔尊敬〕はず〔打消〕。[2]まい《し》て、世の中に住みつく御心おきては、いかでかは〔反語（係）〕知りたま〔尊敬〕はむ〔推量（結）〕。[3]高き人ときこゆる〔謙譲〕中にも、あさましう《く》あて

本文解釈

[1]父帝（＝桐壺帝）にも女御（＝母）にも、はやくに先立たれ申し上げなさって、しっかりした御世話役で特に取り上げる人も、いらっしゃらなかったので、学問などを深くは習得なさることができない。[2]まして、俗世間で身を処していくお心構えは、どうして知っていらっしゃるであろうか（お知りにならない）。[3]高貴な人と申し上げる中でも、驚くほど上品でおっとりしているところが、女のようでいらっしゃるので、[4]古い時代からの御宝物や、

に おほどかなる（トコロガ）、女の やうに《比況》 おはす《尊敬》れば、4古き世の御宝物、祖父大臣の御処分（ガ）、何やかやと尽きす まじかり《打消当然》 けれ《過去》ど、5行く方もなく、はかなく失せはてて、御調度など ばかり《限定》 なむ《強調(係)》、わざとうるはしくて多かり ける《過去(結)》。6参り《謙譲》とぶらひきこえ《謙譲》、心（ヲ）寄せたてまつる《謙譲》人もなし。7つれづれなるままに、雅楽寮の物の師どもなどやうの、すぐれ たる《存続》（人々）を、召《尊敬》し寄せつつ、はかなき遊びに心を入れて、生ひ出でたま《尊敬》へ れ《完了》ば、その方は、いとをかしうすぐれたまへ《尊敬》 り《存続》。8源氏の大殿の御弟 に《断定》 おはせ《尊敬》 し《過去》を、冷泉院 の《主格》 春宮 に《断定》 おはしまし《尊敬》 し《過去》時、朱雀院の大后 の《主格》、よこさまに思《尊敬》しかまへて、この宮を世の中に立ち継ぎたまふ《尊敬》 べく《意志》、わが御時、もてかしづきたてまつり《謙譲》たまひ《尊敬》 ける《過去》 騒ぎに、9あいなく、あなたざまの御仲らひには、さし放た れ《受身》たまひ《尊敬》 に《完了》けれ《過去》ば、いよいよ、かの（光源氏ノ）御次次になりはて ぬる《完了》 世にて、え まじらひたまは《尊敬》 ず《打消》。10また、この年ごろ、かかる聖になりはてて、今は限りと、よろづを思し《尊敬》捨て たり《存続》。

祖父大臣の御遺産が、あれやこれやと尽きるはずがないほど多くあったけれど、5どこへともなく、むなしくすっかりなくなって、身の回りの御道具類などだけが、格別に立派な様子でたくさんあった。6参上しご機嫌をうかがい申し上げ、心を寄せ申し上げる人もいない。7することもなくもの寂しい気持ちのままに、雅楽寮の楽師たちなどのような、すぐれている人々を、呼び寄せなさっては、他愛ない管弦の遊びに熱中して、成長なさったので、その（管弦の）方面は、たいそう趣深くすぐれていらっしゃる。

8源氏の大殿の御弟でいらっしゃったが、冷泉院が皇太子でいらっしゃったとき、朱雀院の大后が、道に外れて企てをなさって、この宮（＝八の宮）を世の中に立つ跡継ぎ（→皇位継承者）になさろうと、自分の勢力が盛んなとき、よくよく大切にお世話し申し上げなさった騒ぎで、9（八の宮の意向とは）関係なく、あちらの方（＝光源氏方）のおつきあいからは、遠ざけられなさってしまったので、いっそう、その（光源氏の）御子孫の代にすっかりなってしまった世の中で、世の中と交際することがおできにならない。10また、ここ数年、このような聖にすっかりなってしまって、もはやこれまでと、すべてをあきらめなさっていた。

11こうしているうちに、お住みになっているお邸が、焼けてしまった。12不運がたび重なる世の中で、あきれるほどあっけなくて、移り住みなさることのできる所で、適当な所もなかったので、宇治という所に、それなりに風情のある山荘を、お持ちになっていたその山荘に、お移りになる。13見切りをつけなさった世間であるが、もうこれまでと（都の外に）離れ住むようなことを、し

11かかる ほどに、住みたまふ《尊敬》宮（ガ）、焼け に《完了》けり《過去》。12いとどしき世に、あさましう《く》あへなくて、移ろひ住みたまふ《尊敬》べき《可能》所 の《同格》、よろしき（トコロ）もなかり けれ《過去》ば、宇治といふ所に、よしある山里（ヲ）、持たまへ《尊敬》り《存続》ける《過去》（ソノ山荘）に、渡りたまふ《尊敬》。13思ひ捨てたまへ《尊敬》る《完了》世 なれ《断定》ども、今はと住み離れ な《強意》む《婉曲》（コト）を、あはれに思さ《尊敬》る《自発》。

みじみと寂しくお思いにならずにはいられない。

設問解説

問一 易 「才《ざえ》」は重要単語で、〈❶〔漢学の〕学問、学識、教養、❷〔芸能の〕技術、能力〉の意の名詞。本文は、しっかりした後見人がいなかった八の宮は「才」を深く学ぶことができなかったという文意で、通常、当時の高貴な男性が学ぶのは漢学なので、ここでは❶の意。

問二 標準 「世の中」は重要単語で、〈❶世間、社会、❷俗世、❸現世、この世、❹治世、❺生活、境遇、❻男女の仲〉などの意の名詞。「心おきて」も重要単語で、〈心構え、心得〉の意の名詞。傍線部(2)の後には「いかでかは知りたまはむ」（＝どうして知っていらっしゃるであろうか）とあるが、これは反語文で、つまり、八の宮は「世の中に住みつく御心おきて」を知らないという。その結果、「古き世の御宝物、祖父大臣の御処分」といった伝来の財産も「行く方もなく、はかなく失せはてて」（＝どこへともなく、むなしくすっかりなくなって）しまい、さらに、「心寄せたてまつる人もなし」（＝心を寄せ申し上げる人もいない）という状態だ、と本文は続く。ということは、八の宮は、経済的にも人間関係の上でも、この世の中でうまく立ちまわるすべを知らないのだ。すると、傍線部(2)の「世の中」は先の❶もしくは❷で、選択肢は1が適切だと判断できる。2は「向上させていく」が誤り。八の宮は、向上させるどころか維持することもできない。

問三 易 「あさましう」は、シク活用形容詞「あさまし」の連用形「あさましく」のウ音便形。「あさまし」は、7問三に既出の重要単語で、〈意外だ、驚きあきれるほどだ〉の意が基本。

問四 やや易 「わざと」は重要単語で、〈❶わざわざ、意図的に、❷格別に、特別に、❸正式に、本格的に、❹あらためて〉などの意の副詞。「古き世の御宝物、祖父大臣の御処分」といった伝来の財産はなくなって、「御調度」だけが「うるはしくて多かりける」(＝立派な様子でたくさんあった)と述べられている。「調度《てうど》」は日常的に用いる家具や道具類のこと。「うるはしく」はシク活用形容詞「うるはし」の連用形で、〈❶きちんとしていて美しい、立派で美しい、❷完全だ、正式だ、ちゃんとしている、❸人間関係がきちんとしている、親密だ〉などの意の重要単語。ここでは「御調度」についていっているので❶。多くの宝物や財産を失っても日常的に用いているものは手放すことができないので残されている。しかしそれらも立派で美しい品物であるから、何もない所に立派な「御調度」だけが特別に目立っていたということである。したがって、「わざと」は先の❷の意。

問五 やや易 すぐ前に、八の宮が「雅楽寮の物の師ども」などを呼び寄せて「遊び」に心を入れていたということが述べられている。「遊び」は重要単語で、〈❶詩歌管弦を楽しむこと、❷宴会、行楽、❸遊興、遊び、❹遊女〉などの意の名詞。通常は❶が多い。ここでは「雅楽寮の物の師ども」を呼んで行う「遊び」であり、「雅楽寮」は注4によれば「雅楽・舞人・楽人などを管理する役所」なのだから、主に管弦の遊びだと考えられる。八の宮は管弦の遊びに心を入れていて、だから管弦の方面にすぐれていた、という文意である。

問六 やや難 「あいなく」は、ク活用形容詞「あいなし」の連用形で、〈❶何の関係もない、つまらない、❷筋が通らない、不本意だ、❸面白みがない、つまらない、❹(「あいなく」で)わけもなく、むやみに〉などの意の重要単語。前後の文意が少しわかりにくいが、少し前に「この宮を世の中に立ち継ぎたまふべく」とあるのは、「朱雀院の大后」が「この宮」(＝八の宮)を世の中に立つ跡継ぎにしようとした、つまり皇位継承者にしようとした、ということである。そして、そんな「騒ぎ」のために、八の宮は「あなたざまの御仲らひには、さし放たれたまひにければ」(＝光源氏方のおつきあいからは、遠ざけられなさってしまったので)という状況になった。大后方に取り込まれたために光源氏方とは疎遠になったということだ(大后方と光源氏方とが対立的な関係にあった背景が想像される！)。注意したいのは、この間、八の宮自身がどう考えていたか、その意向は少しも述べられていないということだ。そう言えば、問二で見たように、八の宮はこの世の中でうまく立ちまわるすべを知らないのだった。ということは、皇位継承者にされそうになったことも、光源氏方と疎遠になったことも、すべて八の宮本人の意志とは何の関係もないことだったのだろうと考えられる。すると、「あいなく」は先の❶の意で、選択肢は5が正しいと判断できる。

問七 やや難　前提となるのは、問六で見たように、八の宮が光源氏方と疎遠になったということである。それを受けて、「いよいよ……えまじらひたまはず」（＝いっそう……世の中と交際することがおできにならない）と続く。「まじらひ」は、ハ行四段活用動詞「交《ま》じらふ」の連用形で、〈❶まじりあう、❷仲間に加わる、交際する、❸宮仕えする〉などの意。ここは❷。もともと八の宮は世の中でうまく立ちまわることができない。それでも、問六で見た大后の計画がもしうまくいって、八の宮が皇位継承者になっていたら、いやが上にも世の中とのつきあいが生じたはずである。それなのに「いよいよ……えまじらひたまはず」という結果になっているということは、大后の計画は失敗したということだ。そして、問六で想像したように、背景に大后方と光源氏方との対立があったのだとすれば、つまりは大后方が負けて光源氏方が勝ったということであり、世の中は光源氏方のものになったということだと理解できる。そうして光源氏の子孫が権力を受け継ぐ世の中だからこそ、かつて大后方に取り込まれて光源氏方と敵対関係にあった八の宮は、ますます世の中に出ていくことができなくなったということである。

問八 標準　「いとどしき」は、シク活用形容詞「いとどし」の連体形で、〈❶ますますはなはだしい、❷それでなくてもはなはだしい〉の意の重要単語。傍線部(8)の前後に述べられているのは、八の宮の住まいが焼けてしまって移り住むことになったという不幸な出来事である。問七で見たように、今をときめく光源氏方とは疎遠な関係にあって、それでなくても寂しい毎日を送っているのに、その上、都の住まいを火事で失って宇治という田舎に移り住むことになる。まさに泣きっ面《つら》に蜂というやつだ。すると、「いとどしき」は先の❷の意で、それでなくてもはなはだしく不幸な世の中に、と言っているのだと理解できる。

問九 難　「あへなく」は、ク活用形容詞「あへなし」の連用形で、〈どうすることもできない、張り合いがない、あっけない、がっかりだ〉などと訳す重要単語。対処しようにも張り合いがなくて落胆する気持ちを表す語であり、よって、選択肢は2か4に絞られる。八の宮は火事で住まいを失った。それをふまえて「あさましうあへなくて……渡りたまふ」の部分⑫の大意を解釈すると、2なら「住まいが驚くほどあっけなく焼けてしまって、かといって他に移り住むのによい場所も都にはなかったので、宇治に移ることにした」となり、4なら「八の宮は驚くほど気落ちして、（移り住むのによい場所も都にはなかったので）宇治に移ることにした」となって、どちらも筋が通ってしまう。もっと言えば、「八の宮は驚くほどあっけなく感じて気落ちして……」と解釈すれば（実はこれが正解）、もはや2も4も同じことだ。結局、正解の選択肢を一つに絞りきれない設問だということになる。エーッ！ そんなのありかよォォォ（泣）！って言ってみても、現実にあるのだから仕方がない。こういう設問に出会ったとき、受験生にしてみれば、もともとそういう設問なのか、それとも自分の学力が不十分なせいで正解を選び切れないのか、自分では判断できない。しかしどっちにしても正解を決めることは困難なのだから、限られた時間の中で、あまりに悩ましい設問には早めに見切りをつけるということも必要なことなのだ。

問十 やや易 「よしある」は、12問一に既出の名詞「由《よし》」にラ行変格活用動詞「あり」の連体形がついたもの。基本形は「よしあり」で、〈❶それなりの由緒がある、❷それなりの風情がある〉の意の重要語句。よって、選択肢は1か3に絞られる。本文では、八の宮が宇治に所有する「山里」についていっている。この「山里」は〈別荘、山荘〉の意。そこで、いきなり「由緒正しい山荘」などといわれても、どのような由緒なのか少しも判然とせず、文脈上、どうしても不完全な表現だという印象が残る。しかし、宇治は田舎とはいえ風光明媚《めいび》な土地であるから、「それなりに風情のある山荘」というのなら違和感なく腑《ふ》に落ちる。

問十一 やや易 本文第三段落で話題になっているのは、八の宮が宇治に移り住むということ。宇治は都から東南に離れた田舎であり、これにより八の宮は都を離れて、都の外に住むことになる。だから、素直に考えれば正解の選択肢3を選べるはずだ。都の家を火事で失って引っ越しを余儀なくされたのであって、出家して山にこもろうというわけではないので、2は不適切。そもそも出家のことは本文で少しも話題になっていない。1の「家族」、4の「皇籍を離脱」、5の「死」も、本文ではまったく話題に上がらない。

問十二 標準 この前後の文意は少しわかりにくいが、問六で確認したように、朱雀院の大后が八の宮を皇位継承者にしようとした、ということを述べるところである。

「もてかしづき」は、カ行四段活用動詞「かしづく」の連用形「かしづき」に、〈よくよく〜する〉の意の接頭語「もて」がついた形。「かしづく」は重要単語で、〈大切に育てる、世話する〉の意。ここでは、朱雀院の大后が八の宮を皇位継承者にするためによくよく大切に扱ったということをいっている。つまり「〈朱雀院の大后が八の宮を〉もてかしづきたてまつりたまひける」ということ。(イ)「たてまつり」は17問三に既出の謙譲の補助動詞。古文の通常の謙譲語は動作の相手（受け手）に対する敬意を表すので、ここでの敬意の対象は八の宮。(ロ)「たまひ」は2問一に既出の尊敬の補助動詞。尊敬語は動作の主体に対する敬意を表すので、ここでの敬意の対象は朱雀院の大后。

問十三 標準 八の宮について、その境遇・能力・生活などを説明するところは本文中にいろいろあるが、「性格」を表現しているといえるところは、3の「あてにおほどかなる」しかない。「あてに」は1問一に既出の重要単語で、〈❶高貴だ、❷上品だ〉の意の形容動詞。「おほどかなる」はナリ活用形容動詞「おほどかなり」の連体形で、〈おっとりしている、おおらかだ〉の意の重要単語。八の宮は上品でおっとりしている性格だということだ。「その箇所を含む一文の最初の三文字」という設問の指示を間違えないこと。

20610

河合塾
SERIES

首都圏「難関」私大古文演習

河合塾講師
池田修二・太田善之
藤澤咲良・宮崎昌喜＝共著

問題編

河合出版

首都圏「難関」私大古文演習

問題編

河合出版

目次

1 次の文章を読んで、後の問に答えよ。

解答時間20分

ふと①心おとりとかするものは、男も女もことばの文字(注1)いやしう使ひたるこそよろづの事よりまさりて[イ]。ただ文字一つに、あやしう、②あてにもいやしうもなるは、いかなるにかあらむ。さるは、かう思ふ人、ことにAすぐれてもあらじかし。いづれをよしあしと知るにかは。されど、人をば知らじ、ただ心地にさおぼゆるなり。

いやしきこともわろきことも、さと知りながらことさらに言ひたるは、あしうもあらず。我もてつけたる(注2)を、つつみなく言ひたるは、あさましきわざなり。また、さもあるまじき老いたる人、男などの、わざとつくろひひなびたるはにくし。③まさなきこともあやしきことも、大人(注3)なるは、まのもなく(注4)言ひたるを、若き人はいみじうBかたはらいたきことに、消え入りたるこそ、さるべきことなれ。

何事を言ひても、「その事させんとす」「言はんとす」「何とせんとす」と言ふ「と」文字を失ひて、ただ「言はⓐんずる」「里へ出でんずる」など言へば、ⓑやがていと[ロ]。まいて文に書いては、言ふべきにもあらず。物語などこそあしう書きなしつれば、言ふかひなく、作り人さへⓒいとほしけれ。「ひてつ車に」と言ひし人もありき。「もとむ」といふ事を「みとむ」なんどはみな言ふめり。

(『枕草子』より)

(注) 1 文字……用語(言葉づかい)。 2 もてつけたるを……身につけているままの言葉を。
3 大人……年配の人。 4 まのもなく……遠慮なく。

問一 傍線部①「心おとり」②「あてに」③「まさなき」の解釈として最も適切なものを次の中から選べ。

① 1 軽蔑　2 幻滅　3 後悔　4 傷心　5 心労

② 1 粗野に　2 上品に　3 真剣に　4 卑屈に　5 本当に

③ 1 味気ない　2 遠慮ない　3 仕方ない　4 所在ない　5 よくない

問二 傍線部A「すぐれてもあらじかし」を単語に分けた場合の区切り方として最も適切なものを次の中から選べ。

1 すぐれ ても あらじ かし　　4 すぐれ て も あらじ かし

2 すぐれ ても あら じ かし　　5 すぐれ て も あら じ かし

3 すぐれ ても あら じ か し　　6 すぐれ て も あら じ か し

問三 傍線部B「かたはらいたきことに、消え入りたるこそ、さるべきことなれ」の解釈として最も適切なものを次の中から選べ。

1 気まずいことと思って、姿を消してしまったのは、よく理解できることである。

2 ばかばかしいと思って、帰ってしまったのは、そういう理由からだったのである。

3 見苦しいことに思って、たいそう決まり悪がっているのは、当然のことである。

4 申し訳ないことと思って、死にたい思いをしているのは、やりきれないことである。

5 気の毒なことと思って、その場から逃げたいと思っているのは、仕方がないことである。

問四　空欄［イ］と［ロ］に入る語として最も適切なものを次の中からそれぞれ選べ。

1　わろく　2　わろし　3　わろき　4　わろけれ

問五　傍線部ⓐ「んずる」ⓑ「やがて」ⓒ「いとほしけれ」の品詞を次の中からそれぞれ一つ選べ。

1　感動詞　2　接続詞　3　連体詞　4　動詞　5　形容詞

6　形容動詞　7　副詞　8　助動詞　9　助詞

問六　筆者は第三段落でどのようなことを述べているか。最も適切なものを次の中から選べ。

1　言葉は時代とともに変化するので、それを非難しても仕方がない。

2　いつの時代にも言葉の乱れはあるが、それを安易に認めてはならない。

3　話し言葉の乱れもさることながら、それが書き言葉に及ぶのは目も当てられない。

4　手紙や物語の言葉の誤りは、話し言葉の乱れが原因となるので注意が必要だ。

5　個人個人で発音の仕方や書き方が相違するのは、むしろ自然なことで構わない。

問七　『枕草子』と同じ時代の作品を次の中から一つ選べ。

1　和漢朗詠集　2　風姿花伝　3　懐風藻　4　宇治拾遺物語　5　とはずがたり

2 次の文章を読んで、後の問に答えよ。

解答時間25分

静縁《じやうえん》法師、自《みづか》らが歌を語りて言はく、

「鹿の音《ね》を聞くに(1)我さへ泣かれぬる谷の庵《いほり》は住みうかりけり

とこそつかうまつりてはべれ。これいかがはべる」と言ふ。予(注1)言はく、「よろしく①はべり。ただし、『泣かれぬる』といふ詞《ことば》こそ、あまりこけ過ぎて(注2)、(2)いかにぞや聞こえはべれ」と言ふを、静縁言はく、「その詞をこそそこの歌の(3)詮とは思うたまふるに、この難はことの外に覚えはべり」とて、いみじうわろく難ずと思ひ気にて去りぬ。よしなく、覚ゆるままにものを言ひて、心すべかりけることをと、(4)くやしく思ふほどに、十日ばかりありて、また来《きた》りて言ふやう、「(5)一日の歌難じ②たまひしを、隠れごとなし、心得ず思う③たまへて、(6)いぶかしく覚えはべりしままに、さはいへども、大夫公(注3)のもとに行きて(7)こそ、わが(8)ひがことを思ふか、人のあしく難じたまふか、ことをば切らめと思ひて、行きて語りはべりしかど、『なんでふ御坊のかかるこけ歌よまんぞとよ。「泣かれぬる」とは何事ぞ。(9)まさなの心根や』となん、はしたなめられてはべりし。されば、よく難じたまひけり。わがあしく心得たりけるぞと、(10)おこたり④申しにまうでたるなり」と言ひて帰りはべりにき。(11)心の清さこそありがたくはべれ。

(『無名抄』による)

(注) 1 予……本文の筆者、鴨長明。 2 こけ過ぎて……浅薄すぎて、の意。
3 大夫公……俊恵《しゅんえ》。平安時代末期の優れた歌人。

問一　━━線部①〜④の敬語の中から、敬意の対象が他と異なるもの一つを選べ。

問二　傍線部⑴の現代語訳として最も適当なもの一つを、次の中から選べ。

1　鹿だけでなく私までも自然と泣けてしまった。
2　情趣を解さない私でさえきっと泣くことだろう。
3　情趣を解さない私でさえ自然と泣けてしまった。
4　他の人々とともに私までもきっと泣くことだろう。
5　他の人々はともかく私だけは泣くわけにはいかない。

問三　傍線部⑵の現代語訳として最も適当なもの一つを、次の中から選べ。

1　どんな大声なのだろうと滑稽《こっけい》に思われます。
2　どう直せばよいのか迷ってしまいます。
3　どんなものだろうかと不満に思われます。
4　他の歌人たちがどう思うか心配になります。
5　どうか違う表現に直してほしいと希望します。

問四　傍線部⑶の現代語訳として最も適当なもの一つを、次の中から選べ。

1　目的　　2　技巧　　3　主題　　4　弱点　　5　眼目

問五　傍線部⑷はどのような心情を述べたものか。次の中から最も適当なもの一つを選べ。

1　静縁の気持ちに配慮せず和歌を批判したことを後悔している。

2　自分の意見を静縁が理解しないことについて腹を立てている。
3　仲の悪い静縁に対し不当な批判をしたことを反省している。
4　自分の述べた意見の正しさについて確信をもてないでいる。
5　静縁からどのような報復を受けるのかを不安に思っている。

問六　傍線部(5)の読みを、平仮名・現代仮名遣いで記せ。

問七　傍線部(6)はどのような心情を述べたものか。次の中から最も適当なもの一つを選べ。

1　自信　2　不審　3　落胆　4　希望　5　不安

問八　傍線部(7)について、この係助詞を受ける結びとして最も適当なもの一つを、次の〜〜線部の中から選べ。

1　ひがことを思ふか　2　あしく難じ給ふか
3　ことをば切らめと思ひて　4　語りはべりしかど
5　はしたなめられてはべりし

問九　傍線部(8)の現代語訳として最も適当なもの一つを、次の中から選べ。

1　ひねくれたこと　2　間違ったこと　3　不道徳なこと
4　妥当なこと　5　善良なこと

問十　傍線部⑼について、俊恵（大夫公）はどういうことを批判しているのか。その説明として最も適当なもの一つを、次の中から選べ。

1　静縁が自分の和歌の表現に確信を持っていないことを、だらしないと批判している。
2　静縁が自分の和歌に未熟な表現を用いていることを、見苦しいと批判している。
3　静縁が自分の和歌の欠陥に気づいていないことを、無邪気だと批判している。
4　静縁が自分の和歌に対する長明の批判を受け入れないことを、強情だと批判している。
5　静縁が自分の和歌を批判されたことで腹を立てていることを、短気だと批判している。

問十一　傍線部⑽の現代語訳として最も適当なもの一つを、次の中から選べ。

1　お礼　2　弁明　3　挨拶《あいさつ》　4　相談　5　お詫《わ》び

問十二　傍線部⑾は、誰のどういう行為に対する賞賛か。次の中から最も適当なもの一つを選べ。

1　静縁の、自分の信念に基づいて表現の正しさを主張した行為。
2　静縁の、自分と長明の対立について第三者に判定させた行為。
3　静縁の、長明の意見のほうが正しかったことを潔く認めた行為。
4　俊恵の、和歌の表現の巧拙に関して公平な判定を下した行為。
5　俊恵の、相手に遠慮することなく自分の意見を堂々と述べた行為。

3

解答時間30分

次の文章を読んで、後の問に答えよ。なお、この文章は『うつほ物語』の一節で、琴を弾く美女「あて宮」の姿を、出家した「忠こそ」が目撃する場面である。

夕暮れ ア に、花を A 誘ふ風はげしくて、御幕吹き上げたるより見入るれば、君《きん》だち九《ここの》ところ、めでたく清ら イ におはします中 ウ に、あて宮こよなくまさりて見えたまふ。忠、(注1) B ありがたき御かたちどもの中に、こよなくまさりたまへる人なりなど思ふに、年ごろ C かけて思はざりつる昔思ひ出でられて、「D 世の中になほあらましかば、今は高き位にもなりな X 」など思ひ、されどまた、ここらの年ごろ、露、霜、草、1 葛の根を E 斎《とき》にしつつ、ある時には、蛇《くちなは》、蜥蜴《とかげ》に呑まれむとす。「仏の御ことならぬをば口に学《まね》ばで、2 ツトめ行ひつる。F 仏の思さむこと恐ろしく」など思ひ返せども、G せむ方知らず覚ゆれば、散り落つる花びら エ に、爪《つま》もとより血をさしあやして、かく書きつく。

H 憂き世とて入りぬる山をありながらいかにせよとか今もわびしき

と書きつけて、君だちの御前の後方《しりへ》の方に押しつけて立ちぬ。熊野へと思ひし心もなくて、「いかでこのわが見し人見む」と思ふ心深くて、暗部《くらぶ》山に帰りて、思ひ嘆くこと限りなし。

かくて、二月二十三日の 3 未の刻《とき》ばかりになむ、春日より帰りたまひける。殿にて(注2)還饗《かへりあるじ》 I いかめしく、舞人に、4 被け物、白き綾の袷《あはせ》の袙《あこめ》一具、(注3)陪従《べいじゅう》に、ただの細長、5 袴、童《わらは》陪従などにも賜ふ。

(『うつほ物語』による)

(注) 1 忠……忠こそ。 2 還饗……労をねぎらう目的で開かれた饗宴《きょうえん》。 3 陪従……舞人に従う琴弾き・笛吹き・歌人。

問一　傍線部2「ツト」を漢字に直せ。また傍線部1「葛」3「未」4「被」5「袴」の漢字の読みを平がなの現代かなづかいで答えよ。

問二　傍線部ア～エの「に」の中から、他と品詞が異なるものを一つ選べ。

問三　空欄 X に入るもっとも適切な助動詞を、適切な形に活用させて答えよ。

問四　傍線部A「誘ふ」B「ありがたき」C「かけて」E「斎」G「せむ方」I「いかめしく」の意味として、もっとも適切なものを、次の1～4の中からそれぞれ一つ選べ。

A　誘ふ

1　散らせる　　2　咲かせる　　3　なびかせる　　4　色あせさせる

B　ありがたき

1　尊い　　2　すばらしい　　3　めずらしい　　4　感謝したい

C　かけて

1　少し　　2　全く　　3　ずっと　　4　やはり

E　斎

1　寝床　　2　守護神　　3　贈り物　　4　食べ物

G　せむ方

1　先になる権利　　2　なすべき手段　　3　歩んでいく方向　　4　人を責める方法

I　いかめしく

1　厳しく　　2　盛大に　　3　おそろしく　　4　なごやかに

問五　傍線部D「世の中になほあらましかば」の現代語訳としてもっとも適切なものを、次の1～4の中から一つ選べ。

1　もしあの人と結婚していたなら
2　もし父君がまだ生きていらしたなら
3　もしもっと幸運に恵まれていたなら
4　もし俗世にいて宮仕えをしていたなら

問六　傍線部F「仏の思さむこと恐ろしく」と忠こそが思ったのはなぜか。その理由としてもっとも適切なものを、次の1～4の中から一つ選べ。

1　恋心を抱いてしまったから
2　花鳥風月に夢中になったから
3　ぜいたくな世界に憧れたから
4　名利を求めて出世しようとしたから

問七　傍線部H「憂き世とて入りぬる山をありながらいかにせよとか今もわびしき」の意味としてもっとも適切なものを、次の1～4の中から一つ選べ。

1　つらい憂き世と決別して山に入り修行しているのに、なぜいまだに山に慣れることができないのか。
2　つらい憂き世と決別して山に入り修行しているのに、こんなにも恋につらい気持ちが生じてしまうのか。
3　つらい憂き世だと覚悟して入った山で修行しているのに、わけもなく世の中が恋しい気持ちになるのか。
4　つらい憂き世だと覚悟して入った山で修行しているのに、どうして仏罰に当たらなくてはならないのか。

問八　『うつほ物語』以前に成立した作品を次の1～5の中から一つ選べ。

1　枕草子　　2　源氏物語　　3　古今和歌集

4　和泉式部日記　　5　新古今和歌集

4　次の文章を読んで、後の問に答えよ。

解答時間25分

その夕べ雨すこしふつて、よろづ物さびしかりけるに、千手の前、琵琶・琴持たせて参りたり。狩野介酒を勧め奉る。わが身も、家の子・郎等十余人ひき具して参り、御前ちかう[v]候ひけり。千手の前酌をとる。三位中将すこし受けて、[A]いと興なげにておはしけるを、狩野介申しけるは、「かつきこしめされてもや[w]候ふらん。鎌倉殿の『[a]あひかまへてよくよく慰め参らせよ。懈怠《けだい》にて頼朝うらむな』と仰せられ[x]候。宗茂はもと伊豆国の者にて[y]候ふ間、鎌倉では旅に候へども、心の及び[z]候はんほどは奉公仕り候べし。[B]何事でも申して勧め参らさせ給へ」と申しければ、千手酌をさしおいて、「 甲 」といふ朗詠を一両返したりければ、三位中将のたまひけるは、「この朗詠せん人をば、北野の天神、一日に三度かけつて守らんと誓はせ給ふなり。されども重衡は、この生にては捨てられ給ひぬ。助音《じよいん》してもなにかせん。[b]罪障かろみぬべきことならば従ふべし」とのたまひければ、千手の前やがて、「 乙 」といふ朗詠をして、「極楽ねがはん人はみな、弥陀の名号となふべし」といふ今様を四五返うたひすましたりければ、その時杯をかたぶけらる。千手の前給はつて狩野介にさす。宗茂が飲む時に、琴をぞ弾きすましたる。三位中将のたまひけるは、「この楽をば普通には五常楽といへども、重衡がためには後生楽とこそ観ずべけれ。やがて往生の急をひかん」と[C]たはぶれて、琵琶をとり、(注1)転手《てんじゆ》をねぢて、(注2)皇麞《わうじやう》の急をぞ弾かれける。夜やうやう更けて、よろづ心の澄むままに、「あら、思はずや、あづまにもこれほど優なる人のありけるよ。何事にても今ひと声」とのたまひければ、千手の前また「[D]一樹の陰にやどりあひ、同じ流れをむすぶも、みなこれ先世の契り」といふ白拍子を、まことに面白くかぞへすましたりければ、中将も

「丙」といふ朗詠をぞせられける。たとへばこの朗詠の心は、昔もろこしに、漢の高祖と楚の項羽と位をあらそひて、合戦すること七十二度、たたかひごとに項羽勝ちにけり。されどもつひには項羽たたかひ負けて滅びける時、騅《すい》といふ馬の、一日に千里を飛ぶに乗つて、虞氏《ぐし》といふ后とともに逃げさらんとしけるに、馬いかが思ひけん、足をととのへてはたらかず。項羽涙をながいて、「わが威勢すでにすたれたり。今はのがるべきかたなし。敵のおそふは事のかずならず、この后に別れなんことの悲しさよ」とて、夜もすがら嘆き悲しみ給ひけり。灯くらうなりければ、心ぼそうて虞氏涙をながす。夜ふくるままに軍兵四面にときをつくる。この心を橘相公の賦に作れるを、三位中将思ひ出でられたりしにや、<u>E いとやさしうぞ聞えける。</u>

（『平家物語』による）

（注）1 転手……琵琶の頭部に付いている、弦を緩めたり締めたりするための器具。

2 皇麞……雅楽の曲名。

問一 左の①は問題文中の空欄 甲 に、②は同じく 乙 に、③は同じく 丙 に入るべき「朗詠」の原文である。これらにつきⅠ・Ⅱ・Ⅲの問に答えよ。

（注）

① 羅綺之爲重衣　妬無情於機婦　管弦之在長曲　怒不闋於伶人

② 雖フトモ二十惡ト一兮猶ホ引《いん》攝《ぜふ》ス　甚シ三於疾風ノ披クヨリモ二雲霧ヲ一　雖フトモ二一念ト一兮必ズ感應ス　喩フ三之ヲ巨海ノ納ルニ二涓《けん》露《ろ》ヲ一

③　燈暗《ウシテ》数行虞氏《ノ》涙　夜深《ウシテ》四面楚歌《ノ》聲

（注）　羅綺は綾を織りなした薄物の美しい衣服

Ⅰ　①の朗詠の二重傍線部に返り点・送り仮名を付せ。

Ⅱ　②の朗詠を内容で分類するとすれば、次のイ～ホの中でどれが適当か、最も適当なものを選べ。

イ　帝王　ロ　将軍　ハ　僧　ニ　仏事　ホ　無常

Ⅲ　③にいう「楚歌」とは、問題文に即して考えた場合、誰が歌っている歌であるか、問題文中の語を適当に組み合わせ、四文字の語句で答えよ。

問二　傍線部Aで三位中将が「いと興なげ」であったのは何故か、その理由として最も適当なものを次のイ～ホの中から選べ。

イ　千手の前の酌を嫌ったから
ロ　狩野介の来訪が期待外れだったから
ハ　天候も思わしくなく退屈であったから
ニ　仏道以外のことに興味を失っていたから
ホ　都の華やかな宴会に比べて見劣りしたから

問三　傍線部a・bの意味について、それぞれイ～ホの中から最も適当なものを選べ。

a「懈怠にて頼朝うらむな」

イ　謝罪する段になって、頼朝に恨まれるな

ロ　怠けてとがめられたからといって頼朝を恨むな

ハ　断りを申し入れたからといって、頼朝を恨むな

ニ　自分が退屈だからといって、頼朝のせいにするな

ホ　だらしなく怠けておいて、頼朝よ、他人のせいにするな

b「罪障かろみぬべきことならば従ふべし」

イ　罪状が軽くなる筈のないことであれば、言う通りにしよう

ロ　罪も障害もきっと軽くなるのであるから、一緒に行こう

ハ　成仏の障害となる罪が必ず軽くなるのであれば、唱和しよう

ニ　仏のおとがめのあるはずがないのであれば、天神を信仰しよう

ホ　罪のつぐないが少なくてすむのであれば、天神のお誓いを信じよう

問四　傍線部B「何事でも申して勧め参らさせ給へ」とは、具体的に何を「勧め参らさせ給へ」というのか。それに適当する問題文中の語を抜き出せ。

問五　傍線部Cで三位中将は何故このように「たはぶれ」たのか、その理由として最も適当なものを次のイ～ホの中から選べ。

イ　仏道修行中の身であるから

ロ　みずからの死を覚悟していたから

ハ　千手の前の演奏にふさわしい賛辞を述べたかったから

ニ　一座の雰囲気にとけ込んですっかり機嫌を直したから

ホ　素人の身ながら演奏することを言いわけしたかったから

問六　傍線部**D**の千手の前のうたった「白拍子」の歌詞は三位中将に何を伝えようとしたものか、次のイ～ホの中から最も適当なものを選べ。

イ　運命の厳しさに従順であれという仏の教え

ロ　往生の願いは必ず実現するであろうという慰め

ハ　三位中将の現在の境遇はすべて運命であるということ

ニ　三位中将と千手の前とは先の世では夫婦であったということ

ホ　三位中将と千手の前の出会いは前世からの約束ごとであるということ

問七　傍線部**E**「いとやさしうぞ聞えける」とあるが、何に対しての感想か。次のイ～ホの中から最も適当なものを選べ。

イ　三位中将の朗詠の声のすばらしさ　ロ　千手の前を思いやる三位中将の心遣い

ハ　虞氏を思いやる項羽の心遣い　ニ　心境を古典に託した三位中将の優雅さ

ホ　しみじみとしたその夜の酒宴の雰囲気

問八　傍線部**v**～**z**の「候」のうち、性格の異なるものを一つ選べ。

5 次の文章を読んで、後の問に答えよ。

解答時間20分

堀川院の御時、①勘解由次官顕宗とて、いみじき笛ふきありけり。ゆゆしき［ 1 ］なり。院、笛きこしめされんとてめしたる時、帝の御前と思ふに臆して、わななきてえふかざりけり。②ほいならじとて、相知れりける女房に仰せられて、「(イ)私に、つぼのほとりによびてふかせよ。われ立ち聞かむ」と仰せありければ、月のよかたらひて契りてふかせけり。女房の聞くと思ふには、はばかるかたなくて、思ふさまにふきける。世にたぐひなくめでたかりけり。みかど感に堪へさせおはします。「日ごろ上手とは(ロ)きこしめしつれども、かくほどまではおぼしめさず。いとこそめでたけれ」と仰せ出だされたるに、さは御門のきこしめしけるよと、たちまちに臆してさわぎけるほどに、縁より落ちにけり。(ハ)さて安楽塩といふ異名はつきにけり。昔、秦舞陽が始皇帝を見奉りて、色変じ身ふるひたりけるは、逆心をつつみえざりけるゆゑなり。(ニ)顕宗何によりてさしもあわてけるぞ、をかし。

天徳の歌合に、博雅三位講師つとむるに、ある歌をよみあやまりて、色変じ声ふるひけるよし、かの時の記に見えたり。かやうの事、上古のよき人も力及ばぬ事なり。

（『十訓抄』より）

問一　傍線部①「勘解由」の読みを、現代かなづかい（ひらがな）で記せ。

問二　傍線部②「ほい」を、漢字に改めよ。

問三　空欄［1］を補うのにもっとも適切な言葉を、次の①～⑤の中から一つ選べ。

①　心あがりの人　②　心おくれの人　③　心ききの人　④　心ぶとの人　⑤　心まさりの人

問四　傍線部(イ)「私に、つぼのほとりによびてふかせよ。」の口語訳としてもっとも適切なものを、次の①～⑤の中から一つ選べ。

①　個人的におまえの部屋のあたりに呼んで笛を吹かせよ。
②　自分勝手に中庭の端にでも呼び出して、笛を吹かせよ。
③　私自身に、そなたが局の近くに呼んで、笛を吹かせよ。
④　ほしいままにそちを水溜りの際に呼んで笛を吹かせよ。
⑤　ひそかに、女官の縁ある人に呼びかけて笛を吹かせよ。

問五　傍線部(ロ)「きこしめし」は、誰の誰に対する敬意を表わしているか、次の①～⑤の中から正しいものを一つ選べ。

①　女房の顕宗に対する　②　院の顕宗に対する　③　顕宗の院に対する
④　作者の顕宗に対する　⑤　院の自身に対する

問六　傍線部(ハ)「さて安楽塩といふ異名はつきにけり。」とあるが、次の一文はその異名について解説したものである。文中の空欄［2］と［3］に、それぞれ漢字二字の語を補って、一文を完成させよ。

「安楽塩とは、雅楽の楽曲の一つの名であるが、その［2］の読みに［3］の意味をかけて異名としたものである。」

問七　傍線部㈡「顕宗何によりてさしもあわてけるぞ、をかし。」を、口語訳せよ。

問八　『十訓抄』は「少年のたぐひをして、心を作る便りとなさしめんがため」に編まれたものであるが、右の文章の教訓はどのような点にあると思われるか。次の①～⑤の中からもっとも適切なものを一つ選べ。

① よろづのことを思ひ忍ばんは、すぐれたる徳なるべきこと。
② 心操振舞の定まらざるにも恵みを施すべきこと。
③ 高き賤しき品をわかず、賢なるは得多く、愚なるは失多きこと。
④ 驕慢をもととして、心の少なきよりおこれること。
⑤ 人をあなづることは色かはれども、必ずあること。

問九　右の文章（話）に対する評語としてもっとも適切なものを、次の①～⑤の中から一つ選べ。

① 謀叛の心があったために顔色が変わり声が変じたという舞陽の故事をいかして顕宗の逆心を描いた点は秀逸である。
② 些細なことにもすぐ臆してしまう人の姿を嘲笑しながら、こうした人間は昔からいたのだとする構成になっている。
③ 帝の笛に寄せる思いや、女房の優雅な心遣い、笛一つに生きる人間の純な姿などが浮き彫りにされた好短編である。
④ 帝が心にもないのに女房を召したのは、博雅が読み誤ったことと同じで、力の及ばないことだと結論づけている。
⑤ 歌であれ、笛であれ、芸道一筋に打ち込む人間の臆する心を風雅の極みとしてほめ伝える珠玉の一編と

なっている。

問十　『十訓抄』とジャンルを異にする作品を、次の①～⑤の中から一つ選べ。

①　今昔物語集　②　宇治拾遺物語　③　発心集　④　拾遺集　⑤　古今著聞集

6 次の文章を読んで、後の問に答えよ。

解答時間20分

冬は年の余り、夜は日の余り、雨は陰《いん》の余りなり。文《ふみ》読む人は、1この三つの余りもてなると言ふ。語り言《ごと》には言へど、老《おい》が類《たぐひ》の愚か者は、ただいたづらに、埋《うづ》み火に炭焚《た》き継ぎ、(注1)春の木の芽を煎《に》つつ、2飽かず啜《すす》ろひをる。おのれは何をして齢《よはひ》たもつらんとは思ふものから、眼《まなこ》暗く、歯落ち尽きて、何をか読み、何をか語らん。

雨をなつかしきものにするは、家富み、人多く持たりて、賑ははしきあたりにも、3友垣の訪《と》ひ来る道を絶え、家の業《わざ》なども障《さ》へられて、宿にのみこもりをり、文を読みては古《いにしへ》を偲《しの》び、(注2)鳥の跡はかなう書きすさび、或はいつき娘に琴かき鳴らさせ、酒あたため、よきものとり並《な》めて、日ねもす、夜すがらならむ、4いと楽しき。

朝《あした》より起き出て、夕暮れ過ぐるまでも立ち走りても、5立つる煙絶えに、人の情《なさけ》をだに受くるよしなき者らは、ただうち呻《うめ》き、(注3)つら杖つきて、つれなしやこの雨とながめたらん、いとはかなし。宿りなき者らは、ここかしこの軒、木陰などにくぐまりをり、むさき髪掻き撫で、ふたつの乳、ふたりの子にふふめて、難波菅笠破《や》れたるをうちかづき、空さし仰ぎては、今日をいかにせんとわびしがるさま、いとかなしき。

高き御あたりのありさまは思ひかけねば、おぼし知られぬを、祭の日、馬も御車も、なべて雨衣《あまぎぬ》うちかづけ引き出たる、今日の御使ざねをはじめ奉り、歌づかさ、御随身《みずいじん》、小舎人《ことねり》、童《わらは》、仕丁《じちやう》なんどにいたるまで、大笠目《め》塞《せき》笠に隠れかねて、しとどに濡れつつ、脛《はぎ》高くからげて、歩みなづめるを、これ見るとて出たつ人も今日はいと少なく、寂々《さふざふ》しげにて、かいつらね出《いで》給はんを、見る目の苦しげに敢《あ》え難《がた》うも見奉らぬ、6いと心ありや。

東路なる渡り瀬の、高波をあげ、岸を越えては、7国の守の参りまかれるも、わりなく遮《さ》へられては、武士《もののふ》の猛《たけ》き心も、手弱女《たわやめ》に倦《う》み疲れ、千里《ちさと》行く駒も、鼠のごとく繋がれゐたる、何も何も無徳(注4)にこそ見ゆれ。

（上田秋成『藤簍冊子《つづらぶみ》』による）

（注）1 春の木の芽……ここでは茶のこと。　2 鳥の跡……文字、筆跡。
3 つら杖……頬杖。　4 無徳……ぶざま。

問一 傍線部1の「この三つの余りもてなる」とはどのような意味か。次の中からもっとも適切なものを一つ選べ。

a この三つの余りをあてる
b この三つの余りを除外する
c この三つの余りを気にしない
d この三つの余りをもてあます

問二 傍線部2に「飽かず啜ろひをる」とあるが、こうしているのは誰か。次の中からもっとも適切なものを一つ選べ。

a この文の筆者
b 世間の愚かな人
c 年をとって愚かになった人
d 三つの余りを活用しようとしている人

問三　傍線部3に「友垣の訪ひ来る道を絶え、家の業なども障へられて、宿にのみこもりをり」とあるが、これはどういうことを言おうとしているのか。次の中からもっとも適切なものを一つ選べ。

a　生活に困った状態

b　たまに得られた暇なとき

c　自分で作った学問のための時間

d　人間としてあってはならない状態

問四　傍線部4に「いと楽しき」とあるが、これはどういう人のことを言っているのか。次の中からもっとも適切なものを一つ選べ。

a　雨の好きな人

b　昼も夜も遊んでいる人

c　家が富み、可愛い娘に恵まれ、常に夜も昼も酒や料理を楽しんでいる人

d　裕福で、人にも恵まれ、雨のときをいつもと違うことに活用することができる人

問五　傍線部5に「立つる煙絶え絶えに」とあるが、これはどういう状態のことを言っているのか。次の中からもっとも適切なものを一つ選べ。

a　食べるものもろくにない状態

b　火の管理が行き届いている状態

c　健康を損ねていて、やっと生きているような状態

d　仕事のけじめがつかず、いつまでも働かなくてはならない状態

問六　傍線部6に「いと心ありや」とあるが、これはどういうことを言っているのか。次の中からもっとも適切なものを一つ選べ。

a　身分の低い人は風流を愛する心がないのだろうかと疑問に思っている。
b　身分の高い人は雨のときを活用する心があるのだろうかと疑問に思っている。
c　身分の高い人には、身分の低い人々に対する思いやりの心があるのだろうかと疑問に思っている。
d　身分の高い人は、身分の低い人のためにもっと天気のいい日に出かけようとする心がないのだろうかと疑問に思っている。

問七　傍線部7に「国の守の参りまかれる」とあるのは、どういうことを指して言っているのか。次の中からもっとも適切なものを一つ選べ。

a　参勤交代　　b　大名の遊楽
c　隣国との合戦　　d　祭りに参加しての行列

問八　この文章の筆者は雨のときをどのように過ごしているか。次の中からもっとも適切なものを一つ選べ。

a　お茶を飲むだけの無為な過ごし方をしている。
b　年を取った愚か者ではあるが、お茶を飲んだりして飽きることなく楽しんでいる。
c　どうやって余生を送ろうかと考えた結果、書物を読んだり、ものを書いたりしようと努めている。
d　豊かに暮らしているので、書物を読んだり、娘に琴を引かせたり、美味しいものを食べたりしている。

問九　この文章の筆者は雨についてどのように考えているか。次の中からもっとも適切なものを一つ選べ。

a　この世の中に雨を喜ぶ者はいない。

b　身分の高い人は雨を喜ぶが、庶民は雨に苦しむ。

c　雨は人間を鍛える機会となるので、活用しなければならない。

d　生活にゆとりのある人ならばともかく、一般的には雨は困ったものだ。

問十　左の各文のうち、右の本文と主旨が矛盾しないものをAとし、矛盾するものをBとせよ。

1　貧しい人々にとって雨は辛いものだ。

2　勇猛な武士も手弱女も雨には疲れ切っている。

3　雨のときであっても優れた馬は平然と繋《つな》がれている。

4　富裕な家であっても雨のときは困って、どうやって過ごそうかと悩んでいる。

5　身分の高い人が、雨のとき、家来たちの苦労を思いやって同情していることははっきり分かる。

7 次の文章を読んで、後の問に答えよ。

解答時間30分

十八日に、清水へ詣づる人に、又しのびてまじりたり。(注1)初夜はてて、まかづれば、時は子許《ばかり》なり。もろともなる人のところにかへりて、ものなどものするほどに、あるものども、この乾の方に、1火なん見ゆるを、いでて見よなどいふなれば、もろこしぞなどいふなり。2うちにはなほ苦しきわたりなどおもふほどに、人々、督の殿なりけりといふに、3いとあさましういみじ。わが家もついひぢ許へだてたれば、さわがしう、(注2)若き人をもまどはしやしつらん。いかで渡らんとまどふにしも、4車の簾はかけられけるものかは。

からうじてのりてこしほどに、皆はてにけり。わがかたは残り、あなたの人もこなたにつどひたり。ここには(注3)大夫ありければ、いかに、土にや走らすらんと思ひつる人も、車にのせ、門つようなどものしたりければ、らうがはしきこともなかりけり。5あはれ、をのことて、よう行ひたりけるよと見聞くもかなし。

渡りたる人々は、ただ6命のみわづかなりとなげくまに、火しめりはてて、しばしあれど、とふべき人はおとづれもせず。さしもあるまじきところどころよりもとひつくして、このわたりならんやの7うかがひにて、いそぎみえし世々もありしものを、ましても8なりはてにけるあさましさかな。さなんと語るべき人は、さすがに雑色や侍やと聞きおよびけるかぎりは語りつと聞きつるを、あさましあさましと、思ふほどにぞ、門たたく。

人見て、おはしますといふにぞ、すこし心おちゐておぼゆる。さて、ここにありつるをのこどもの来て告げつるになん、おどろきつる。9あさましう来ざりけるがいとほしきことなどあるほどに、と許になり10ぬれば、鶏も鳴き[11]ぬと聞く聞く寝《ね》[12]にければ、ことしも心ちよげならんやうに、朝寝[13]になりにけり。今も、訪ふ人あまたののしれば、しづ心なくものしたり。さわがしうぞなりまさらんとていそがれ[14]ぬ。しばしありて、をとこのきるべきものどもなど、かずあまたあり。とりあへたるにしたがひてなん。督にまづとぞありける。かくあつまりたる人にものせよとて[15]いそぎけるは、いとにはかにひはだのこきいろにてしたり。[16]いとあやしければ見ざりき。

（『蜻蛉日記』より）

（注）1 初夜……初夜（戌の刻）に行う勤行。　2 若き人……道綱や養女。　3 大夫……道綱。

問一　傍線部1「火」が見えたのはいつごろか。次のイ〜ホから最も適当なものを一つ選べ。

イ　早朝　ロ　正午　ハ　午後　ニ　夕方　ホ　夜中

問二　傍線部2「うち」は何を指すか。次のへ〜ヌから最も適当なものを一つ選べ。

へ　内輪　ト　自宅　チ　内心　リ　国内　ヌ　内裏

問三　傍線部3「いとあさましういみじ」と思ったのはなぜか。次のル〜ヲから最も適当なものを一つ選べ。

ル　火の手が遠いことに安心していたが、あの立派な「督の殿」の屋敷が罹災したと聞き狼狽したから。

ヲ　火元が何処であろうと気を揉んでいたが、しばらくして「督の殿」の家と聞き、なぜ早く知らせてくれなかったのかと不満に思ったから。

ワ　隣家が火事だと聞き、家に残してきた道綱や養女が大騒ぎをして戸惑っていないだろうかと、子供たちの無事が気がかりであったから。

カ　築地を隔てていたので、隣りの火事に全く気づかず、若い道綱や養女は全く混乱することはなかったから。

ヨ　道綱や養女を車で避難させようとしたが、火の手が遠く簾も焦げ、別の車に乗せて泥まみれで走って難を逃れたから。

問四　傍線部**4・6・7**の語句の意味を表すものとして最も適当なものを、次のタ〜マからそれぞれ一つ選べ。

4　車の簾はかけられけるものかは

タ　車の簾を掛けるひまさえなかった。　　レ　車の簾を掛けるものがいるだろうか。

ソ　車の簾を掛けることができるだろう。　　ツ　車の簾は掛けられていたではないか。

ネ　車の簾は掛けられていただろうか。

6　命のみわづかなり

ナ　命を惜しむべきでなかった。　　ラ　運命なんてはかないものだった。

ム　命拾いした人は少なかった。　　ウ　命からがらだった。

ヰ　命令が徹底していなかった。

7　うかがひ

ノ　見張　　オ　調査　　ク　見舞　　ヤ　拝聴　　マ　参上

問五　傍線部5「あはれ、をのことて、よう行ひたりけるよと見聞くもかなし」の説明として最も適当なものを、次のケ〜テから一つ選べ。

ケ　道綱はまあ気の毒な男の子よ。幼げな顔で精一杯彼なりに頑張って家を守ってくれたと、火事の折の働きぶりを聞くにつけ複雑な気持ちになった。

フ　道綱はさすがに男の子、火事の折にはよくまあ適切な処置を施し無事に家を守ってくれたものと、人の話を聞くたびに立派に成長した我が子がいとおしく思われる。

コ「道綱はさすが」とほめられる行為も一つや二つあってもよいものを、火事の折のどの話をとっても先行き不安な子供の姿にがっかりした。

エ　父親不在の生活の中で、火事の折に幼い道綱がしっかり家の主としての意識をもって家を守ってくれた。ほめてくれる人々の話を聞くたびに、よるべのない我が身も心強く思われる。

テ　道綱は本当に内気でひ弱な男の子であるが、夫の社会的地位が高いだけに、火事の折によくやったなどと人々にお世辞を言われるたびに、かえって将来が案じられて切ない思いにとらわれる。

問六　傍線部8は、何が「なりはてにける」というのか。次のア〜メから最も適当なものを一つ選べ。

ア　騒動　　サ　火事　　キ　愛情　　ユ　時間　　メ　世情

問七　傍線部9「あさましう来ざりけるがいとほしきこと」には、どのような気持ちが込められているか。次のミ〜モから最も適当なものを一つ選べ。

ミ　愛惜　　シ　欲求　　ヱ　憤慨　　ヒ　弁解　　モ　困惑

問八　傍線部10・11・12・13・14のうち、文法的に種類の異なったものが一つある。それを選べ。

問九　傍線部15「いそぎける」の主語にあたる人は誰か。次のセ〜ホから最も適当なものを一つ選べ。

セ　もろともなる人　ス　督の殿　イ　若き人　ロ　渡りたる人々

ハ　とふべき人　ニ　語るべき人　ホ　訪ふ人

問十　傍線部16「いとあやしければ見ざりき」には、作者のどのような感情が込められているか。次のヘ〜ルから最も適当なものを一つ選べ。

ヘ　不満　ト　不潔　チ　不審　リ　不安　ヌ　不遜　ル　不憫

問十一　文中に作者が過去の夫のことを直接回想して書いている部分が一箇所ある。その部分の最初の五文字を抜き出せ。

8 次の文章を読んで、後の問に答えよ。

解答時間20分

近き世、学問の道開けて、大方よろづのとりまかなひ、さとくかしこくなりぬるから、とりどりに新たなる説を出《い》だす人多く、その説(1)よろしければ、世にもてはやさるるによりて、なべての学者、いまだよくも、(2)ととのはぬほどより、我、劣らじと、世に異なる、めづらしき説を出だして、人の耳を驚かすこと、今の世のならひなり。その中には、随分によろしきことも、まれには出で来めれど、大方、いまだしき学者の、心はやりて言ひ出づることは、ただ、人にまさらむ、勝たむの心にて、かろがろしく、まへしりへをもよく考へ合さず、思ひ寄れるままにうち出づる故に、多くは、(3)なかなかなる、いみじきひがごとなり。すべて新たなる説を出だすは、いと大事なり。いくたびも、かへさひ思ひて、よくたしかなるより所をとらへ、いづくまでもゆき通りて、たがふ所なく、動くまじきにあらずは、たやすくは出だすまじきわざなり。その時には、(4)うけばりてよしと思ふも、ほど経て後に、今一たびよく思へば、なほわろかりけりと、我ながらだに思ひならるる事の多きぞかし。

(『玉勝間』)

問一　傍線部(1)「よろしければ」の解釈としてもっとも適当と思うものを次の中から選べ。

A　古い説よりよいので　B　新鮮な魅力があるので　C　まあまあなので

D　素晴らしいので　E　評判がよいので

問二　傍線部(2)「ととのはぬ」の主語に当たる語を、本文中の語を用いて答えよ。

問三　傍線部(3)「なかなかなる」の解釈としてもっとも適当と思うものを次の中から選べ。

A　中途半端な　B　取るに足らない　C　まったくだめな

D　かなりよい　E　大変に立派な

問四　傍線部(4)「うけばりて」を、平易な現代語になおせ。

問五　次の文のうち、本文の趣旨に合致していると思うものを二つ選べ。

A　学者は、旧説にまさる、新しい説を作り出して行こうという、積極的な気持を持たなければならない。

B　学者には、世の中の進歩に貢献するような、新しい説を考え出すことが求められている。

C　新しい学説には思わぬ所に落とし穴がある。

D　学説にとって必要なのは、しっかりした根拠と、首尾一貫した論理である。

E　発表した後に間違いが分かった時は、最初の考えに拘泥せず速やかにそれを改めなければならない。

F　学者はひとりよがりにならず、自説が、どれだけ世の人に受け入れられるかを考えなければならない。

9 次の文章を読んで、後の問に答えよ。

解答時間20分

近き世の事にや、年はたかくて、貧しき男ありけり。司などある者なりけれど、出で仕ふる A たづきもなし。さすがに古めかしき心にて、ア 奇しきふるまひなどは思ひよらず。世執なきにもあらねば、又かしらおろさむと思ふ心もなかりけり。常には居所もなくて、古き堂の破れたるにぞ宿りたりける。

つくづくと年月送る間に、朝夕するわざとては、人に紙反故など乞ひ集め、いくらも差図《さしず》(注1)を書きて、家作るべきあらましをす。寝殿はしかしか、門は何かなど、これを思ひはからひつつ、尽きせぬあらましに心を慰めて過ぎければ、見聞く人は、B いみじき事の例《ためし》になむ云ひける。

誠に、あるまじき事をたくみたるははかなけれど、よくよく思へば、此の世の楽しみには、心を慰むるにしかず。一二町を作り満てたる家とても、これを C いし(注2)と思ひならはせる D 人目こそあれ、誠には、我が身の起き伏す所は一二間に過ぎず。その外は、皆親しき イ 疎き人の居所のため、[a] 野山に住むべき牛馬の料をさへ作りおくにはあらずや。

[b] よしなき事に身を煩はし、心を苦しめて、百千年あらむために材木を選び、檜皮・瓦を玉・鏡と磨きたてて、何の詮かはある。ぬしの命あだなれば、住む事久しからず。或いは他人の栖《すみか》となり、或いは風に破れ、雨に朽ちぬ。[c] 一度火事出で来ぬる時、年月の営み、片時の間に雲烟となりぬるをや。[d] かの男が E あらましの家は、走り求め、作り磨く煩ひもなし。雨風にも破れず、火災の恐れもなし。なす所はわづかに一紙なれど、心を宿すに不足なし。

[e]目の前に作り営む人は、よそ目こそあなゆゆしと見ゆれど、心にはなほ足らぬ事多からむ。かの面影の栖はことにふれて、徳多かるべし。但し、此の事世間の営みに並ぶる時は、賢げなれど、よく思ひとくには、天上の楽しみ、なほ終りあり。よしなくあらましに空しく一期を尽さむよりも、願はば必ず得つべき安養世界（注3）の快楽《けらく》、不退なる宮殿・楼閣を望めかし。はかなかりける希望《けまう》なるべし。

（『発心集』による）

（注）1 差図……家屋の設計図面。　2 いし……ここでは見事だの意で、現代語「おいしい」の元になった語。
3 安養世界……極楽浄土。

問一 傍線部**ア**「奇」、**イ**「疎」の漢字の読み方を、平がなの現代かなづかいで答えよ。

問二 空欄[a]～[e]に入れるのにもっとも適切な語句を次の1～5の中から選べ。ただし、一つの語句は一か所にしか入らない。

1 いはむや　2 かかれば　3 かく　4 しかあるを　5 もしは

問三 傍線部**A**・**B**の文脈上の意味としてもっとも適切なものを、それぞれ1～5の中から選べ。

A たづき　1 気力　2 心構え　3 資質　4 頼り　5 欲望

B いみじき事　1 あきれる事　2 おもしろい事　3 すばらしい事
4 望ましい事　5 無駄な事

問四　傍線部C「いし」、E「あらまし」と同様の意味で用いられている二字以上四字以内の語を、文中から一語ずつ抜き出せ。

問五　傍線部D「人目こそあれ」の後には助詞を一語補うことができる。もっとも適切な一語を答えよ。

問六　次の文の中から、本文の記述に合致するものを二つ選べ。

1　貧しい男の「あるまじき事」の「たくみ」は、現世での楽しみとしては、心を慰め、宿すのに十分だ。

2　貧しい男には俗世間へのはかないこだわりがあり、見果てぬ夢の実現に向けて、忍耐の年月を送っていた。

3　他人の営みについての判断は、とかく一面的になりがちで、その本質を見極めていないことが多いようだ。

4　いかに豪華な住まいを作っても、満足しないだろうし、永住することも出来ないのであって、甲斐のないことだ。

5　現世や天上界での営みには限りがあるから、それに心を奪われるばかりではなく、極楽往生にも一縷の望みを託せ。

10

次の文章は、藤原道長の圧力によって退位を決意した東宮が、道長に連絡をとろうとしたところから始まる。これを読んで、後の問に答えよ。

解答時間20分

皇后宮（注1）にもかくとも申したまはず、ただ御心のままに、殿（注2）に御消息聞こえむと思し召すに、むつましう1さるべき人もものしたまはねば、中宮権大夫殿（注3）のおはします四条坊門（注4）と西洞院とは宮近きぞかし、そればかりを、こと人よりはとや思し召しよりけむ、蔵人なにがしを御使にて、「2あからさまにまゐらせたまへ」とあるを、思しもかけぬことなれば、おどろきたまひて、「なにしに召すぞ」と問ひたまへば、「3申させたまふべきことのさぶらふにこそ」と申すを、この聞こゆることどもにや、と思せど、退《の》かせたまふことは、さりともよにあらじ、御匣殿《みくしげどの》（注5）の御ことならむ、と思す。いかにもわが心ひとつには、思ふべきことならねば、「おどろきながらまゐりさぶらふべきを、4大臣に案内申してなむさぶらふべき」と申したまひて、まづ、殿にまゐりたまへり。「東宮より、しかじかなむ仰せられたる」と申したまへば、殿もおどろきたまひて、「何事ならむ」と仰せられながら、大夫殿と同じやうにぞ思しよらせたまひける。まことに御匣殿の御ことのたまはせむを、いなびまうさむも便なし。まゐりたまひなば、また、さやうにあやしく（注6）てはあらせたてまつるべきならず。また、さては世の人の申すなるやうに、5東宮退かせたまはむの御思ひあるべきならずかし、とは思せど、「しかわざと召さむには、いかでかまゐらではあらむ。いかにも、のたまはせむことを聞くべきなり」と申させたまへば、まゐらせたまふほど、日も暮れぬ。

「いと近く、こち」と仰せられて、「ものせらるることもなきに、案内するもはばかり多かれど、大臣に聞こゆべきことのあるを、伝へものすべき人のなきに、間近きほどなれば、たよりにもと思ひて消息し聞こえつる。その旨は、6かくて侍るこそは本意あることと思ひ、(注7)故院のしおかせたまへることをたがへたてまつらむも、かたがたにはばかり思はぬにあらねど、7かくてあるなむ、思ひつづくるに、罪深くもおぼゆる。(注8)内の御行く末はいと遥かにものせさせたまふ。8いつともなくて、はかなき世に命も知りがたし。この有様退きて、心にまかせて9おこなひもし、物詣でをもし、やすらかにてなむあらまほしきを、むげに前東宮にてあらむは、見ぐるしかるべくなむ。(注9)院号たまひて、年に(注10)受領などありてあらまほしきを、いかなるべきことにかと、伝へ聞こえられよ」と仰せられければ、かしこまりてまかでさせたまひぬ。

(『大鏡』による)

(注)

1 皇后宮……東宮の母宮。
2 殿……藤原道長。
3 中宮権大夫殿……道長の息子、能信。
4 四条坊門～宮近き……四条坊門通りと西洞院通りが交わる角に能信の邸があり、東宮の邸と近い。
5 御匣殿の御こと……「御匣殿」は、道長の娘、寛子。道長は娘を東宮に入内させる意向があり、東宮もこれを望んでいた。
6 あやしくて……道長にはばかり、人々が東宮の邸に近づかず、邸が荒れていること。
7 故院……東宮の父、三条院。東宮に即位したのは、この父の意向による。
8 内……帝。現在、十歳。東宮は、二十四歳。

9 院号……上皇としての扱いになり、○○院と呼ばれること。

10 受領……ここでは、諸国の国司に任じられた形式で、収入を得ること。

問一 傍線部1「さるべき人」とは、どういう意味か。その説明として最適なものを、次のア～オから選べ。

ア 御匣殿との結婚に反対する人。
イ 自分の味方になってくれる人。
ウ 道長にとりつぎをしてくれる人。
エ 道長を説得することのできる人。
オ 退位をとどまるよう説得してくれる人。

問二 傍線部2「あからさまに」および9「おこなひ」の意味として最適なものを、それぞれ次のア～オから選べ。

2「あからさまに」

ア こっそり　イ ちょっと　ウ すぐに　エ ぜひとも　オ できれば

9「おこなひ」

ア 管弦の遊び　イ 詩歌の会　ウ 旅　エ 学問　オ 仏道修行

問三　傍線部3「申させたまふ」は、いわゆる二方面に対する敬語であるが、その説明として正しいものを、次のア～カから選べ。

ア「申さ」は、蔵人から能信への敬意。「せたまふ」は、蔵人から東宮への敬意。
イ「申さ」は、蔵人から東宮への敬意。「せたまふ」は、蔵人から能信への敬意。
ウ「申さ」は、東宮から能信への敬意。「せたまふ」は、東宮から道長への敬意。
エ「申さ」は、東宮から道長への敬意。「せたまふ」は、東宮から能信への敬意。
オ「申さ」は、能信から東宮への敬意。「せたまふ」は、能信から道長への敬意。
カ「申さ」は、能信から道長への敬意。「せたまふ」は、能信から東宮への敬意。

問四　傍線部4「大臣に案内申してなむさぶらふべき」とは、どのような意味か。最適なものを、次のア～オから選べ。

ア　大臣に事情を申しに出かけてまいります。
イ　大臣をこちらにお連れしてまいりましょう。
ウ　大臣のもとに東宮をお連れいたしましょう。
エ　大臣にお話しをしておかなければなりません。
オ　大臣に次第を申してから参上いたしましょう。

問五　傍線部5「東宮退かせたまはむの御思ひあるべきならず」とあるが、それはなぜか。最適なものを、次のア～オから選べ。

ア　御匣殿と結婚できなければ、東宮を退く意味がないから。

イ　御匣殿と結婚すれば、道長の圧力はなくなると考えるから。
ウ　対面を断れば、東宮が機嫌を悪くするかもしれないから。
エ　東宮が改善された対応に満足すると予測されるから。
オ　世間の人は、東宮が退位しないと思っているから。

問六　傍線部**6**「かくて」と**7**「かくて」とは、それぞれどのようなことか。その組合せとして正しいものを、次のア～カから選べ。

ア　**6**は、「東宮の位にあること」で、**7**も、「東宮の位にあること」。
イ　**6**は、「東宮の位にあること」で、**7**は、「東宮の位から下りようとしていること」。
ウ　**6**は、「能信の訪問を受けていること」で、**7**も、「能信の訪問を受けていること」。
エ　**6**は、「能信の訪問を受けていること」で、**7**は、「東宮の位から下りようとしていること」。
オ　**6**は、「道長に気持を伝えられること」で、**7**は、「東宮の位にあること」。
カ　**6**は、「道長に気持を伝えられること」で、**7**は、「東宮の位から下りようとしていること」。

問七　傍線部**8**「いつともなくて」とは、どういうことか。ことばを補って、二十五字以内（句読点も含む）で説明せよ。

11 次の文章を読んで、後の問に答えよ。

解答時間20分

また、この男、市といふ所に出でて、(注1)透影《すきかげ》によく見えければ、tものなど言ひやりけり。受領などの娘にぞありける。1まだ、男などもせざりけり。(注2)后《きさい》の宮のおもと人にぞありける。さて、男も女も、おのおの帰りて、男、尋ねて、おこせたる、

①ももしきの袂《たもと》の数は知らねどもわきて思ひの色ぞ恋ひしき

かく言ひ言ひて、あひにけり。

2そののち、文もおこせず、またの夜も来ず。かかれば、使人《つかひびと》など、3わたると聞きて、「4人にしも、ありありて。かう音もせず、みづからも来ず、人をも奉れたまはぬこと」など言ふ。心地に思ふことなれば、くやしと思ひながら、とかく思ひ乱るるに、四五日になりぬ。女、uものも食はで、音《ね》をのみ泣く。ある人々、「5なほ、かうな思ほしそ。人に知られたまはで、異《こと》ごとをもしたまへ。さておはすべき御身かは」など言へば、vものも言はで、籠《こも》りゐて、いと長き髪をかきなでて、尼にはさみつ。使ふ人々嘆けど、かひなし。

来ざりけるやうは、来て、つとめて、人やらむとしけれど、官《つかさ》の長官《かみ》、にはかに、wものへいますとて、率ていましぬ。さらに帰したまはず、からうじて帰る道に、亭子《ていじ》の院の召使《めしつかひ》来て、やがて参る。大堰《おほゐ》におはします御供に、仕うまつる。そこにて、二三日は酔ひまどひて、xもの覚えず。夜ふけて、帰りたまふに、行かむとあれば、(注3)方ふたがりたれば、みな人つづきて、違《たが》へに去《い》ぬ。「この女、いかに思ふらむ」とて、夜《よ》さり、心もとなければ、文やらむとて、書くほどに、6人、うちたたく。「誰ぞ」と言へば、(注4)「尉《ぞう》の君にyもの聞こえむ」と言ふ

を、さしのぞきて見れば、この女の人なり。「文」とて、さし出でたるを見るに、切髪をつつみたり。あやしくて、文を見れば、

②天の川空なる z ものと聞きしかどわが目の前の涙なりけり

「尼になるべし」と思ふに、目くれぬ。返し、男、

③世をわぶる涙流れて早くとも天の川にはさやはなるべき

夜さり、行きて見るに、7 いとまがまがしくなむ。

（『平中物語』）

（注）1 透影……物のすきまや薄い布などをとおして漏れてくる光。　2 后の宮……藤原温子、基経の娘。

3 方ふたがり……陰陽道で、行こうとする方角に、行くことができないこと。行くと災難に遭うと考えられ、その方角に行くときは、「方違へ」をした。

4 尉の君……平中は寛平九年に右兵衛少尉となる。

問一　傍線部1は、どういう意味か。次の中からもっとも適切なものを一つ選べ。

a　まだ、男はこの娘に一切何もしていなかった。

b　まだ、女は男を通わせていなかった。

c　まだ、男はどうしても結婚しなかった。

d　まだ、女はなぜか男と何もしていなかった。

問二　傍線部2の理由は何か。次の中からもっとも適切なものを一つ選べ。

a　失意のうちに悔しくて泣いていたから。
b　別の良縁を求めていたから。
c　公務などが重なったから。
d　二日酔いがひどく何も考えられなかったから。

問三　傍線部3「わたる」の主語は誰か。次の中からもっとも適切なものを一つ選べ。

a　男　　b　男の使人　　c　女の使人　　d　年月

問四　傍線部4からどういう気持ちが読み取れるか。次の中からもっとも適切なものを一つ選べ。

a　人であればこそ生きながらえて今後良いこともあるかも知れないという慰め。
b　このままでいれば、そのうちに会えるかも知れないという期待。
c　とどのつまりこんなものだろうというあきらめ。
d　こともあろうに挙げ句の果てに、あんな男とという口惜しさ。

問五　傍線部5は、どういうことを言っているのか。次の中からもっとも適切なものを一つ選べ。

a　泣いてばかりいては悩んでいることを人に知られてしまうから、別のことでもお考えください。
b　くよくよ考えずに、あの男のことは世間に知られないようにして別の縁をお求めください。
c　あの男ばかりをますます思い詰めないで、他のことでもなさってください。
d　相変わらず悩んでいないで、今度はこっそりと世間に知られないように別の男とお会いください。

問六　傍線部6「人」とは誰か。次の中からもっとも適切なものを一つ選べ。

a　男の使人　　b　女の使人　　c　女　　d　供の人

問七　①の歌からわかることは何か。次の中からもっとも適切なものを一つ選べ。

a　「透影によく見え」た女の袂は緋《ひ》色であった。
b　男は宮中の装束に詳しくない。
c　殿上人は数え切れないほど多い。
d　男は女が宮中に仕えているとは思いもしなかった。

問八　②③の歌からわかることは何か。次の中から適切なものを二つ選べ。

a　年に一度男女が会うという天の川を見ることができないのは、涙で目が曇ってしまったためである。
b　男は、女が自分の不実が原因で泣き悲しんでいるのを知って、自分の不実について泣いて謝っている。
c　男は女の歌の修辞や意味を理解して歌を返している。
d　男は女の歌の修辞や意味について十分に理解しているとは言えない。
e　「涙流れて」の「ながれて」は「流れて」と「泣かれて」が掛けられている。

問九　次のa～eのうち、①～③の歌すべてに共通して用いられているものをA、一つも用いられていないものをB、それ以外をCとせよ。

a　掛詞　　b　縁語　　c　係り結び　　d　枕詞　　e　序詞

問十　二重傍線部tuvwxyzを意味の上からどのように分類できるか。次の中からもっとも適切なものを一つ選べ。

a　tvy／u／w／x／z　　b　tv／u／w／xy／z

c　tvw／u／x／yz　　d　tux／v／w／yz

問十一　傍線部7について、男はなぜ「まがまがしく」思ったのか。次の中からもっとも適切なものを一つ選べ。

a　悲嘆して泣き崩れる女の姿がいまいましかったから。

b　憔悴しきった女の容貌が無残だったから。

c　自分に対する恨みを含んだ目が憎々しかったから。

d　髪をばっさり落とした女の姿が不吉に思えたから。

12

次の文章は、建礼門院右京大夫が、参内していた源通宗《みちむね》の恋の取り次ぎをしたときの逸話である。これを読んで、後の問に答えよ。

解答時間20分

通宗の宰相中将の、つねに参りて、（注1）女官などたづぬるも、遥《はる》かに、(1)えしもふと参らず。つねに「(2)女房に見《げ》参《ざん》せまほしき、いかがすべき」と言はれしかば、この御簾《みす》の前にて、うちしはぶかせたまはば、聞きつけむずるよし申せば、「(3)まことしからず」と言はるれば、「(4)ただここもとに立ち去らで、夜昼さぶらふぞ」と言ひてのち、「(5)露もまだひぬほどに参りて、立たれにけり」と聞けば、（注2）召次《めしつぎ》して、「いづくへも追ひつけ」とて、走らかす。

(6)荻《をぎ》の葉にあらぬ身なれば音もせで見るをも見ぬと思ふなるべし

（注3）久我《こが》へ行かれにけるを、(7)やがてたづねて、文《ふみ》はさしおきて帰りけるに、さぶらひして追はせけれど、「あなかしこ、返しとるな」と教へたれば、「(8)鳥羽殿《とばどの》の南の門《もん》まで追ひけれど、茨《むばら》、枳殻《からたち》にかかりて、藪《やぶ》に逃げて、（注4）力車《ちからぐるま》のありけるに紛《まぎ》れぬる」と言へば、「よし」とてありしのち、「さる文見ず」とあらがひ、また「(9)参りしかど、人もなき御簾の内はしるかりしかば、立ちにき」と言へば、また「はたらかで見しかど、あまり物騒《さわ》がしくこそ立ちたまひにしか」など（注5）言ひしろひつつ、（注6）五節《ごせち》のほどにもなりぬ。

（『建礼門院右京大夫集』による）

（注）1 女官……下級職の女性官人。　2 召次……取り次ぎの者。　3 久我……通宗の別邸のあった地。
4 力車……荷を運ぶ車。　5 言ひしろひつつ……言い争いつつ。
6 五節……十一月、五節舞姫の舞楽を中心におこなわれる宮中行事。

問一　傍線部(2)(4)(8)(9)の会話はそれぞれ誰が言ったものか。その人物を次の中からそれぞれ選べ。

A　通宗　　B　女官　　C　建礼門院右京大夫　　D　召次　　E　さぶらひ

問二　傍線部(1)「えしもふと参らず」、(3)「まことしからず」、(7)「やがて」の解釈としてもっとも適当なものを、次の各群の中からそれぞれ選べ。

(1)　えしもふと参らず

A　下座の方にすぐ参ってはいけない
B　容易に参内してくれることはない
C　頻繁に手紙を届けることもできない
D　簡単に会いに参ることもできない

(3)　まことしからず

A　本当に怒らない
B　本当はそうではない
C　本当のようには思えない
D　本当に嘘だとは思えない

(7)　やがて

A　そうして
B　ただちに
C　だいぶ経って
D　やっとのことで

問三　傍線部(5)「露もまだひぬほど」について、(ア)一日のいつごろの時間をさすか、(イ)「ぬ」と同じ助動詞が用いられているのはどれか、次の中から選べ。

(ア)　A　早朝　B　昼　C　夕方　D　宵　E　真夜中

(イ)　A　たづぬる　B　立たれにけり　C　紛れぬる　D　さる文見ず　E　参りしかど

問四　傍線部(6)「荻の葉に……」の歌は、建礼門院右京大夫が通宗に対して、自分が御簾の内にいたことを主張した歌である。なぜ建礼門院右京大夫はこのような歌をよんだのか。その理由としてもっとも適当なものを次の中から選べ。

A　通宗と女房との密会を自分が密かに見ていた、と通宗が思い違いをしていることを伝えたかったから。

B　通宗と女房との密会をこっそり見てしまったが見ぬふりをした、ということを通宗に伝えたかったから。

C　通宗と女房との取り次ぎをするために静かに控えていたのに通宗が見逃した、ということを伝えたかったから。

D　通宗と女房との取り次ぎをこっそりしたのは他ならぬ自分である、ということを通宗に伝えたかったから。

E　通宗と女房との取り次ぎを口頭ではなく手紙にする機転を利かせたのは自分だと、通宗に伝えたかったから。

13 次の文章を読んで、後の問に答えよ。

解答時間20分

(注1)謀反《むほん》人の与党、土岐《とき》左近《さこん》蔵人《くらうど》頼員《よりかず》は、(注2)六波羅《ろくはら》の奉行斎藤太郎左衛門尉《さゑもんのじよう》利行《としゆき》が娘と嫁《か》して、最愛したりけるが、世の中すでに乱れて合戦出で来たりなば、千に一つも討死《うちじに》せずといふ事あるまじと思ひける間、かねて名残や惜しかりけん、ある夜の寝覚《ねざめ》の物語に、「あひ馴れ奉《たてまつ》りてすでに三年に余れり。(イ)なほざりならぬ志の程をば、思ひ知り給ふらん。さても定めなきは人間の習ひ、(注3)あひ逢ふ中の契りなれば、今もし我が身はかなくなりぬと聞き給ふ事あらば、無からん跡までも貞女の心を失はで、わが(a)後世をとひ給へ。人間に帰らば、再び夫婦の契りを結び、浄土に生れば、同じ蓮《はちす》の台《うてな》に半座を分けて待つべし」と、その事となくかきくどき、涙を流してぞ申しける。

女つくづくと聞きて、「あやしや。何事の侍《はんべ》るぞや。明日までの契りの程も知らぬ世に、後世までのあらましは、忘れんとての情けにてこそ侍らめ。さらではかかるべしとも覚えず」と、(1)泣き恨みて問ひければ、男は心浅うして、「さればよ。われ不慮の勅命を蒙《かうむ》つて、君に頼まれ奉れる間、辞するに道なくして、御謀反に(b)与しぬる間、千に一つも命の生きんずる事かたし。(ロ)あぢきなく存ずる程に、近づく別れの悲しさに、かねてかやうに申すなり。この事(ハ)あなかしこ人に知らさせ給ふな」と、よくよく口を固めける。

かの女性《によしやう》心の賢き者なりければ、つくづくとこの事を思ふに、(2)君の御謀反事ならずば、(ニ)頼みたる男たちまちに誅《ちゆう》せらるべし。またもし武家滅びなば、わが親類誰《たれ》かは一人も残るべき。さらばこれを父利行に語つて、左近蔵人を(注4)回忠《かへりちゆう》の者になし、これをも助け、親類をも助けばやと思ひて、急ぎ父がもとに行きて、忍びやかにこの事を、ありのままにぞ語りける。

斎藤大いに驚き、やがて左近蔵人を呼び寄せ、「かかる不思議を承る。真にて候ふやらん。今の世に、かやうの事思ひ企て給はんは、ひとへに［　　］者にて候ふべし。もし他人の口より漏《も》れなば、我らに至るまで、皆誅せらるべきにて候へば、(3)利行、急ぎ御辺《ごへん》の告げ知らせたる由《よし》を、六波羅殿に申して、ともにその咎《とが》を遁《のが》れんと思ふは、いかが計らひ給ふぞ」と問ひければ、(4)これ程の一大事を女性に知らする程の心にて、なじかは仰天せざるべき。「ただともかくも身の咎を助かるやうに御計らひ候へ」とぞ申しける。

（『太平記』による）

（注）　1　謀反人の与党……後醍醐天皇の命により、鎌倉幕府を倒そうとしている仲間。
2　六波羅……六波羅探題。京都の六波羅に置かれた鎌倉幕府の機関。
3　あひ逢ふ中の契り……会う者は必ず別れるという定め。
4　回忠……謀反の計画などを敵方に密告すること。

問一　══線部(イ)～(ニ)をそれぞれ現代語訳せよ。ただし、(イ)・(ニ)は十字以内、(ロ)・(ハ)は五字以内で答えよ。

問二　══線部(a)・(b)の読みを、平仮名・現代仮名遣いで答えよ。

問三　傍線部⑴の部分について、土岐頼員の妻が「泣き恨」んだのはなぜか。次の中から最も適当なもの一つを選べ。

1　頼員の死期が近いことを告げられて悲しかったから。
2　頼員が謀反を企てていることを察して恐ろしかったから。
3　頼員から夫への愛情の深さを疑われて悔しかったから。
4　頼員が何の相談もなく謀反の仲間に加わっていたから。
5　頼員が自分との別れ話をほのめかしたと思ったから。

問四　傍線部⑵の意味として最も適当なものを、次の中から一つ選べ。

1　帝の御謀反が露見したら
2　帝の御謀反が実行されたら
3　帝の御謀反に加わらなければ
4　帝の御謀反さえなければ
5　帝の御謀反が失敗したら

問五　空欄［　　］に補うことわざとして最も適当なものを、次の中から一つ選べ。

1　虎の威を借る
2　貧すれば鈍する
3　一を聞いて十を知る
4　おのれを忘れて人を恨む

5　石を抱いて淵に入る

問六　━━線部「る」と同じ助動詞を含むものを、次の中から一つ選べ。

1　三年に余れり（本文3行目）
2　思ひ知り給ふらん（本文3〜4行目）
3　無からん跡までも（本文5行目）
4　誅せらるべきにて候へば（本文18行目）
5　仰天せざるべき（本文19〜20行目）

問七　傍線部(3)の斎藤利行はどのようなことを六波羅探題に言うつもりなのか。句読点とも二十字以内で答えよ。

問八　傍線部(4)の「心」とはどのような心か。次の中から最も適当なもの一つを選べ。

1　優しい心　2　愚かな心　3　臆病な心　4　気まぐれな心　5　ずる賢い心

14 次の文章を読んで、後の問に答えよ。

解答時間20分

今は昔、兵衛佐なる人ありけり。冠の上緒《あげを》(注1)の長かりければ、世の人、「上緒の主」となんつけたりける。西の八条と京極との畠の中に、あやしの小家一つあり。その前を行くほどに、(a)夕立のしければ、この家に、馬よりおりて入りぬ。見れば、女一人あり。馬を引き入れて、夕立を過ぐすとて、平なる小唐櫃《こからびつ》(注2)のやうなる石のあるに、尻をうちかけてゐたり。小石をもちて、この石を手まさぐりにたたきゐたれば、打たれてくぼみたる所をみれば、金色になりぬ。(1)希有のことかなと思ひて、(2)はげたる所に土を塗り隠して、女に問ふやう、「この石はなぞの石ぞ」。女の言ふやう、「何の石にか侍らん。昔よりかくて侍るなり。昔、長者の家なん侍りける。この屋は、倉どもの跡にて候ふなり」と。まことに見れば、(b)大きなる礎の石どもあり。さて、「その(c)尻かけさせ給へる石は、その倉の跡を畠に作るとて、畝《うね》掘るあひだに、土の下より掘り出だされて侍るなり。それが、かく屋の内に侍れば、かき退《の》けんと思ひ侍れど、女は力弱し。かき退くべきやうもなければ、憎む憎む、かくて置きて侍るなり」と言ひければ、(3)われ、この石取りてん、のちに目癖ある者もぞ見つくると思ひて、女に言ふやう、「(d)この石われ取りてんよ」と言ひければ、「よきことに侍り」と言ひければ、その辺に知りたる下人のむな車(注3)を借りにやりて、積みて出でんとするほどに、綿衣を脱ぎて、ただに取らんが罪得がましければ、この女に取らせつ。心も得で、騒ぎ惑ふ。「この石は、女どもこそ(4)よしなし物と思ひたれども、わが家に持て行きて使ふべきやうのあるなり。されば、ただに取らんが罪得がましければ、かく[A]を取らするなり」と言へば、「思ひかけぬことなり。(e)不用の石のかはりに、いみじき宝の御衣の綿のいみじき、賜はらんものとは、あな恐ろし」と言ひて、(5)棹のあるにかけて拝む。

(『宇治拾遺物語』による)

(注) 1 上緒……冠をもとどりに結ぶひも。
2 小唐櫃……小さな唐櫃。唐櫃は脚のある長方形の入れ物。
3 むな車……下人の使う、屋根のない荷車。

問一 二重傍線部(a)~(e)の「石」は、一つを除いて同じものを指している。一つだけ異なるものはどれか、記号で答えよ。

問二 右の問一で答えた残りの四つの「石」の正体は何か。文中に用いられている漢字一字で答えよ。

問三 傍線部(1)「希有」について、次の問に答えよ。
(a) 読み仮名をひらがなで記せ。
(b) どのような意味か。次のア~オから最適なものを選べ。
ア 怪しい　イ 望ましい　ウ ありがたい　エ めったにない　オ 恐ろしい

問四　傍線部(2)「はげたる所に土を塗り隠して」は、どのような気持ちを表しているか。次のア～オから最適なものを選べ。

ア　何かを隠している女を問いただしたい気持ち。
イ　自分の弱みに気づかれないように装う気持ち。
ウ　退屈な時間をやり過ごそうとしている気持ち。
エ　この家の来歴を探ろうとする気持ち。
オ　石の正体を隠そうとする気持ち。

問五　傍線部(3)は、どのような意味か。次のア～オから最適なものを選べ。

ア　私がこの石を手に入れよう。そうしないと、いずれ、目はしの利く者が見つけるだろう。
イ　私は既にこの石の所有者だ。しかし、ものの値打ちのわからない者もいたものだ。
ウ　私がこの石を取ったりすれば、後に、たちの悪い者が言いがかりをつけるだろう。
エ　私はこの石を無理に奪うまい。そのうち、目の利く者が見つければすむことだ。
オ　この石は、もともと私のものだったのに、良くない者がこれを奪ったのだ。

問六　傍線部(4)「よしなし物」の「よし」に当たる字として、最適なものを、次のア～オから選べ。

ア　義　イ　吉　ウ　由　エ　良し　オ　止し

問七　空欄［A］に入る言葉は何か。次のア～オから最適なものを選べ。

ア　綿　イ　衣　ウ　冠　エ　宝　オ　畠

問八　傍線部(5)は、どのような様子を表現したものか。次のア〜オから最適なものを選べ。

ア　上緒の主の申し出に感激している様子
イ　上緒の主の洞察力に恐怖している様子
ウ　上緒の主の財力に驚嘆している様子
エ　上緒の主の人格を崇拝している様子
オ　上緒の主の気前の良さを賞賛している様子

15

次の文章は、都で一人寂しく過ごしている筆者のところに、遠江（現在の静岡県西部）から養父がやってきて、その勧めによって旅に出立する場面である。これを読んで、後の問に答えよ。

解答時間20分

嘆きながらはかなく過ぎて、秋にもなりぬ。長き思ひの A夜もすがら、止むともなき砧《きぬた》の音、寝屋近ききりぎりすの声の乱れも、一方ならぬ寝覚の催しなれば、壁に背ける灯火の影ばかりを友として、明くるを待つもしづ心なく、尽きせぬ涙の雫《しづく》は、窓打つ雨よりもなり。

いとせめてわび果つる慰みに、B誘ふ水だにあらばと、朝夕の言草《ことぐさ》になりぬるを、その頃、後の親（注1）とかの頼むべき理も浅からぬ人しも、遠江《とほつあふみ》とかや、聞くも遥けき道を分けて、都の物詣でせむとて上り来たるに、何となく細やかなる物語などするついでに、「かくてつくづくとおはせむよりは、田舎の住まひも見つつ慰み給へかし。かしこも物騒がしくもあらず。1心澄まさむ人は見ぬべきさまなる」など、なほざりなく誘《いざな》へど、さすがひたみちにふり離れなむ都の名残も、いづくを偲ぶ心にか、心細く思ひわづらはるれど、憂きを忘るるたよりもやと、Cあやなく思ひ立ちぬ。

下るべき日にもなりぬ。夜深く都を出でなむとするに、頃は神無月の廿日《はつか》余りなれば、有明の光もいと心細く、風の音もすさまじく、身に滲《し》み通る心地するに、人は皆起き騒げど、人知れず D心ばかりには、さてもいかに①さすらふる身の行方にかとただ今になりては ②心細きことのみ多かれど、さりとて留まるべきにもあらねば、出でぬる道すがら、先づかきくらす ③涙のみ先に立ちて、心細く悲しきことぞ、④何に譬ふべしとも覚えぬ。

近江の国野路（注2）といふ所より、雨かきくらし降り出でて、都の山を顧みれば、霞にそれとだに見えず、隔たりゆくもそぞろに心細く、2何とて思ひ立ちけむと、悔しきこと数知らず、とてもかくてもねのみ泣きがちなり。

（阿仏尼『うたたね』より）

（注）1　後の親……養父のこと。
　　2　野路……現在の滋賀県草津市の地名。

問一　傍線部1・2を口語訳せよ。
　1　心澄まさむ人は見ぬべきさまなる
　2　何とて思ひ立ちけむ

問二　傍線部A「夜もすがら」の意味として適切なものを、次の中から一つ選べ。
　①　夜も明瞭に聞こえるほどに　②　夜とも昼ともなしに
　③　夜をずっと通して　④　夜になったと思うまもなく

問三　傍線部B「誘ふ水だにあらば」どうしたいというのか。次の中から適切なものを一つ選べ。
　①　言はむ　②　逃げむ　③　拒まむ　④　去なむ

問四　傍線部Ｃ「あやなく思ひ立ちぬ」とあるが、この時の筆者の心情はどのようなものか。次の中から適切なものを一つ選べ。

① 様々な思いが入り乱れて、自分でも収拾がつかない状態
② 誘いをどうしても断り切れずに、自分でも不本意な状態
③ 住まいが変われば気分転換できそうという楽観的な状態
④ 旅も楽しみには思うが、都恋しく後ろ髪を引かれる状態

問五　傍線部Ｄ「心ばかりには」はどこに続くか。本文中の波線①〜④の中から適切なものを一つ選べ。

① さすらふる身の行方にか　② 心細きことのみ多かれど
③ 涙のみ先に立ちて　④ 何に譬ふべしとも覚えぬ

問六　本文において筆者の性格にあてはまらないものはどれか。次の中から適切なものを一つ選べ。

① 常に不安な状態でいて、心細い気持ちにとらわれている。
② 後先を深く考えずに行動しては、それをすぐに後悔する。
③ 自然の情趣を細やかな感情で受けとめる、鋭い感性がある。
④ 他人のごく自然な感情でも、気に合わなければ内心で軽蔑する。

問七　阿仏尼の他の著作として適切なものを、次の中から一つ選べ。

① 海道記　② 更級日記　③ 中務内侍日記　④ 十六夜日記

16

次の文章を読んで、後の問に答えよ。

解答時間20分

このごろ聞けば、逢坂《あふさか》のあなたに、関寺といふ所に、牛仏現れたまひて、よろづの人詣《まゐ》り見たてまつる。年ごろこの寺に、大きなる御堂《みだう》建てて、弥勒《みろく》を造り据ゑたてまつりける。(注1)榑《くれ》、(1)えもいはぬ大木どもを、ただこの牛一つして運びあぐることをしけり。あはれなる牛とのみ、御寺の聖《ひじり》思ひわたりけるほどに、寺のあたりに住む人借りて、明日使はんとて置きたりける夜の夢に、「われは迦葉仏《かせふぶつ》なり。この寺の仏を造り、堂を建てさせんとて、年ごろ(2)するにこそあれ。(3)ただ人は(4)いかでか使ふべき」と見たりければ、起きて、かうかう夢を見つると言ひて、拝み騒ぐなりけり。牛も(注2)さやにて黒くて、ささやかにをかしげにぞありける。(5)繋《つな》がねど行き去ることもなく、例の牛の心ざまにも似ざりけり。(注3)入道殿をはじめたてまつりて、世の中におはしける人、詣らぬなく詣りこみ、よろづの物をぞ奉りける。この牛仏、何となく心地悩ましげにおはしければ、疾《と》くうせたまふべきとて、かく人詣りこみて、この聖は御影像《えいざう》をかかむとて急ぎけり。

かかるほどに、西の京にいと尊くおこなふ聖の夢に見えけり。「迦葉仏当入涅槃《ねはん》の段なり。智者当得(注4)結縁《けちえん》せよ」とぞ見えたりければ、(6)いとど人々詣りこむほどに、歌よむ人もあり。(注5)和泉《いづみ》、

聞きしより牛に心をかけながらまだこそ越え [(7)] 逢坂の関

人々あまた聞こゆれど、同じことなれば書かず。

日ごろ、この(注6)御かた書かせて、六月二日ぞ御眼入れんとしけるほどに、その日になりて、この御堂をこの牛見巡りありきて、もとの所に帰り来て(8)やがて死にけり。これあはれにめでたきことなりかし。御かたに眼入れけ

るをりぞ果てたまひにける。聖いみじく泣きて、やがてそこに埋《うづ》みて、念仏して、七日七日経仏供養しけり。

（『栄華物語』による）

（注） 1 榑……丸太。 2 さや……さっぱりしたさま。 3 入道殿……藤原道長。
4 当得結縁せよ……仏道に入る機縁を得よ。 5 和泉……和泉式部。 6 御かた……姿・絵。

問一 傍線部(1)(6)(8)の解釈としてもっとも適当と思うものを次の中からそれぞれ選べ。

(1) えもいはぬ
- A 絵にもかけない
- B 言うまでもない
- C 岩のように重い
- D 言葉では表せない

(6) いとど
- A たいそう
- B いっそう
- C ひどく
- D だんだん

(8) やがて
- A そのまま
- B ほかならず
- C しばらくして
- D いそいで

問二 傍線部(2)「するにこそあれ」とあるが、何をしたのか。「何を」に当たる箇所を本文中から探し出し、三十字以内でそのまま抜き出せ。（句読点も一字に数える）

問三　傍線部(3)「ただ人」と同じものはどれか。もっとも適当と思うものを次の中から選べ。

A　よろづの人　B　聖　C　寺のあたりに住む人　D　世の中におはしける人　E　和泉

問四　傍線部(4)「いかでか使ふべき」を平易な現代文に改めたものとして、もっとも適当と思うものを次の中から選べ。

A　どのようにして使ったらよいのだろうか。
B　どうして使うことができようか。
C　どうにかして使いこなすだろう。
D　どうにかして使いこなせないだろうか。
E　どのように使ってもよい。

問五　傍線部(5)「繋がねど行き去ることもなく、例の牛の心ざまにも似ざりけり」とあるが、なぜか。その理由としてもっとも適当と思うものを次の中から選べ。

A　その牛は、迦葉仏の化身だったから。
B　その牛は、重労働で疲れていたから。
C　その牛は、人々が拝み騒ぐのに驚いてしまったから。
D　その牛は、病気ですぐに死ぬことを悟っていたから。
E　その牛は、御寺の聖に可愛がられていたから。

問六　空欄 (7) には打ち消しの助動詞が入る。もっとも適当と思うものを次の中から選べ。

A　ざら　B　ざり　C　ず　D　ぬ　E　ね　F　ざる

17

次の文章は、『住吉物語』の一節である。文中の「姫君」は「中納言殿」の娘で、「まま母」の策略による危難をのがれて住吉に身を隠していたが、かねて「姫君」に思いをよせていた「中将」に見いだされ、妻として迎えられた。これを読んで、後の問に答えよ。

解答時間20分

さて、姫君は、「かくて侍りとだに、中納言殿に申さばや」と、のたまへば、中将、「まま母、［A］人なれば、心合はせたりとて、神仏にも呪ひたまはんには、誰がためも、いと恐ろしきことなり。[1]住吉におはせば、さてこそ、やみなましか。これは、遂に会ひきこえたまはんずれば、心安くおぼしめせ」と、のたまへば、姫君、「[2]おぼし嘆くらんことの悲しくて、世に住むかひなくて」と、のたまへば、「誠にことわりながらも、ただ、[3]申さんままにておはしませ」とて、二条京極なる所に渡りたまひけり。

明かし暮らしたまふ程に、姫君、過ぎにし年の十月より[4]御けしきありて、又の年の七月に、いとうつくしき若君いできたまへり。中将、おぼしかしづきたまふ事、限りなし。

かうしつつ過ぎゆくほどに、中将は、願はざるに中納言に成りたまひて、やがて右大将になりたまひけり。中納言は大納言になりて、按察使かけたまへり。ともに内へ参りあひて、物語のついでに、「老い衰へてこそ見えさせたま［B］」とあれば、大納言、まづ、うち泣きて、「誠に思ふことの深さをばこれにて知らせたま［C］。心に叶はぬものは命にて侍るかな。かくも生きてさぶらふ」とて、人目もつつみたま［D］ざりけり。大将、「このついでにや言ひ出でまし」と思ひながら、なほ、思ひ返して、そぞろに涙ぞ漏れ出でける。

さて、帰りたまふままに、「かく」など語りたま［E］ば、姫君も侍従(注1)も、「『[5]親ばかり、子は思はぬものぞ』

と常は仰せられし事の末かな。かやうに多くの年月を過ごしながら、かくとも[6]きこえ奉らで、おぼし嘆かせたまひつる、いかばかり神仏もにくしとおぼすらん。あはれ、女の身ばかり［F］ものは」とて、よにつらげにのたまへば、大将、「まことにことわりなり。幼きものも出できたれば、我もいかばかりかは見せ奉ら［G］ども、[7]この幼き人までも恐ろしさにこそ。さりながら、知らせ侍るべき事も近く成りたり。しばし待たせたまへ」など、こしらへたまひけり。

かくしつつ過ぎゆくほどに、光るほどの女君、出できたまひけり。思ひのままなれば、おぼしかしづきたまふ事、限りなし。

かやうに、泣きみ笑ひみ、明かし暮らすほどに、若君七つ、姫君五つまでに成りたまひけり。「八月、袴着(注2)といふ事せんついでに、大納言殿には知らせ奉らん」と[8]仰せられけるほどに、大将も大納言も、内に参りあひて、御物語のついでに、「八月十六日に幼きものどもに袴着つかまつらんと[9]思ひ侍るに、ことさら申さん」と、のたまへば、大納言、「かしこまつて承りぬ。さりながらも、さやうの事に、［H］身にて」などきこゆれば、「いかにも思ひはからひて申すなり。必ず」と、のたまへば、「ともかくも仰せにこそ」とて、その日にも成りて、ゆかりある上達部、殿上人など、参りあへり。大納言も、少し日暮るるほどに参りたまへり。

(注) 1 侍従……「姫君」の乳母子。

2 袴着……幼児の成長を祝って初めて袴を着ける儀式。

問一　空欄 A ・ F ・ H に入る最も適当な語をそれぞれ次のイ〜ホから選べ。ただし、空欄には適当に活用させた形が入るものとする。同じものを二度以上用いてはならない。

イ　いやし　　ロ　うらめし　　ハ　まがまがし　　ニ　むくつけし　　ホ　やんごとなし

問二　傍線部1・5・7の意味として最も適当なものをそれぞれ次のイ〜ニから選べ。

1　イ　住吉におられたならば、継母の恨みをうけることもなかったでしょう
　　ロ　住吉におられたならば、中納言殿にも再会できないままだったでしょう
　　ハ　住吉におられたのだから、そのまま隠れていたほうがよかったのでしょうか
　　ニ　住吉におられたならば、継母の迫害はこんなことではすまなかったでしょう

5　イ　実の親でなければ子供のことを思わないものだ
　　ロ　親といえども子供のことを思わないものもいるものだ
　　ハ　親が子供のことを思うほどには子供は親を思わないものだ
　　ニ　親がどれほど子供のことを思っているか、子供にはわからないものだ

7　イ　若君までも神仏の憎しみをうけるのではないかと恐ろしく思われる
　　ロ　若君までも継母の憎しみをうけるのではないかと恐ろしく思われる
　　ハ　若君までも大納言の老い衰えたさまを見て恐ろしがるのではないかと思われる
　　ニ　若君までも姫君が継母に憎まれた事情を聞いて恐ろしがるのではないかと思われる

問三　傍線部2・3・6・8・9は、だれに対する敬意を表現していると考えられるか。最も適当なものをそれぞれ次のイ～ニから選べ。

イ　姫君　　ロ　中将（後の中納言）　　ハ　中納言殿（後の大納言）　　ニ　まま母

問四　傍線部4の「けしき」とは、具体的にどのようなことをさしているか。漢字二字で答えよ。

問五　空欄［B］・［C］・［D］・［E］に入る最も適当な平仮名をそれぞれ次のイ～へから選べ。同じものを二度以上用いてもかまわない。

イ　は　　ロ　ひ　　ハ　ふ　　ニ　ふる　　ホ　ふれ　　へ　へ

問六　空欄［G］に入る最も適当な一語を、適当な活用形として答えよ。

問七　次のイ～ニのうち、本文の内容と合致するものを一つ選べ。

イ　中将は、中納言に昇進したが、望まない官職だったので、まもなく右大将に替えてもらった。

ロ　姫君の父は、長生きをして元気なうちに孫たちに会いたいと願っていた。

ハ　姫君は、無事を伝えずに父を嘆かせている自分を神仏も憎んでいるだろうと思った。

ニ　右大将は、大納言に対して、袴着のおりに特別に伝えたいことがあると言った。

問八　『住吉物語』の成立時期については諸説あるが、一説として十世紀後半に成立したものと考えられている。この説によるとき、次のイ～へのうちで、『住吉物語』よりも後に成立した作品をすべて選べ。

イ　伊勢物語　　ロ　大鏡　　ハ　新古今和歌集　　ニ　土佐日記　　ホ　日本霊異記　　へ　方丈記

18 次の文章を読んで、後の問に答えよ。

解答時間20分

芭蕉翁は五十一にて世を去り給ひ、作文に名を得し難波の西鶴も五十二にて一期《いちご》を終り、見過しにけり末二年の辞世を残せり。わが虚弱多病なる、1それらの年も数え越して、今年は五十三の秋も立ちぬ。為頼の中納言の、若き人々の逃げ隠れければ、2いづくにか身をば寄せましと詠《よ》みて嘆かれけんも、やや思ひ知る身とはなれりけり。さればうき世に立ち交じらんとすれば、3なきが多くもなりゆきて、松も昔の友にはあらず。たまたま一座につらなりて、若き人々にも厭《いや》がられじと、心軽くうちふるまへども、耳うとくなれば咄《はなし》も間違ひ、たとへ聞こゆるささやきも、当時のはやり言葉を知らねば、それは何事何ゆゑぞと、根問ひ葉問ひを4むつかしがりて、(注1)枕相撲も拳酒《けんざけ》も、騒ぎは次へ遠ざかれば、奥の間にただ一人、火鉢蒲団《ふとん》の島守となりて、お迎へが参りましたと、問はぬに告ぐる人にもかたじけなしと礼は言へども、5何のかたじけなきことかあらむ。六十の髭《ひげ》を墨に染めて北国の軍に向かひ、五十の顔に白粉《おしろい》して三ヶの津の舞台に交じはるも、6いづれか老を嘆かずやある。歌も浄瑠璃も落し咄も、昔は今のにまさりしものをと、老人ごとに覚えたるは、己《おの》が心の愚なり。7ものは次第に面白けれども、今のは我《われ》が面白からぬにて、昔は我が面白かりしなり。しかれば、人にも疎《うと》まれず、8我も心の楽しむべき身の置き所もやと思ひめぐらすに、わが身の老を忘れざれば、しばらくも心楽しまず。わが身の老を忘るれば、例の人には厭がられて、或るは似げなき酒色の上にあやまちをも取り出でん。9されば老は忘るべし。また老は忘るべからず。二つの境まことに得がたしや。今もし蓬萊(注2)の店を探さんに、不老の薬は売り切れたり、不死の薬ばかりありと言はば、たとへ一銭に十袋売るとも、不老を離れて何かせん。不死はなくとも不老あらば、十日なりとも足りぬべし。神仙不死何事をかなす、ただ秋風に向かひて感慨多からむと、(注3)薊《けい》子《し》訓《くん》をそしりしもさることぞかし。願はくば人はよきほどの終《しま》ひあらばや。兼好が言ひし四十たらずの物好きは、なべての上には早過ぎたり。かの稀《まれ》なりと言ひし七十まではいかがあるべき。ここにいささかわが物好きを言はば、あたり隣の耳にやかからん。とても願のとどくまじきには、不用の長談義言はぬは言ふにまさらんをと、この論ここに筆を拭ひぬ。

（横井也有『鶉衣』）

（注）1 枕相撲　拳酒……酒席での遊び。　2 蓬莱……不老不死の仙人が住むという山。
3 薊子訓……中国斉の人、三百年生きたという。

問一 傍線部**1**に「それらの年」とあるが、これは何を指すか。次の中からもっとも適切なものを一つ選べ。

a 虚弱多病に過ごした年
b 五十一、五十二という年
c 人生五十年と定められた年
d ぼんやりと見過ごしてきた年

問二 傍線部**2**に「いづくにか身をば寄せまし」とあるが、これはどういう意味か。次の中からもっとも適切なものを一つ選べ。

a どこへも身を寄せまい
b どこかへ身を寄せよう

c　どこかへ身を寄せたいものだ

d　どこへ身を寄せたらいいだろう

問三　傍線部3に「なきが多くもなりゆきて」とあるが、これはどういう意味か。次の中からもっとも適切なものを一つ選べ。

a　死んだ人が多くなって

b　厭がる人が多くなって

c　泣きたがる人が多くなって

d　何の関係もない人が多くなって

問四　傍線部4に「むつかしがりて」とあるが、これはどういう意味か。次の中からもっとも適切なものを一つ選べ。

a　私が若い人を嫌って

b　若い人が私をうるさがって

c　私に若い人が親切にしてくれて

d　若い人の言うことが私には難しくて

問五　傍線部5に「何のかたじけなきことかあらむ」とあるが、これはどういう意味か。次の中からもっとも適切なものを一つ選べ。

a　何もかたじけないことはない
b　何もかもかたじけないことだ
c　何かかたじけないことがあるだろう
d　何かかたじけないことがあるはずなのだろう

問六　傍線部6に「いづれか老を嘆かずやある」とあるが、これはどういう意味か。次の中からもっとも適切なものを一つ選べ。

a　老を嘆かない者があろうか
b　老を嘆いたりする者はいない
c　どちらかが老を嘆くことになる
d　どちらかが老を嘆いたりするだろうか

問七　傍線部7に「ものは次第に面白けれども」とあるが、これはどういう意味か。次の中からもっとも適切なものを一つ選べ。

a　物事はだんだん理解していけば面白いものだが
b　物事はこれから先次第に面白くなっていくはずだが
c　物事は時代を追ってだんだん面白くなっていくものだが
d　物事は結末に近づいていけばいくほど面白くなっていくものだが

問八　傍線部8に「我も心の楽しむべき身の置き所もやと思ひめぐらすに」とあるが、これはどういう意味か。次の中からもっとも適切なものを一つ選べ。

a　自分も心の楽しむような身の置き所は絶対あると考えて

b　自分も心の楽しむような身の置き所はないものとあきらめきって

c　自分も心の楽しむような身の置き所はあるかないか分からないので

d　自分も心の楽しむような身の置き所はないものかといろいろ考えてみるに

問九　傍線部9に「されば老は忘るべし。また老は忘るべからず」とあるが、この言葉はどういう気持ちから生じたものか。次の中からもっとも適切なものを一つ選べ。

a　老を忘れても楽しいし、老を忘れなくても楽しい。

b　老を忘れなければ楽しくないし、老を忘れれば人に厭がられる。

c　老を忘れるのもときにはよいが、いつも老を忘れるということはいけない。

d　老を忘れて人に付き合えば好かれるし、老を忘れなければ人が同情してくれる。

問十　右の本文の筆者はなぜ若い人とうまく交わることができないのか。次の中からもっとも適切なものを一つ選べ。

a　自分を見ると若い人が逃げてしまうから。

b　四十歳で死ぬのがよいのに、それ以上生きてしまったから。

c　会話がよく聞こえないし、聞こえても分からない言葉があるから。

d　いまの若い人たちのする酒の席の遊びや会話が好きになれないから。

問十一　右の本文の筆者は不老と不死とについてどう考えているか。次の中からもっとも適切なものを一つ選べ。

a　不老のない不死は意味がない。

b　不死に不老が伴ったときのみ満足できる。

c　不老とか不死とかいうことにはまったくこだわらない。

d　不死ということが何より大切で、不老にはそれほどこだわらない。

19

次の文章を読んで、後の問に答えよ。

解答時間20分

或大福長者の言はく、「人は万をさしおきて、ひたふるに徳をつくべきなり。貧しくては生けるかひなし。富め1るのみを人とす。徳をつかんと思はば、すべからくまづその心づかひを修行すべし。その心と言ふは、他のことにあらず。人間 A の思ひに住して、かりにも B を観ずる事なかれ。これ第一の用心なり。次に万事の用をかなふべからず。人の世にある、自他につけて所願無量なり。欲に随ひて志を遂げんと思はば、百万の銭ありといふとも、暫くも2住すべからず。所願は止む時なし。財は尽くる期あり。限りある財をもちて、かぎりなき願ひにしたがふ事、得べからず。所願心にきざす事あらば、我をほろぼすべき悪念来たれりと、かたく慎み恐れて、小要をも為すべからず。次に、銭を奴のごとくして使ひもちゐる物と知らば、永く貧苦を免るべからず。君のごとく、神のごとく畏れ尊みて、従へもちゐることなかれ。次に、恥に臨むといふとも、怒り恨むる事なかれ。次に、正直にして約を固くすべし。この義を守りて利を求め3ん人は、富の来る事、4火のかわけるにつき、水のくだれるにしたがふがごとくなるべし。銭積もりて尽きざる時は、5宴飲・声色を事とせず、居所を飾らず、所願を成ぜざれども、心とこしなへに安く楽し」と申しき。

そもそも人は、所願を成ぜんがために、財を求む。銭を財とする事は、願ひをかなふるが故なり。所願あれどもかなへず、銭あれども用ゐざらんは、全く貧者とおなじ。何をか楽しびとせん。このおきては、ただ人間の望みを断ちて、貧を憂ふべからずと聞えたり。欲を成じて楽しびとせんよりは、6しかじ、財なからんには。(注1)癰《よう》・疽《そ》を病む者、水に洗ひて楽しびとせんよりは、病まざらんにはしかじ。7ここに至りては、貧富分く所なし。

（注2）究竟《くきやう》は理即《りそく》に等し。大欲は無欲に似たり。

（『徒然草』より）

（注）1 「癰」も「疽」も、ともに悪性のできもの。

2 天台宗では、凡夫から成仏までの修行を六段階に分け、「究竟」はその最高位の段階、「理即」は最低位の段階をいう。

問一 空欄 A ・ B に入る最も適切な語を次の中から選べ。

ア 富貴　イ 非情　ウ 清貧　エ 無常　オ 有限　カ 常住　キ 無欲

問二 傍線部**1**・**3**の助動詞の意味（種類）として最も適当なものを次の中から選べ。

a 推量　b 打ち消し　c 可能　d 完了　e 過去　f 尊敬

問三 傍線部**6**を漢字仮名交じり表記に書き改めた場合、次の中から不適当なものを二つ選べ。

ア 及かじ　イ 敷かじ　ウ 如かじ　エ 若かじ　オ 然じ

問四 傍線部**2**・**5**の意味として最も適当なものを次の中から選べ。

2 ア 安住してはいけない
イ 生きることはできない
ウ とどまるはずはない

エ　安心できない
オ　やすまるはずはない

5
a　酒宴や美声、女色にかぎらず
b　酒宴や美声、女色はたやすいことで
c　酒宴や美声、女色にふけることなく
d　酒宴や美声、女色には興味がなくなり
e　酒宴や美声、女色はさておき

問五　傍線部4はどういうことをたとえているか、最も適当なものを次の中から選べ。
ア　可能　イ　緩慢　ウ　困難　エ　迅速　オ　容易

問六　傍線部7は、文意の上から見て本文のどの文を直接受けているか、その文の末尾の五文字を書け（句読点も文字数に含む）。

20

次の文章は、光源氏の弟である八の宮について語られている一節である。これを読んで、後の問に答えよ。

解答時間20分

(注1)父帝《ちちみかど》にも女御(注2)にも、とく後《おく》れきこえたまひて、はかばかしき御後見のとりたてたる、おはせざりければ、(1)才《ざえ》など深くもえ習ひたまはず。まいて、(2)世の中に住みつく御心おきては、いかでかは知りたまはむ。高き人ときこゆる中にも、(3)あさましうあてにおほどかなる、女のやうにおはすれば、古き世の御宝物、祖父大臣《おほぢおとど》の(注3)御処分《そうぶん》、何やかやと尽きすまじかりけれど、行く方《へ》もなく、はかなく失《う》せはてて、御調度などばかりなむ、(4)わざとうるはしくて多かりける。参りとぶらひきこえ、心寄せたてまつる人もなし。つれづれなるままに、(注4)雅楽寮《うたづかさ》の物の師どもなどやうの、すぐれたるを、召し寄せつつ、はかなき遊びに心を入れて、生ひ出でたまへれば、(5)その方《かた》は、いとをかしうすぐれたまへり。

源氏の大殿《おとど》の御弟《おとうと》におはせしを、(注5)冷泉院の春宮におはしまし時、(注6)朱雀《すざく》院の大后《おほきさき》の、よこさまに思しかまへて、この宮を世の中に立ち継ぎたまふべく、わが御時、もてかしづき(イ)たてまつり(ロ)たまひける騒ぎに、(6)あいなく、(注7)あなたざまの御仲らひには、さし放たれたまひにければ、いよいよ、(7)かの御次次になりはてぬる世にて、えまじらひたまはず。また、この年ごろ、かかる聖《ひじり》になりはてて、今は限りと、よろづを思し捨てたり。

かかるほどに、住みたまふ宮、焼けにけり。(8)いとどしき世に、(9)あさましうあへなくて、移ろひ住みたまふべき所の、よろしきもなかりければ、宇治といふ所に、(10)よしある山里、持《も》たまへりけるに、渡りたまふ。思ひ捨てたまへる世なれども、今はと(11)住み離れなむを、あはれに思さる。

（『源氏物語』による）

（注）1 父帝……桐壺帝。　2 女御……八の宮の生母。　3 御処分……御遺産。
4 雅楽寮……律令制で、雅楽・舞人・楽人などを管理する役所。　5 冷泉院……朱雀院・光源氏の弟。
6 朱雀院の大后……朱雀院の母である弘徽《こき》殿女御。　7 あなたざま……光源氏方をさす。

問一　傍線部⑴の現代語訳として最も適当なもの一つを、次の中から選べ。

1 芸術　2 学問　3 政治　4 処世術　5 有職故実

問二　傍線部⑵の解釈として最も適当なもの一つを、次の中から選べ。

1 俗世間で身を処していく心構え
2 暮らし向きを向上させていく心得
3 仏法に帰依し出家する心構え
4 夫婦関係を円満に営んでいく心得
5 庶民の生活を知ろうとする心構え

問三　傍線部⑶の意味として最も適当なもの一つを、次の中から選べ。

1 近寄りがたいさま　2 見た目以上であるさま
3 驚くほどであるさま　4 思慮のないさま
5 こちらが恥ずかしくなるさま

問四　傍線部(4)の意味として最も適当なもの一つを、次の中から選べ。

1　特に目立っているさま　　2　意図的であるさま
3　几帳面であるさま　　4　嫌みな感じがするさま
5　よく気がつくさま

問五　傍線部(5)について。「その方」とは何をさすか。次の中から最も適当なもの一つを選べ。

1　詩歌　　2　社交　　3　遊戯　　4　恋愛　　5　管弦

問六　傍線部(6)の意味として最も適当なもの一つを、次の中から選べ。

1　八の宮の意志がもろいさま
2　八の宮の行動が不当であるさま
3　八の宮の心労が重なっているさま
4　八の宮の地位では理に合わないさま
5　八の宮の意向とは関係ないさま

問七　傍線部(7)の解釈として最も適当なもの一つを、次の中から選べ。

1　帝位をめぐる騒ぎが次々に起こってしまった
2　朱雀院の大后の御計画が次々に失敗に終わった
3　冷泉院の御系統が続けて即位なさっていった
4　八の宮の御子孫が次々になくなってしまった

5　光源氏の御子孫の代になってしまった

問八　傍線部(8)の解釈として最も適当なもの一つを、次の中から選べ。

1　非難がますます高まる世の中　　2　社会の混乱がはなはだしい世の中
3　財力がますます必要な世の中　　4　不運がたび重なる世の中
5　栄枯盛衰の激しい世の中

問九　傍線部(9)の意味として最も適当なもの一つを、次の中から選べ。

1　従順であるさま　　2　あっけないさま
3　我慢できないさま　　4　気落ちするさま
5　憤りを感じるさま

問十　傍線部(10)の意味として最も適当なもの一つを、次の中から選べ。

1　それなりに風情のあるさま　　2　身分にふさわしいさま
3　由緒正しいさま　　4　古くからてづるのあるさま
5　深い因縁のあるさま

問十一　傍線部(11)の解釈として最も適当なもの一つを、次の中から選べ。

1　家族と別居すること　　2　出家すること
3　都の外に住むこと　　4　皇籍を離脱すること
5　死を覚悟すること

問十二　傍線部(イ)・(ロ)はそれぞれ誰に対する敬意を表しているか。次の中から最も適当なものを一つずつ選べ。ただし、同じ番号を二度用いてもよい。

1　八の宮　2　冷泉院　3　朱雀院　4　朱雀院の大后　5　光源氏

問十三　八の宮の性格について端的に表現した箇所がある。その箇所を含む一文の最初の三文字を、文中から抜き出して答えよ。

20610

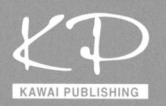